广东外语外贸大学
俄罗斯国情与对外政策科研创新团队项目

第一辑

俄罗斯对外关系发展研究

主　编·王树春
副主编·江洪飞/曹　聪/林尚沅

时事出版社
北京

前　言

本书是师生共同研究俄罗斯对外政策的学术成果，是在本人教学过程中形成的。出版这样一本书的想法由来已久，但直到最近3年，条件相对比较成熟时，才真正开始动笔。

本人从事俄罗斯对外政策的研究与教学工作已30年。30年来，本人积累了较为丰富的有关俄罗斯对外政策的学术成果，具备了较为扎实的国际关系专业的理论基础。同时，本人一直给学生讲授《俄罗斯国情与对外政策》的专业课程。针对这门课程的特点，本人在教学内容方面一直强调“动静结合”，所谓“动”，就是要求学生跟踪俄罗斯对外政策的实时变化，并将相关内容引入课堂教学；所谓“静”，就是要求学生掌握俄罗斯对外政策的基本概念、基础知识和基本理论，内容相对固定。这样年复一年，在“动”的部分就积累了大量的学习成果。本人所带学生的层次也在不断提升，从本科生，到现在的硕士和博士研究生。有了学术成果的沉淀、学生学习成果的积累、学生的层次与规模的提升，于是就有了将俄罗斯对外政策研究成果完善化、系统化，辑集出版并持续下去的想法。

通过出版本书，本人希望实现以下几个目标：第一，夯实科学研究的基础，踏踏实实地做一些科学研究的基础性工作，从中发现真正有意义有价值的学术研究问题，将科研工作做真做实；第二，实现科研与教学的有机结合，用科研成果反哺教学，以科研促教学，实现教学创新，真正做到知行合一；第三，培养一支实实在在的学生学术团队，随着学生层次的提升、规模的扩大，本人一直在摸索培养学生的具体路径。经过多年的实践，本人发现，用具体的学习活动来充实学生的学业内容，从最基础性的工作做起，就是培养学生和学术团队的非常实用的具体路径之一。在传授专业知识的同时，培养学生认真做事、踏实做人的态度和科学的精神，从而回归“教书育人”的本质。

本书的具体分工如下：全书框架设计、论文选题的确定、课上的交流和课后的指导均由王树春教授负责；每篇论文由教授本人的学生团队的专题小组具体负责；论文的润色与修改由教授本人带领江洪飞博士、曹聪硕士、林尚沅硕士负责。

虽然想得比较好，也一度认为这件事情似乎很简单、很容易，但真正做起来着实不易。从选题的设定、资料的查找、课上的交流，到课后的指导、数次的沟通、大纲的敲定，再到论文的写作、反复的修改、文字的打磨，再到最后艰难付梓……本人多次在坚持与放弃间挣扎，每每到这个时候，本人都提醒自己，“学术就是坚持的力量”……要坚持！坚持！再坚持！

今天，终于有了初步结果，但本人一点儿也没有感到轻松，深知目前的成果还有很多不足，所以时刻提醒自己，要坚持在做的过程中不断完善与提升，没有最好，只有更好。因此，恳请学术同仁多多批评指正！

最后，感谢所有给予本人支持与帮助的人，特别要感谢的是一直以来支持本人教学与科研工作的可亲可爱的学生们！

王树春　于白云山下寓所

2022 年 1 月 18 日

目录

contents

俄罗斯的总体对外政策

俄罗斯与独联体国家的关系

俄罗斯与西方国家的关系

俄罗斯与亚洲国家的关系

附 录

俄罗斯的总体对外政策

冷战后俄罗斯对外政策的演变及其特点

秦常伟　叶佳琪　邓宝怡　江洪飞*

【摘　要】2021 年是苏联解体 30 年，也是冷战后俄罗斯对外政策调整与变化的 30 年。30 年来，从“亲西方”外交到“全方位”外交，再到“向东看、大欧亚、全方位”外交，俄罗斯对外政策呈现三个不同的阶段。随着国际局势的变化和国家实力走向战略积累，俄罗斯对外政策的关键从经济发展向地缘安全转变，并逐渐形成“立足西方、稳定南方、面向东方、走向世界”的演变特点。未来，长期处于战略积累的俄罗斯将以实现大国复兴为己任，其对外政策的核心是地缘安全，重心是经济发展。俄罗斯与西方、南方、东方的未来外交关系发展方向将会延续。

【关键词】冷战后　俄罗斯　对外政策　演变　特点

引　言

苏联解体后，百废俱兴的俄罗斯开始不断摸索自己的对外政策，试图恢复从前的大国荣耀。但俄罗斯的大国雄心却在西方主导的世界中屡屡碰

---

* 秦常伟、叶佳琪、邓宝怡，广东外语外贸大学国际关系学院国际政治专业 2019 级本科生；江洪飞，广东外语外贸大学西方语言文化学院俄语语言文学专业 2021 级博士研究生。

壁。在不断探索的30年间，俄罗斯在试错中调整，其对外政策逐渐由西方转向东方。鉴于目前的国际体系仍由西方主导，俄罗斯仍会把西方国家放在其对外战略的优先位置。但融入西方的失败会推动俄罗斯加快“向东看”的趋势，“西边不亮东边亮”的状况仍会持续。

冷战后俄罗斯对外政策的演变路径清晰，均以重大国际事件为其对外政策调整的节点。本文根据这些节点，将其划分为三个发展阶段，据此归纳出30年间俄罗斯对外政策演变的特点，并据此预测其发展趋势。

一、冷战后俄罗斯对外政策的演变过程

（一）“亲西方”外交（1991年底至1995年底）

1. 演变过程及特点

（1）1991年底至1992年上半年。在该时期，俄罗斯奉行“一边倒”的“亲西方”外交政策，旨在融入西方、谋求经济援助以完成民主政治和市场经济改革。

处理与西方国家的关系是当时俄罗斯对外政策的唯一重点。为实施回归欧洲、加入西方的政治战略，时任总统叶利钦遍访西方主要国家，甚至提出与西方国家结盟。俄罗斯在军事安全领域作出较大幅度让步，[①] 在国际热点问题上放弃自己的立场，盲目迎合西方。

与非西方国家的交往被俄罗斯“抛掷脑后”。俄政府认为独联体国家是经济落后、政局不稳的沉重包袱，俄应将其甩开，奉行“甩包袱”政策。经济上，将本国利益置于独联体共同利益之上，实行激进的“休克疗法”改革，严重冲击了独联体各国的经济安全。军事安全上，俄罗斯一度

① 俄罗斯签署《戴维营协议》《华盛顿宪章》政治文件以明确作出支持西方的承诺，支持西方对伊拉克、利比亚和南斯拉夫的制裁，限制对伊朗等国的武器出口，中止对苏联盟友古巴的所有援助。

计划将维护独联体地区安全的责任和驻扎在该地区的军事力量减少到最低限度，主动吸引欧安组织甚至北约介入独联体地区。

（2）1992 年下半年至 1993 年底。事实证明，“一边倒”外交政策的实施并未换来俄想要的结果。[①] 亲西方外交在实践中暴露的问题，引起来自多方的激烈批评，促使俄罗斯调整外交政策，提出东西兼顾的“双头鹰”对外政策，目的是用积极的东方外交和独联体外交换取西方国家的重视，推动亲西方外交政策。

争取西方的经济援助仍是当时俄对外政策的主要内容，但方式有所改变。俄罗斯领导人虽仍对西方的援助计划有所希冀，但对其提供援助的意图和能力已经有所怀疑，期望值有所降低，甚至公开对西方的做法表示不满、提出批评。俄罗斯在个别涉及重大利益的国际问题上，不再亦步亦趋地追随西方，显示出一定的独立性。

俄罗斯开始重视独立以来被视为“包袱”的独联体国家。1993 年版《俄罗斯联邦对外政策构想的基本原则》首次系统阐述独联体的重要性，认为俄应同独联体国家“在所有领域建立国家间的关系”。俄罗斯采取一系列措施以加强独联体组织机构建设、修复战略空间，还拉开了“积极的东方外交”的序幕，并且明确指出对华外交是俄罗斯外交的优先方面。

（3）1994 年至 1995 年底。社会各界对亲西方对外政策的持续批评，促使俄罗斯进一步调整对外政策，以恢复大国地位为核心的外交政策得以确立。

该时期的俄罗斯依然将发展同美国以及西方国家的友好关系作为外交政策的优先方向。然而与之前一味地偏向西方不同的是，俄罗斯在涉及重大战略利益的问题上加大与西方的抗争力度。[②] 在地区热点问题上，俄罗斯的对外政策由原来的消极应付转变为积极参与，坚持本国立场，提出独立主张，重塑大国形象。

---

① 实施“一边倒”外交政策的俄罗斯面临以下处境：“休克疗法”失败、西方经济援助口惠而实不至、周边安全和传统势力范围的主导地位受到威胁、沦为西方国家的附庸、丧失大国尊严、民族主义大行其道。

② 如在车臣问题上，俄罗斯坚持车臣问题是俄内政、任何国家无权干预，表示决不接受西方动辄对俄指手画脚的霸道习气。

1995 年版《俄罗斯联邦对独联体国家战略方针》指出“同独联体国家的关系在俄罗斯政策中占有优先地位”，并提出了“增强俄罗斯在独联体国家关系中的主导作用”的政策任务。这标志着俄罗斯对独联体政策发生实质性转变，愈发强调独联体国家的重要性与优先性。

2. 评价总结

（1）该阶段俄罗斯的对外政策的目标是获得西方国家的认可与援助，总体上将维护国家的经济利益放在首位，国家安全问题的紧迫性下降。

（2）意识形态色彩浓重。俄罗斯倾向于由意识形态来决定敌友关系，希望俄罗斯成为西方大家庭中的一员。

（3）始终坚持亲西方的基本国策。俄罗斯将东方外交和独联体外交作为牵制西方国家的筹码，过分依赖西方国家，缺乏独立性。

（二）“全方位”外交（1996 年至 2013 年底）

1. 演变过程及特点

（1）1996 年至 1999 年底。1996 年 1 月 5 日，时任总统叶利钦解除了科济列夫外交部部长的职务，任命普里马科夫为外交部部长，标志着俄罗斯外交政策的重大变化，即从向西方“一边倒”的对外政策彻底转向了独立自主的大国外交。普里马科夫外长上台后，提出“多极世界”的外交思想，延续了“独立的大国外交”，具有独立务实性和全方位性。

第一，贯彻均衡外交的方针，与世界主要大国建立稳定的伙伴关系。俄致力于同美国发展平等务实的关系，谋求与法国、德国建立特殊伙伴关系，与中国建立并加深战略协作伙伴关系。

第二，加强外交独立性，更加重视维护国家利益。如俄竭力反对北约东扩进程，但在北约东扩势头难以阻挡的情况下，其立场转变为继续反对的同时寻求安全、经济等方面的补偿，努力将东扩的不利影响减少到最低程度，并积极推动各种层次的独联体一体化进程，抵制外部势力对独联体的渗透。

第三，扩展外交活动空间，扩大国际影响力。与之前相比，俄更加重视与各种国际和地区组织发展关系，加强与苏联时期的传统盟友及第三世界的外交联系。

（2）2000 年初至 2001 年 9 月。1999 年底，普京从叶利钦手中接过最高权力。当时的俄罗斯经济凋敝、政治动荡、社会危机四伏，国际地位衰落。普京上台后将对外政策的重点放在重建国家经济上，开始抛弃“浪漫主义幻想”，开展全方位外交，推行更加务实的对外政策。

在普京执政初期，俄罗斯的对外政策基本在以下三个方面展开。

第一，开展大规模的外交活动，阻止美国实施建立“国家导弹防御系统”的法案和退出 1972 年《限制反弹道导弹系统条约》，以缓解当时俄罗斯面临的国际核战略形势失衡的现实危险。

第二，创造良好的国际环境，为俄罗斯经济复兴做准备。在融入欧洲的原则指导下，重点加强与欧盟在经济与安全领域的合作，同时力争重塑与独联体主要国家的合作伙伴关系。

第三，为恢复俄罗斯在世界上的传统影响，进行频繁出访和元首会晤。基于维护国家安全，协调东西部经济的平衡发展，以及“全方位”外交政策布局的基本需求，普京政府上台后开始对亚洲、非洲以及拉丁美洲有关国家的外交给予了高度重视。① 除此之外，普京政府非常重视与各种国际组织的关系及本国在其中的作用，将这些国际组织看作开展多边外交，体现和实现俄罗斯大国地位与本国国家利益，贯彻本国相关领域政策的重要外交舞台。②

（3）2001 年 9 月至 2005 年初。“9・11”事件后，普京总统第一任期的对外政策主要从以下三个方向展开。

---

① 对于日本政策，普京奉行积极的亚太对外政策，发展俄日关系成为俄罗斯亚太外交的优先方向之一。普京政府希望同日本全面发展关系，尤其强调深化经济合作，同时在领土问题及签署和约问题上试图找寻妥协之路。对于印度政策，普京政府打算加深与印度的传统伙伴关系，包括在国际事务中的合作。对于非洲政策，普京执政以来，特别是 2001 年以来，俄罗斯与非洲国家的关系发展迅速，各领域的合作逐步全面展开。对于拉美政策，为加强在西半球的传统影响力，普京积极谋求重返拉美。俄罗斯高层领导频繁到访，不断扩大与拉美国家的政治、军事、经贸合作，使得俄罗斯在西半球的影响力逐渐回升。

② 郑羽、柳丰华主编：《普京八年：俄罗斯复兴之路（2000—2008）（外交卷）》，经济管理出版社 2008 年版，第 10—25 页。

第一，对美国进行战略妥协，以谋求建立长期稳定的反恐伙伴关系。俄罗斯力图改变美国自俄独立以来奉行的对俄防范和遏制政策，为本国的经济发展创造宽松的国际环境。为了长期保持与美国的反恐伙伴关系，普京政府积极支持美国进行的阿富汗战争，并在一系列重大问题上作出妥协。①

第二，继续推进与欧盟各领域的合作。2002 年 5 月俄罗斯与北约建立的“20 机制”总体上改善了俄罗斯与欧洲国家的关系状态。2003 年 5 月，俄欧双方在圣彼得堡举行例行峰会，首次讨论了建立欧洲共同经济空间的问题，并就双方的政治对话和各领域的合作进行了深入的探讨。

第三，在中亚地区加强外交力度，防范美国在中亚地区的影响力进一步扩大。美军进入中亚后，普京政府为了抵制美国在该地区影响力的进一步扩大，在 2002 年 5 月将独联体集体安全条约机制改组为独联体集体安全条约组织，使之成为严格意义上的区域军事同盟，迅速扩大了与中亚国家的多边与双边军事合作。

（4）2005 年初至 2008 年 5 月。由于普京政府在反恐行动中对美国的支持并没有换来回报，从 2005 年开始，普京政府对俄罗斯的对外政策进行大幅度的调整。

对于美国，俄罗斯不再是“9・11”事件后的以妥协求合作，而是实施外交反击。主要体现在，在公开场合上，普京多次反驳布什政府对俄罗斯政治体制的指责，批评布什政府的对外政策；抵制美国在独联体地区推进“颜色革命”的政策；加强与中亚各国的关系，对“颜色革命”后执行亲美路线的格鲁吉亚和乌克兰进行外交和经济上的制裁，进一步削减美国在其传统势力范围的影响力；不赞同美国在热点地区问题上的政策。

在对欧盟政策领域，依然奉行与欧盟扩大合作的政策。但在欧盟提出的先决条件面前，坚持本国在一些重大问题上的立场。

加强俄中战略协作伙伴关系。“9・11”事件后，俄中战略协作伙伴关系一度有所松弛，在这一阶段，普京政府重新着手加强对华关系。体现在两国规划务实合作，中俄两军举行首次联合军事演习，中俄边界问题解

---

① 例如允许美军进驻中亚。

决，加强中俄经贸合作，石油运输建设以及两国在联合国安理会联合阻止美国的阴谋等。①

（5）2008 年 5 月至 2012 年 5 月。2008 年 5 月，普京总统任期结束，梅德韦杰夫当选俄罗斯联邦总统。梅德韦杰夫时期基本继承了普京政府的外交政策，但在 2008 年的俄格武装冲突后发生转变。俄格武装冲突体现了俄与欧美关系的恶化。另外，俄罗斯结束了苏联解体以来的全面收缩战略，从战略收缩走向积极防御，重建亲俄利益区域。

对于俄美关系，俄罗斯在继续对抗的同时也关注下一届新政府的外交动向，尝试与美缓解紧张关系。

在俄欧关系方面，俄罗斯提出“现代化伙伴关系”计划，推动落实“大欧洲”构想。② 虽然俄格武装冲突恶化了俄欧关系，但俄欧并不想决裂。在政治、经济、文化和安全领域，俄罗斯为加强俄欧关系做出多方面努力。

（6）2012 年 5 月至 2013 年底。2012 年，普京第三次当选俄罗斯联邦总统，再次执政的普京逐步调整俄罗斯对外战略。基于国际政治经济重心向亚太地区转移的判断，普京在 2012 年的国情咨文中正式提出“向东看”战略。战略核心在于：重视开发远东地区和融入亚太经济圈，借助亚洲新兴国家的力量平衡西方。事实上，该战略并未立刻落实。③ 在 2013 年《俄罗斯联邦对外政策构想》中，明确指出俄罗斯发展同欧洲—大西洋地区国家的关系具有优先性质。可见，在俄罗斯看来，西方国家仍优先于亚洲国家。

---

① 同时，俄罗斯注重与其他发展中国家的关系。经俄罗斯倡议，金砖国家外长于 2006 年 9 月在联合国大会与会期间举行了首次会晤。这次会晤拉开了金砖国家合作的序幕。

② 2010 年 11 月 25 日，普京在访问德国前夕于德国《南德意志报》发表题为《俄罗斯与欧洲：从理解危机教训到伙伴关系新议程》的文章，提出了俄欧共建“从里斯本到符拉迪沃斯托克的欧洲共同经济空间”的构想，从市场、工业、能源及签证制度等角度详细阐述了俄欧在扩大伙伴关系基础上加强合作的前景。但是这一构想未能得到欧盟的认可。

③ “向东看”战略的真正落实是在 2013 年底乌克兰危机后，本文第一章第三小节将详细展开，此处不再赘述。

2. 总结评价

（1）俄罗斯对世界形势以及外交重点的判断基本正确并灵活地调整政策。

（2）虽实行全方位的外交政策，但实际上俄罗斯仍过度倾向西方，同时开始注重处理好与其他国家的关系，给自己更多的回旋余地。

（3）俄罗斯以国内发展为重，对外政策整体上具有收缩性，认识到以妥协换取发展的道路行不通，开始认清现实，坚定维护本国利益。

（三）向东看、大欧亚、全方位（2014 年至今）

1. 演变过程及特点

乌克兰危机标志着俄罗斯与西方关系全面恶化，俄罗斯被八国集团开除。面对西方的压力和围堵，俄罗斯加速“向东看”战略的实施。2016 年的《俄罗斯联邦对外政策构想》指出，“向东看”成为俄外交发展的新方向，加强与亚太国家的交流不仅将改善俄外交环境，也对俄发展经济大有裨益。在 2021 年版《俄罗斯联邦国家安全战略》中，外交优先方向包含中国和印度，这进一步彰显俄对于亚洲伙伴的重视。

普京在 2014 年的俄中领导人峰会上对中国“一带一路”倡议积极回应，希望加强合作。俄中在政治、军事和经济等多个方面不断深化合作。2019 年，俄中关系被提升为“新时代全面战略协作伙伴关系”；俄中近年来多次举行联合军演；中国连续 11 年是俄罗斯最大贸易伙伴。[①] 以上表明俄中关系正处于历史最好时期。

俄印是传统友好国家，俄印关系现为“特惠战略伙伴”关系。乌克兰危机后，印度在克里米亚“脱乌入俄”问题上的态度反映出两国关系的默契。在美国特朗普政府推行“印太战略”的背景下，俄罗斯更加重视与印度的伙伴关系。近年来，俄印深化在各领域的合作，军事和能源是俄印合

---

① 从 2011 年开始至今，中国一直是俄罗斯第一大贸易伙伴。

作的重点。尤其在军售上，俄罗斯非常重视印度作为其传统武器出口国的地位。在2021年的俄印峰会上，俄罗斯承诺2021年底交付给印度S-400导弹防御系统，俄印还签署了未来10年军事技术合作框架协议。[①]

东盟作为亚太最具影响力的区域一体化组织，是俄罗斯融入亚太的重要支点。双方不断加强政治关系建设和战略互信。2018年，俄罗斯和东盟关系提升为战略伙伴关系，双边关系迈上新台阶。双方在经贸、反恐、军事等领域都不断深化合作，尤其在军事合作上进展较大。近年来，俄罗斯对东盟国家军售的范围有扩大的趋势。[②] 2021年，俄罗斯与东盟举行首次海上联合军演，这表明俄罗斯已成为东盟的重要合作伙伴。[③]

除了上述的重要亚洲伙伴，俄罗斯还同日本、韩国、朝鲜、巴基斯坦等亚洲国家积极发展关系，服务其“向东看”战略布局。同时，随着欧亚经济联盟的成立，俄罗斯希望整合独联体国家和“向东看”战略的亚洲国家，提出“大欧亚伙伴关系”倡议。[④] 该倡议计划将俄罗斯打造成“大欧亚国家”，成为亚欧大陆上重要的交通和经济枢纽。同时建立共同的、开放和非歧视性的经济伙伴关系，即以确保亚太地区和欧亚地区一体化进程的互补性为目的，建立一个能够满足东盟、上海合作组织和欧亚经济联盟各成员国共同发展的空间。这不仅是经济合作倡议，更是一个长远规划的地缘政治战略。

实际上，随着俄对外战略的扩大，发展对象并不局限于亚太国家，而是泛指“非西方”国家，实现“全方位”外交。与此前阶段的“全方位”不同，这次的范围更广，程度更深。外交范围涉及中东、非洲、拉美地区。例如，俄首次军事介入中东以支持叙利亚政府；俄非峰会的召开；在苏丹设立非洲首个俄常驻海军基地；俄军事支持委内瑞拉政府等。

---

① 安峥：《俄美峰会前夕，普京为何先晤莫迪》，《解放日报》2021年12月7日第4版。

② 2010—2017年，俄罗斯共向东南亚国家出售了价值66亿美元的武器装备，占其武器销售总额的12%。具体国家来看，既有越南、马来西亚、缅甸这种与俄罗斯长期合作的传统军事技术合作伙伴国家，也有向俄示好的新发展的军事合作国家，例如菲律宾。

③ 《俄媒：俄海军与东盟举行首次海上联演》，参考消息网，2021年2月3日，http://www.cankaoxiaoxi.com/mil/20211203/2461758.shtml。（上网时间：2021年12月9日）

④ 普京在2016年6月召开的圣彼得堡国际经济论坛会议正式提出“大欧亚伙伴关系”倡议。

俄罗斯与这些国家的合作不仅有敏感的军事合作，也深化在经贸、能源、科技等各领域的合作。以上种种无不彰显出俄罗斯重塑世界大国的雄心壮志。

以上的各种对外活动无不体现出俄罗斯对外政策“向东看、大欧亚、全方位”的特点。

2. 总结评价

（1）“向东看”战略改善了俄罗斯的外交环境，有助于俄摆脱西方的围堵。俄深化与非西方国家的关系，尤其是与亚洲国家的关系，缓解了社会经济压力，提升了国际影响力。

（2）俄转向东方并不是抛弃西方，更多是一种无奈之举。西方国家仍然是俄重要的“伙伴、邻居”，俄罗斯并没有放弃同西方缓和关系的意愿。[①] 但鉴于过去融入西方的失败，俄希望以更加理性、平衡的方式来处理与东西方国家间的关系。

（3）“大欧亚”和“全方位”战略反映出俄罗斯恢复传统大国地位的战略目标。但俄罗斯目前没有足够的实力，也没有意愿与西方国家争夺更多的势力范围。

二、冷战后俄罗斯对外政策演变的特点

（一）俄罗斯对外战略的关键从经济利益向地缘安全利益转变

通过梳理俄罗斯30年的对外政策发现，地缘安全的重要性不断显现。俄罗斯把国家安全放在首位，其对外战略的关键也从经济发展转向追求地缘安全。

---

① President Vladimir Putin’s remarks at the expanded meeting of the Foreign Ministry Collegium, Moscow, November 18, 2021, https://www.mid.ru/en/foreign_policy/news/-/asset_publisher/cKNonkJE02Bw/content/id/4946550.（上网时间：2021年11月19日）

冷战结束后的俄罗斯国家实力衰落。为摆脱困境，俄当时彻底倒向西方，希望其经济制度的改革能得到西方的认同，并获得西方的援助。为达到上述目的，俄罗斯在涉及国家核心利益的问题上不断退让。当时俄罗斯对外政策的重点是经济利益，地缘安全问题的重要性相对下降。

然而，事实证明完全倒向西方的战略是失败的。随着俄罗斯经济恶化到崩溃的边缘、政治局势动荡不安、国际影响力急剧下降，“亲西方”路线遭到各阶层人民的痛斥，俄罗斯政府被迫调整外交战略。对外政策开始注重“国家利益”和“民族利益”，核心目的变成维护国家安全利益，俄罗斯开始更多地关注与非西方国家和传统盟友的关系。

普京入主克里姆林宫后，俄罗斯对国家安全的关注和对西方强硬的态度明显强于叶利钦时期。普京在对外政策上采取务实主义原则，然而在与西方打交道时俄罗斯仍会在涉及国家安全利益的问题上作出让步。

俄罗斯对西方的让步终止于乌克兰危机。在乌克兰危机爆发的背景下，面对以美国为首的西方国家对俄进行的经济、外交、军事等领域的制裁和威慑，俄罗斯针锋相对，采取了一系列反制措施。反制措施是俄罗斯在权衡经济利益与国家安全利益后作出的选择，充分体现出俄罗斯维护国家安全利益的决心。

可以说，乌克兰危机触及俄罗斯最后的底线，是俄罗斯对外战略的关键从经济利益向地缘安全利益转变的标志性事件。

（二）“立足西方、稳定南方、面向东方、走向世界”

这里的西方是指欧美国家，南方是指以独联体为主的位于俄罗斯周边的中亚、东欧地区，东方是指以中国为主的亚太国家，走向世界是指俄罗斯要实现“全方位”外交，提高国际影响力，重塑世界大国地位。

从冷战后俄罗斯对外政策的演变中，可以发现欧美国家在俄罗斯对外战略中的绝对多数时间里都居于主要地位，西方国家是其重点发展对象，即“立足西方”；独联体地区是俄罗斯的传统势力范围和特殊利益区，稳定包括独联体国家在内的周边国家地区对维护自身地缘安全具有重大利益，在俄对外政策中居于最优先地位；近几年俄罗斯“向东看”战略的发展趋势逐渐加快，对以中国为代表的东方国家越来越重视，发展更加平衡的东西方之间关系的策略短期内不会改变；俄罗斯实行“全方位”外交，对外交往的范围不断扩大，对外合作的领域也越来越多样化。以上体现出冷战后俄罗斯对外政策的演变具有“立足西方、稳定南方、面向东方、走向世界”的特点。

（三）从战略收缩转向战略积累

俄罗斯对外关系呈现出“收缩—积累—扩张”的周期变化。“实力”与“意图”的对比是划分每个阶段的主要标准。其具体表现在重大事件或对外政策上，包括领土或势力范围面积的增减、战争的胜负、外交的成败。

表 1－1　俄罗斯对外政策的周期性变化

对外政策	“实力”与“意图”的对比关系	主要表现形式
收缩 （1991—2008 年）	国家实力不足以实现其意图，对外行为无法达到预期目标 苏联解体，俄罗斯沦为地区大国，丧失加盟共和国和东欧势力范围；无力阻止北约东扩；独联体国家离心趋势	战争失败、外交失败、领土被侵占、势力范围缩小、对海外事务兴趣减少
积累 （2008 年至今）	介于扩张与收缩之间，国家实力稍低于或高于其意图，对外行为有时能实现扩张目标，有时失败 俄格武装冲突；克里米亚事件；大欧亚伙伴关系；全方位外交；重返中东、非洲、拉美	收复失地，重夺势力，外交有扩张倾向，但扩张速度较慢
扩张	国家实力超过或者等于其意图，对外行为能成功成向外扩张的目标，国家有能力将其投射至本国边境以外	战争胜利、外交胜利、领土扩张、意识形态扩张、对海外事务有强烈兴趣

战略积累的标志是2008年俄格武装冲突爆发，俄与西方的地缘政治博弈以战争形式升级，标志着俄结束了苏联解体以来的收缩战略。[①] 俄罗斯向来注重势力范围的构建，把近邻国家与近邻以外国家之间的边界称为“外部边界”，把独联体国家之间的边界称为“内部边界”。西方国家在独联体国家煽动“颜色革命”，怂恿部分独联体国家加入北约，让俄罗斯最终忍无可忍，决定出手干预，俄格武装冲突、克里米亚“脱乌入俄”就是这方面的典型代表。总之，基于相对有限的国家实力，俄罗斯30年对外战略总体上充满防御色彩。至少从俄罗斯自身看来，就是守住或拿回属于自己的东西，并非夺取属于他国的东西，也就不属于扩张。收缩和积累的区别在于前者任人宰割却无可奈何，后者在于可以自我防卫，主动捍卫国家利益。

结　语

在冷战后探索对外政策的30年里，俄罗斯力求融入西方国家主导的欧洲—大西洋体系，但却屡遭排斥。被俄罗斯视为传统势力范围和特殊利益区的独联体国家也与俄罗斯渐行渐远，甚至部分国家已经逐渐与俄罗斯相脱离。俄罗斯的地缘战略空间被不断挤压，对西方从希望到逐渐失望再到几乎绝望。乌克兰危机后，俄罗斯与西方关系日趋恶化，俄罗斯正逐步加快实施“向东看”战略的步伐，提出了宏大的构建“大欧亚伙伴关系”的倡议。

在普京的治理下，俄罗斯已经度过了冷战后最艰难的时期。从俄罗斯30年的对外政策的演变进程来看，欧亚经济联盟和中俄新时代全面战略协作伙伴关系的建构是俄对外战略的重要成就。尤其是中俄关系，在2021年12月中俄领导人的视频会晤中普京表示，当前俄中关系正处于前所未有的

① 赵鸣文：《普京大外交：面向21世纪的俄罗斯对外战略（1999—2017）》，人民出版社、研究出版社2018年版，第144页。

历史最好时期，体现出高度的战略互信，树立了在互不干涉内政、相互尊重彼此利益基础上实现互利共赢的榜样，堪称 21 世纪国际关系的典范。[①]对华关系的进展为摆脱西方孤立而陷入外交困境的俄罗斯提供了来之不易的支持。这为其实现“大欧亚伙伴关系”倡议构想创造了重要的有利条件。

总之，未来的俄罗斯对外政策仍将在独联体国家、亚太国家和西方国家三个主要方向上着力，努力在三个主要方向之间，以及在每个方向中的主要国家之间保持平衡，对独联体国家的重视程度只会增强不会减弱，对亚太国家的重视程度将会日渐提升，对西方国家的重视程度会有所弱化，但不会完全忽视。

① 王迪：《习近平同俄罗斯总统普京举行视频会晤》，《人民日报》2021 年 12 月 16 日第 1 版。

2021年俄罗斯对外政策最新变化及其特点

刘逸夫　黄海彬　钟广豪　曹　聪*

【摘　要】自乌克兰危机后，俄罗斯推行“东向”战略，一方面与西方关系大步后退且敌意渐浓，另一方面与亚洲国家的政治经济联系进一步加深。2021年，俄罗斯对外政策在延续上述趋势的同时，基于新冠肺炎疫情暴发以来的新形势，其更加关注自身利益，加速去西方化进程，巩固对周边地区的影响力，深化与亚洲国家特别是中国的特殊关系。这些举措具有从西方转向东方、从外部转向内部、关注新领域的特点，显现出俄罗斯决策层对新形势的清醒认知与极富建设性的未来展望。

【关键词】俄罗斯外交政策　中美俄关系　世界秩序　非传统安全

引　言

由于克里米亚问题和乌兰克危机，俄罗斯与西方国家的关系在2013年左右迅速恶化，双方进行了一系列制裁与反制裁措施。与此同时，俄罗斯加速了“向东看”的进程，将战略重心逐步转移至独联体国家以及包括中

* 刘逸夫、黄海彬、钟广豪，广东外语外贸大学国际关系学院国际政治专业2019级本科生；曹聪，广东外语外贸大学国际关系学院国际关系专业2021级硕士研究生。

国、印度、东盟在内的亚洲伙伴。但加速“向东看”并不意味着俄罗斯放弃与西方缓和关系的意愿。俄罗斯在对待东西方国家的态度上更加平衡，更多是鉴于同西方国家相处的经验教训，而非对东方国家的认同。与西方国家的持续对抗状态，进一步加强与独联体国家的联系，加速“东向”战略的步伐以及逐渐“走向世界”成为2013年之后俄外交政策的几大趋势。

2021年俄罗斯的对外政策仍旧延续着该趋势，但在东西方力量格局进一步重塑、同欧美国家紧张关系进一步加剧、国内社会经济问题日益严重以及非传统安全威胁愈发严峻等因素的作用下，其对西方国家、独联体国家以及亚太国家的政策发生了进一步变化。

一、2021俄罗斯对外政策新变化

（一）2021年俄罗斯官方关于对外政策的表态及文件

俄罗斯官方关于国家政策的表态及文件，是判断俄内政外交走向的重要依据。本文选取2021年总统普京发表的国情咨文以及2021年新版《俄罗斯联邦国家安全战略》作为主要分析对象，认为2021年俄关于对外政策的阐述出现了对国家利益关注的“内部化”、进一步“去西方化”、强调加强与友好国家的合作等新态势及特点。

1. 国情咨文

2021年4月21日，俄罗斯总统普京在莫斯科“马涅什”展览中心向俄罗斯联邦议会上下两院发表年度国情咨文。在外交方面，普京表示俄罗斯乐意在维护本国国家利益的基础上开展国际合作，并警告称对损害俄利益的行动将采取强硬且迅速的反应。同时，普京一如既往地赞同联合国在国际事务中的积极作用，并表示继续在金砖国家、独联体等区域组织框架下与相关国家开展合作。在军事方面，普京表示俄罗斯新研制的一系列武器已经投入使用。

2021 年国情咨文还反映出俄罗斯对国家利益的关注出现“内部化”的特点，给予国内卫生、社会及经济问题极高的重视程度。对于疫情防控工作，普京肯定了一直以来俄罗斯在该方面取得的成就，同时呼吁继续加强边境管控、避免疫情的蔓延以及提高公民的疫苗接种率；突出民生的重要性，包括实现人口稳定增长、提高国民平均寿命、提高国民实际收入增长等；加大教育的投入；促进经济可持续发展，包括强调科学的重要性、为各地区提供基础设施建设贷款等。可以预见，对国家利益关注出现“内部化”的趋势将对俄对外政策产生较大的影响，促使其进一步贯彻落实“保障俄罗斯和平安全和稳定发展”的对外政策理念。

2. 《俄罗斯联邦国家安全战略》

2021 年俄罗斯颁布实施新版《俄罗斯联邦国家安全战略》，距离上次颁布时间已有 6 年。在这期间，俄罗斯面临的国内外局势发生了较大的变化：在国内，经济发展呈现停滞甚至倒退的趋势，而经济的不景气一定程度上加剧了社会矛盾，导致社会动荡持续加剧，恐怖主义、分裂主义以及腐败问题越发严峻。国外局势也不容乐观，美国及欧洲国家的制裁持续和北约的进一步扩张，威胁着俄罗斯的地缘政治安全；乌克兰、白俄罗斯等俄西南周边国家和地区发生暴乱和冲突，俄罗斯在地区的影响力弱化等。在这种背景下，新版《安全战略》中体现出的俄对于国家安全利益认知出现了一定的变化，有以下几点值得特别关注：

（1）民生领域成为首要关注点。在新版《安全战略》中所列出的 8 项国家利益中，“珍惜俄罗斯人民，开发人的潜力，提升公民生活质量和福祉”位列首位。而在 2015 年的《安全战略》中是“加强国家防御，确保俄罗斯宪政秩序、主权、独立、国家和领土完整”。保证“人”的权益成为该文件的重要目标，并列举了一系列具体任务以促进该目标的达成。同时，该份文件中体现出“俄罗斯传统精神和道德价值观、文化和历史的保护”的重要性显著上升。新版《安全战略》相较 2015 版《安全战略》用了更多的篇幅来阐述当前俄罗斯传统文化和民族精神面临的问题。可以看出，俄罗斯对国家利益的关注出现了较为显著的“内部化”的特点。

（2）开展多领域安全能力建设。首先，“信息安全”作为战略优先方向第一次被单独列出，是过往几版《安全战略》所不具有的。毫无疑问，这体现出了在网络安全问题日益严峻的形势下俄罗斯对该领域存在的问题的重视。其次是加强经济领域安全能力建设，包括推进经济转型，强化经济的独立性，克服对进口技术、设备和零部件的严重依赖等。最后是加强对恐怖主义、极端主义等公共领域安全问题的防范，这也是一直以来俄罗斯国内安全问题持续且重要的关注点。①

（3）西方国家威胁加剧，推进“去西方化”进程。新版《安全战略》除重提“北约东扩”“美国部署反导系统”外，还全面罗列以美国为首的西方国家对抗俄罗斯的手段，包括对俄采用双重国际标准、垄断互联网传播歪曲价值观、煽动周边盟国暴乱等各种低劣行径。同时相较于2015年的《俄罗斯联邦国家安全战略》，新版《安全战略》删除了任何与欧美国家发展友好关系相关的表述，体现出明确的“去西方化”立场。

（4）深化与友好国家的国际合作。新版《安全战略》详细地列出了俄罗斯在开展国际合作上的重要支点：在俄传统势力范围内，独联体与欧亚经济联盟、集体安全条约组织依旧是不变的重点；在双边关系上，中俄与俄印成为首要方向；在多边关系上，上合组织、金砖国家和中俄印三边机制是关键。文件最后总结道，俄罗斯应该“在亚太地区、拉丁美洲、非洲等多边国际机构、对话平台、地区联盟框架下支持地区和次地区一体化进程发展”。

此外，新版《安全战略》还表明要在太空、大洋、极地开发领域保障俄联邦利益；维持战略稳定，完善防扩散机制，维护军控机制；在打击恐怖主义、极端组织、非法移民、跨国犯罪等领域以及“创建安全和公平的全球信息空间”和防止气候变化领域等全球性问题上开展国际合作。

（二）加速俄白一体化进程

自苏联解体后，俄白两国之间的关系历经几度起伏。其间由于卢卡申

---

① 白峻楠：《新版〈俄罗斯联邦国家安全战略〉解读》，《国际研究参考》2021年第9期，第19—20页。

科政府实施“平衡外交政策”，致力于推动与欧美关系正常化，导致两国关系日渐疏远，俄白联盟一体化进程出现波折。到了2020年，在白俄罗斯即将总统大选前，白安全部门突然宣布逮捕了33名俄罗斯男子，其所给出的理由为这些人是雇佣兵组织“瓦格纳”的成员，图谋在总统大选前组织骚乱，至此，俄白关系似乎并无好转迹象。”然而，令人意外的是，俄罗斯并没有受到这一事件影响，而是依旧选择支持了白俄罗斯的大选结果，这也导致了在进入2021年以后，俄白之间迅速由互相不满转变为“模范合作”，加速了联盟一体化的进程。

1. 在危机事件中坚定支持卢卡申科政府

2021年4月17日，俄白两国安全部门联合宣布挫败了一起试图推翻白俄政府、刺杀白俄总统卢卡申科的政变图谋。而卢卡申科在接受采访时称，“发现有美国情报部门参与了此事。”这场政变企图迫使白俄罗斯重新分析与美国的关系，也使白俄罗斯逐渐向俄罗斯靠拢。

而就在一个月后，白俄罗斯又发生了一起客机迫降事件。在此次事件中，白俄反对派的流亡人士普罗塔谢维奇被捕。面对这起特殊事件，国际舆论一片哗然，西方国家宣布通过航空禁令、经济制裁、资产冻结等方式对白俄施加第四轮制裁。

这两起事件本质上都是去年白俄总统大选这一政治危机的延续，在卢卡申科面临内忧外患的情况下，俄罗斯的选择是坚定支持。对于刺杀事件，俄国家安全局为白俄提供了相关情报及便利，总统普京还就此事在电话中向美国总统拜登发出过质问；而在客机迫降事件中，俄罗斯做出了同样的选择，一方面给予白俄大量的经济援助，另一方面对欧美的“双标”行径进行抨击，同时俄罗斯外长拉夫罗夫等俄政要都纷纷在外交场合对白俄罗斯表示支持。俄罗斯坚定支持的态度，无疑为卢卡申科稳定国内局势打了一剂强心针。

2. 加强俄白军事合作

2021年俄白两国举行了数次军演，其中最惹人注目的无疑是于9月10

日至9月16日进行的“西部—2021”联合演习，俄国防部声称在这次演习中一共动用20多万军人、约80架各式飞机及直升机、760件部队作战装备，其中包含有240门火炮、290辆坦克、多管火箭炮以及迫击炮，此外还包括了15艘舰艇，因此被称为是俄白联合军演史上规模最大的一次。此外，随着波白难民问题的加重，白俄罗斯总统卢卡申科在接受采访时表示，未来俄军和白军将在白俄罗斯和乌克兰边境举行演习。综上所述，2021年俄白两国的军事合作显著增多，针对的目标也更加明确。

3. 重启一体化进程

此前，俄白两国虽然就一体化进行了多次会谈，但由于在能源等领域难以达成共识，一体化进程实质上陷入了停滞。而在2021年9月9日，俄总统普京与白俄总统卢卡申科在莫斯科举行了会谈。在此次会谈中，两国领导人着重关注双方在经贸、能源等领域的合作，并就进一步推动双方在联盟国家框架下的一体化进程交换了意见。同时，对于统一能源市场的话题，两国领导人也达成了有关协议。11月4日，两国以视频形式召开了最高国务委员会会议，会议上，普京和卢卡申科批准了涉及俄白两国一体化的一揽子文件，其中包含了涉及28个行业的一体化计划、共同军事学说以及俄白联盟移民政策的概念。该计划特别指出，两国需要在近两年内尽快签署相关文件，以建立统一的天然气、石油能源市场和单一的电力市场。这一系列的动作标志着俄白两国的一体化进程正式重启，尤其在经济一体化和军事一体化进程中，两国可谓是取得了重大突破。

（三）保持俄美关系战略稳定

在拜登接任美国总统后，俄美关系总体上仍然保持对抗的态势，但同时也在某些具有共同利益的领域达成了有限合作，而这些合作的达成也避免了两国关系陷入进一步的恶化。

1. 延长《新削减战略武器条约》

在特朗普执政时期，美国选择退出了许多军控条约。而到目前为止，美俄之间仅剩一个有效军控条约，即两国于2010年签订的《新削减战略武器条约》。尽管如此，这一对于确保两国军事战略平衡、维持核军控稳定都具有重要作用的条约也面临着到期的问题。虽然美俄两国都表示有意愿继续延长条约，但实际的谈判却并无进展。在拜登上台后，两国积极就延长条约问题进行了磋商。2021年1月26日，两国元首进行了首次通话，在延长《新削减战略武器条约》的意见上达成一致，同意将条约再延长5年。2021年以来，美国多次发出军控谈判的信号，而莫斯科方面也积极予以回应。俄罗斯总统普京表示，如果总统会晤结果显示军控谈判的条件成熟，莫斯科方面不会拒绝讨论这一话题。此外，俄外交部副部长里雅布科夫也称，两国在现行条约框架下的所达成的合作进展较为顺利，因此莫斯科希望通过俄美战略稳定对话进而签署新文件。

2. 加强应对气候变化挑战合作

在美俄关系陷入低谷的时期，气候变化成为两国能够进行正常对话的少数领域之一，而这方面的合作在2022年有加强的趋势。2021年7月，美国气候变化特使约翰·克里到访莫斯科商谈美国与俄罗斯的气候合作事宜。俄罗斯外交部长拉夫罗夫对此表示，他认为克里的访问是“缓解两国紧张局势”的“非常重要和积极”的一步；克里则表示希望气候变化谈判可以作为跳板，帮助缓解两国之间的紧张局势。而2个多月后，两国又联合开展了针对北极地区气候变化问题的南极和阿蒙森盆地观测系统科学考察行动。可以看出，俄罗斯正在积极释放俄美在气候问题上能够紧密合作的信号，以此保留一个双方对话的途径，同时也为稳定双边关系付出努力。

3. 就网络安全进行谈判

2021年6月，俄美两国元首参加了在瑞士举办的日内瓦峰会，会上虽未取得重大突破或协议，但就恢复互派大使及就网络安全进行协商达成了一定共识。俄美两国的网络安全冲突由来已久，无论是小布什时期开始的“棱镜门”窃听事件，还是“黑客干预大选”中美国对于俄罗斯黑客网络攻击的指控，都足以证明，这一领域的问题已经逐渐成为两国战略稳定的新挑战。俄罗斯对于这一问题给予了正面回应，其驻美大使安东诺夫多次表态，承认双方已经启动网络安全对话。截至 2021 年 11 月 27 日，两国安全会议部门关于这一主题的专家级磋商已经进行了四轮。

（四）增加在亚太地区的参与度并扩大其影响力

1. 加强与中国的合作

中俄关系近年来持续升温、发展迅速，两国在多个领域达成合作。2021 年，双方的战略互信更是达到了一个前所未有的高度。在 2021 年的 8 月上旬，中俄联合开展了“西部・联合—2021”演习。此次联演有不少新特点，例如在以往的联合军演中，基本都是中国军队出境参演，而此次则转变为在中方境内，由中国军队来主导演习。同时，本次演习的指挥方式相较以往也有很大的改变，由之前的独立编组、独立筹划变为两军混合编组、合帐筹划。①

此外，双方还联合举行“海上联合—2021”的演练，并第一次进行了海上联合巡航。而在国际上，两国在“国际军事比赛—2021”框架下所开战的一系列比武竞赛与合作，也有效地提高了两军联合行动的能力。

2. 增加与印度双边互动

印度在俄罗斯“转向东方”政策中占据着重要地位，两国无论是在军事还是能源领域都有着较深的合作。2019 年以后，受新冠肺炎疫情、印太战略、中印关系恶化等因素的影响，俄印关系有所下滑，两国的年度峰会甚至在 2020 年首次取消。进入 2021 年，俄印开始频频开展双边互动，先是举行了第一次的外长防长“2 + 2”会议，签署了两项重要的合作协议。随后，两国元首展开会谈，这是近两年来双方最高领导人的首次线下会

---

① 吕德胜、张笑语、杨晓波：《“西部・联合 –2021”演习亮点多》，《解放军报》2021 年 8 月 12 日。

晤。会谈的结果令人满意，双方共签署了28项协议，这些协议涉及了多个领域。此外，两国在签订武器合同时的一切支付均以卢布和卢比进行而并非美元。

3. **增加反恐领域投入**

美军选择从阿富汗离开，塔利班重新上台，给世界反恐形势带来了许多变数。反恐问题一直都是俄罗斯对外政策中关注的一个重点，中亚地区也向来是俄罗斯的传统势力范围，为了在新形势下维护该地区的稳定，防止恐怖主义威胁外溢，俄罗斯选择了稳定阿富汗的国内局势，同时采用政治、外交和军事等多重手段保持其在阿富汗的影响力。一方面，对于阿富汗的塔利班政府，俄罗斯采取了“事实承认”的方法，虽然没有给予外交承认，但却保持着外交接触，不仅俄罗斯驻阿富汗大使馆照常运营，还主动邀请塔利班参加阿富汗问题国际会议；另一方面，俄罗斯加强上合组织内部合作，召集集安组织各国多次在塔吉克斯坦与阿富汗边境地区举行联合军演，形成反恐威慑力，为可能来自阿富汗的恐怖主义威胁做好准备。

（五）与北约关系再度恶化

2022年的乌克兰东部局势再度趋于恶化，乌总统泽连斯基却仍在不断寻求加入北约，认为这是解决乌东地区冲突的“唯一途径”。面对北约东扩的风险，俄罗斯的选择是进行强硬反制。

1. **冻结与北约关系**

2021年10月6日，北约宣布减少俄罗斯驻北约办事处的人员数量，而俄罗斯则主动切断了与北约之间的直接沟通渠道。俄外长拉夫罗夫10月18日在新闻发布会上表示，北约方面的一系列举措，导致俄驻北约代表处已不具备开展基本外交活动的条件，俄有必要停止其驻北约代表团的一切工作。而作为回应，北约也将暂停其驻莫斯科军事联络处的活动。这一系列针对与反针对，意味着俄罗斯与北约之间的关系再次冻结。①

2. 在边境上陈兵对峙

2021 年 12 月 7 日，美国中央情报局局长威廉·伯恩斯称，最近几周观察到俄军在乌克兰边境“不同寻常的增兵”。事实上，在此前，北约就已经在白俄边境加强了兵力部署，双方的增兵行为已经在边境形成了明显的对峙局面。面对北约的指责，俄罗斯不予承认，而对于乌克兰可能加入北约的风险，俄罗斯更是直言，北约不得吸收乌克兰为成员国是俄方的“红线”。俄罗斯的强硬态度带来了一定的效果，美俄两国元首于 2021 年 12 月 7 日举行视频峰会，美国总统拜登在之后的一次采访中表明，“为了保护乌克兰而使用武力并不是美国和北约的义务之一。”

（六）强化在北极地区的竞争力

2021 年，俄罗斯更加重视其在北极地区的军事存在，在北极地区的行动频繁。据美国战略与国际问题研究中心的统计数据显示，2021 年 1 月以来北极地区已知开展的军事活动达 59 起。其中俄罗斯组织的军事活动为 32 起，占比达 54%，包括军事演习与训练、军事部署以及导弹试验等。俄罗斯还对军事编制体制进行了一定的改编，北方舰队正式成为单独的军事行政单位，享有较之以往更多的跨军种及战略地区指挥权限，这也有利于北方舰队能够同其余三个舰队在太平洋、大西洋地区形成战斗合力，提高俄罗斯海军的威慑力。除此以外，在 2021 年 3 月，俄罗斯科学家宣布成功开发了专门针对北极地区进行使用的“流星通信系统”，其能够加速开发俄属北极地区新的定居点和港口基础设施，也可用于空中和海上导航、地质勘探和军事设施的运作，从而帮助俄取得在北极军事技术的先机。②

2021 年俄罗斯还进一步加快了北方海航道的开发。作为北极航道中可

---

① “Practical cooperation of Russia, NATO stopped apart from random contacts — senior diplomat”, TASS, Nov. 30, 2021, https://tass.com/politics/1368051.（上网时间：2021 年 12 月 25 日）

② “Russian scientists create meteor communications system for Arctic”, TASS, Mar. 6, 2021, https://tass.com/science/1263191.（上网时间：2021 年 12 月 26 日）

利用价值极高的通道，对北方海航道的开发能够为俄罗斯带来拓展战略空间，通过新一轮的北极油气资源开发从而获得经济利益、重塑国际运输格局以及增强海军威慑力等诸多好处。在此之前，俄罗斯已通过一系列举措增强了在北方海航道的控制，在政策上减少外国船只在北方海航道航行受到的限制以此吸引更多的国家使用北方海航道并持续推进航道的基础设施建设等。俄总统普京在2021年10月14日召开的第二届联合国“全球可持续交通大会”上发表视频讲话，提出俄打算提高北极航线的货运量，并邀请其他国家更加积极有效地利用该航线，以促进与欧洲的贸易往来。2021年12月份，俄国研制生产的首艘量产型“22220型”核动力破冰船正式交付使用。[①] 2021年12月24日，俄首艘量产型22220型核动力破冰船交付使用。[②] 未来，俄罗斯对北方海航道的开发将继续加速进行。

二、2021年俄罗斯对外政策特点

（一）内部呈现“去西方化”

在2021年新出版的《俄罗斯联邦国家安全战略》中，所有发展与西方关系的论述均被删除，显现出“去西方化”的特点。从新版《安全战略》中关于国际形势的描述中可知，西方已被俄罗斯视为最主要的外部威胁来源，这种威胁不仅是地缘上存在的挑战，同时也是对俄政治、经济、文化、社会等内部领域的威胁。尤其是在文化方面，来自西方的文化冲击

---

① 《普京邀请中国等国利用北极航线促进贸易业务 中方回应》，中国新闻网，2021年10月15日，https://www.chinanews.com.cn/gn/2021/10-15/9587644.shtml。（上网时间：2022年1月15日）

② 《俄首艘量产型22220型核动力破冰船交付使用》，俄罗斯卫星通讯社，2021年12月25日，https://sputniknews.cn/20211225/22220-1036815107.html。（上网时间：2022年1月15日）

已经引起了俄政府的高度警惕。[①]

（二）进一步“转向东方”

在战略上，俄罗斯将“大欧亚伙伴关系”这一概念引入其《国家安全战略报告》，体现了其加强与亚太经济体联系的决心；在对外关系上，深化与中国及印度的友好合作，推进与东盟国家的双边及多边对话，增加对亚太事务的参与，推进独联体一体化进程；在对远东及西伯利亚地区的开发上，确立了对该地区基础设施开发升级的投资事项。2021 年，俄罗斯的身影在东方愈加活跃。

（三）关注领域更加多元

除了传统的安全及经济领域外，气候变化、北极开发和网络安全在 2021 年也受到了俄罗斯的特别关注。气候变化对俄罗斯产生的影响已经逐步显现，尤其是在北极地区和西伯利亚地区，冰山、冻土的消融，给俄罗斯的经济发展和军事安全带来了新的挑战。北极开发往往会与气候变化挂钩，但是和谁开发、怎样开发，都成了俄罗斯对外政策中必须考虑到的问题，事实上在上文所列举的对外政策变化中，也出现了俄美等国在这一地区进行有限合作的趋势。网络安全与传统安全领域不同，伴随着第五代移动通信技术和互联网科技的发展，俄罗斯的目光也投向了维护“国家网络空间主权”。此外，还有反恐领域的投入增加等，都彰显出俄对外政策关注领域更加广泛的特点。

---

① 《俄联邦安全战略报告》原文表达为：“第 87 条，美国及其盟友，以及跨国集团、非政府组织和恐怖组织正在积极推翻俄罗斯的精神道德和历史文化价值。其通过对俄个人、团体和社会施加影响，颠覆俄民众的传统信仰和信念。第 88 条，文化和心理西化对俄罗斯文化产生巨大威胁。西方正试图破坏俄罗斯和世界历史、篡改历史真相和历史记忆，挑起民族矛盾，削弱国家民众认知。第 89 条，俄罗斯传统信仰、文化，以及俄语作为国家语言的地位正在遭受侵犯。”

三、2021 年俄罗斯对外政策变化的原因

（一）抗疫对内政外交的影响

自世界进入疫情时代以来，俄罗斯针对疫情形势采取了严厉的管控手段，其以管控风险的名义采取了逐步解禁的措施。但在疫情得到一定控制后逐步放松管制，导致如今俄罗斯疫情出现反复，给其外交政策带来巨大的考验。

首先，疫情对经济的影响使俄罗斯在国防和外交中可供调配的资源逐步减少，经济结构不合理使俄罗斯在应对突发事件时显得力不从心，俄面临自身硬实力在大国博弈中被边缘化的危机。在国家战略资源匮乏的情况下，人们开始反思对大国地位的追求，在抗疫消耗大量国家资源的情况下，舆论出现了反对对外援助的声音。

不过，俄罗斯也抓住了新的机遇，在疫情影响下西方国家自顾不暇，对俄罗斯及周边地区的注意力减弱，俄得以加强对这些地缘政治区域的掌控力度。

（二）单极国际秩序受到冲击

新冠肺炎疫情暴发以来，国际格局发生了进一步的复杂演变和调整，特别是在中美关系对抗加剧的新情况下，俄罗斯如何在日渐成型的所谓的“新三角”关系中维护其大国地位和战略利益，这些都成为其亟待重新思考和面对的新方向性议题。

当俄罗斯重新审视在国际格局中的主要个体时，他首先要将目光聚焦在美国身上。美国的相对衰落已是无可避免，由其主导的单极国际秩序也正在发生改变，美国的外交政策将呈现越来越大的不确定性，也使美国在俄罗斯眼中成为世界经济和国际政治中的不稳定因素。

中俄关系在抗疫过程中也经受住考验，近年来双方高层互动密切。在多边舞台上，中俄也协同行动，通过推动双边及多边合作来维护本国的利益。

（三）北约国家对俄威胁加强

一段时间以来，北约对俄罗斯施加了强大的政治及安全压力。虽然俄罗斯的国力显然已经无法轻易撼动欧洲安全局势，但北约仍给俄罗斯扣上欧洲最大安全威胁的帽子。对俄罗斯在政治经济等各领域施加了空前力度的孤立手段，意图使俄罗斯在国际上失去固有地位。同时削弱俄内部稳定的政治基石，意图从内部弱化俄罗斯抗衡北约的能力。北约还将威慑与防御手段双管齐下，在俄罗斯边境线四周部署先进武器及构建情报侦查体系，在俄罗斯边境对其施加战略压力。

（四）国内经济情况不容乐观

疫情以来，俄罗斯国内需求及投资均大幅下降甚至停滞。防疫隔离措施对俄罗斯的社会及经济活动均造成冲击，社会消费减少。疫情发生前制订的投资计划趋于中断，社会投资增速也大为受挫。同时世界性的经济衰退带来的油价下降，使得能源出口收入大幅削减，从而减少了俄罗斯对外投资和国防外交支出的直接资金来源。尽管俄罗斯经济结构正显现低风险的态势，但仍然面临着活跃度不高，预期增长较少的窘境。

结　语

自乌克兰危机以来，俄罗斯外交政策进入了新的发展阶段。近年来，俄罗斯与西方国家的关系急剧后退，特别是与北约关系逐渐紧张。同时，俄罗斯也迫于现实形势及出于对过往外交政策方向的思考，与美国保持战略稳定，加速“大欧亚战略”的推行，实现了外交上的重大成果。

2021 年俄罗斯对外政策除了延续了上述内容之外，还出现了一些新变化。在东西方力量格局重塑、以非传统安全为代表的多领域安全议题涌现的情况下，其对外政策开始关注“人民内部利益”，包括民生领域、网络空间、反恐反极端主义等此前较为“内部化”的议题，并加速国家内部建设的去西方化进程，逐步放弃对西方乃至西方主导的国际秩序的乐观态度，在地域上加紧巩固在白俄罗斯、乌克兰、高加索地区等的影响力，又进一步巩固其与独联体国家及亚太主要国家中国、印度的良好关系；俄罗斯的对外政策也着力开拓新的战略空间，包括加速北极地区的开发，意欲增强在北极地区的优势。

这一年间，俄罗斯的对外政策在行动方式上显示出软硬兼施、刚柔并济的特点，在地理区域上加速“去西方化”和“向东看”，关注领域和议题聚焦于北极地区、网络安全等超出对俄罗斯战略传统认知的新要素。

如今俄罗斯所面临的国内环境与国外环境已经发生了深刻变迁，国家政策制定者们看到内部问题的优先性开始大于外部问题，于是将政策侧重点逐步转向内部。笔者从历年来“瓦尔代”俱乐部的年度报告中发现，俄罗斯认为世界秩序将处于“永久崩落”的状态，其 2019 年的报告便已直接否定重建秩序的可能性。在这种情况下，俄罗斯发觉自身正面临的威胁与挑战，因此其政策内倾性加强。

俄罗斯与独联体国家的关系

2021 年俄白关系的发展态势与特点

杨　琳　黄　悦　翁博洋　郑紫枫*

【摘　要】2020 年 8 月，白俄罗斯总统大选成为俄白关系的转折点。2021 年俄白关系进一步发展，经历了“逐步拉近”“持续升温”“紧密团结”三个阶段。俄白两国“唇齿相依”关系下的利益交织是推动两国关系友好深化的深层逻辑。作为独联体地区一体化的榜样与标杆，俄白关系进入全新的发展时期，呈现出鲜明的特点。在可预见的范围内，俄白关系将持续稳步发展。但两国的根本性矛盾无法消除，联盟国家一体化进程仍然具有不稳定性。

【关键词】俄罗斯　白俄罗斯　俄白关系

* 杨琳、黄悦、翁博洋、郑紫枫，广东外语外贸大学国际关系学院国际政治专业 2019 级本科生。

引　言

俄罗斯与白俄罗斯关系是苏联地区最特殊的。[1] 作为东欧版图上接壤的两国，俄白都源于基辅罗斯文化，语言、宗教相通。1997 年，两国通过签署联盟条约的形式正式确立联盟关系。1999 年，俄白签署《建立联盟国家的条约》，该条约对两国在货币金融、安全防务、经济贸易等领域的一体化建设作出规定。然而近年来，受卢卡申科政府实施“平衡外交”政策、致力推进与欧美关系正常化的影响，俄白关系矛盾重重，联盟国家一体化建设停滞不前。

2020 年 8 月 9 日，白俄罗斯总统选举结果公布，卢卡申科以超过 80% 的得票率成功连任。然而，选举结果引发白俄罗斯民众不满，国内掀起规模庞大的抗议浪潮。以美国为首的西方国家以及波兰、立陶宛等周边国家也频频介入，通过制造国际舆论压力等方式对卢卡申科政权进行强力施压。为应对内外交困的双重困境，卢卡申科一改此前对俄的傲慢态度，主动与俄总统普京通话商讨对策。俄罗斯公开表示承认选举结果，并承诺帮助白俄罗斯打击外部武装干涉，维护白俄罗斯政局稳定。

面对西方国家的压迫与威胁，白俄罗斯逐渐放弃“平衡外交”的政策方针，战略重心开始全面转向东方。而俄罗斯出于现实利益考量，也搁置两国在高政治性议题上的矛盾，积极巩固、深化双边关系，寻求重启一体化进程。

2021 年以来，一系列关键事件的发生推动俄白关系的发展达到新高度。本文将介绍 2021 年俄白关系的发展过程，从俄罗斯和白俄罗斯双方的角度出发，探究俄白关系发展的动因，总结俄白关系发展的新特点，并展望未来双边关系的发展前景。

---

① 赵会荣：《俄罗斯与白俄罗斯特殊关系探源》，《世界知识》2020 年第 18 期，第 1 页。

一、俄白关系发展过程

2020 年白俄罗斯总统大选后，俄白关系出现了微妙转变，由乌克兰危机后的龃龉不断开始变得紧密联系起来。2021 年，面对俄罗斯与北约不断加剧的紧张局势，俄白两国在经济、政治、军事等领域互动频繁，推动双边关系不断巩固、深化。

（一）俄白关系逐步拉近

2020 年白俄罗斯总统大选后，经历过一系列政治危机的卢卡申科政权依旧面临着严峻挑战。2021 年春末至夏初爆发的刺杀卢卡申科事件与白俄罗斯客机迫降事件，使俄白两国关系开始逐步拉近。

2021 年 4 月 17 日，白俄罗斯国家安全委员会抓获了一个试图谋杀卢卡申科总统的阴谋破坏小组。该小组以暗杀卢卡申科及囚禁其子女为目标，并计划暗杀成功后在白俄罗斯发动政变，将权力交由反对派接管。卢卡申科在事发后的表态将矛头指向美国，认为拜登政府是此次暗杀行动的幕后黑手。①

2021 年 5 月 23 日，瑞安航空公司一架客机在途经白俄罗斯领空时，地面当局声称飞机受到炸弹威胁，该航班最终紧急降落在明斯克国际机场。飞机降落后，白俄罗斯反对派流亡人士普罗塔谢维奇被捕。据悉，该航班是定期国际客运航班，然而，一架白俄罗斯战斗机在总统卢卡申科的命令下以炸弹威胁的名义护送这架飞机前往明斯克，事后并未发现机载炸

---

① "Lukashenko comments on plot to kill him and his sons", Belta, Apr. 19, 2021, https://eng.belta.by/president/view/lukashenko-comments-on-assassination-attempt-against-him-and-his-children-139170-2021/.（上网时间：2021 年 12 月 8 日）

弹。飞机在经停明斯克国际机场 7 小时后方才获准起飞。①

两起事件均是 2020 年白俄罗斯总统大选这一政治危机的延续。刺杀卢卡申科事件是以美国为首的西方国家试图颠覆卢卡申科政权的一次尝试，国内反对势力的猖獗使白俄罗斯政局持续动荡，国家发展难以为继。随后，白俄罗斯客机迫降事件引发国际舆论哗然，该项行动受到欧盟、北约、英国等方面以及一些民航当局的强烈谴责。② 与此同时，西方国家通过航空禁令、经济制裁、资产冻结等方式对白俄罗斯施加强力制裁。白俄罗斯面临国内反对派与国际舆论压力的双重夹击，卢卡申科政权陷入更加举步维艰的境地。

而俄罗斯在这两起事件中都站在了白俄罗斯一方，以坚定支持的态度帮助白俄罗斯维护政权稳定。2021 年 4 月初，俄白情报机关联手侦破了针对卢卡申科的刺杀行动，成功阻止了西方的“政变阴谋”，俄总统普京还就该事件在通话中向美国总统拜登发出质问。面对西方国家对白俄罗斯客机迫降事件的舆论谴责，普京则抓住欧美的“双标”行径进行抨击，同时给予白俄罗斯大量的援助以应对西方制裁下的经济压力。此外，俄罗斯外长拉夫罗夫等俄罗斯政要也纷纷在外交场合对白俄罗斯表示支持。

刺杀卢卡申科事件与白俄罗斯客机迫降事件进一步激化了 2020 年以来西方与白俄罗斯的矛盾，俄罗斯坚定支持的表态为白俄罗斯政局稳定提供了坚实后盾，而西方持续强硬的态度与制裁施压进一步将白俄罗斯推向俄罗斯。此时，俄白关系开始逐步拉近，俄罗斯主导推动的俄白一体化进程开始重回轨道。

（二）俄白关系持续升温

2021 年 9 月，“西部—2021”俄白联合军演与莫斯科会谈的举行反映两国关系正持续升温，俄白一体化进程正式重启。

---

① “Belarus plane: Ryanair boss says pilot had no choice but to land in Minsk”, BBC news, Jun. 15, 2021, https://www.bbc.com/news/world-europe-57480835.（上网时间：2021 年 12 月 8 日）

② 立陶宛、英国、乌克兰分别于当地时间 5 月 25 日宣布对白俄罗斯的交通禁令。

2021 年 9 月 9 日，俄总统普京与来访的白俄罗斯总统卢卡申科在莫斯科举行会谈。此次会谈中，两国领导人聚焦双方在能源、经贸领域的合作，并就统一能源市场达成协议，着力推动两国在联盟国家这一既有框架下的一体化进程。在会谈结束后的新闻发布会上，普京宣布，两国已就 28 项联盟国家合作计划达成一致，计划在随后的联盟国家部长会议上讨论，并最终提交联盟国家最高国务委员会批准。[①]

实际上，自 2019 年以来，俄白领导人已就俄白深度一体化进程进行了多次讨论。然而两国在能源领域合作上缺乏共识，难以达成协议。而在此次莫斯科会谈中，两国就 28 项联盟国家合作计划与统一能源市场达成协议，意味着俄白两国凝聚共识，正式重启停滞已久的一体化进程，标志着俄白经济一体化取得重大突破，进入加速推进的阶段。

“西部—2021”俄白联合军演的举行则在军事上进一步深化了两国合作，推动了军事一体化的发展。2021 年 9 月 10 日起，俄白军队在两国境内及波罗的海水域开展为期一周的“西部—2021”联合军演。此次演习参演军力高达 20 万，逾 80 架飞机和直升机、760 件军事装备以及 16 艘军舰出动参演。本次演习是两国史上最大规模的一次军事演习，首次使用了“海雕”无人机和“前哨”无人机等新型装备，且在地域划分上呈现出“多点出击、陆海兼顾”的特点。

西部演习虽然定期举行，但最近的这次是在俄白两国与北约关系日益紧张的背景下进行的。近年来，俄白两国与西方国家的对立情绪日益激烈，双方关系近乎降至“冰点”。尽管两国军方声称此次演习是防御性演习，但实则模拟的很可能是俄白联盟与美国及其北约盟国发生大规模冲突时的反击作战，目的是通过展示两国军事实力以回应西方威胁。

通过此次联合军演，两国深化了军事技术的互利合作，进一步加强了俄白军队在联盟国家框架下共同应对外来军事威胁的能力。俄罗斯也借此军演名正言顺地将俄白打造成事实上的军事同盟，推动了军事一体化进程。

---

① 《俄白一体化进程步入收官阶段》，欧亚系统科学研究会官网，2021 年 10 月 2 日，https: //www. essra. org. cn/view－1000－3137. aspx。（上网时间：2021 年 12 月 8 日）

在得到俄罗斯的坚定支持后，政权逐步稳定的白俄罗斯将战略重心转向东方。为应对共同的外部威胁，谋求两国内部发展，俄白两国均更加积极地寻求合作，在经济、军事等领域取得突破性成果，两国关系开始进入“蜜月期”。

（三）俄白关系紧密团结

2021 年 11 月，俄白一体化进一步取得了重大进展，白俄罗斯出现了关键的态度转变，俄白关系达到友好顶峰。两国关系在之后的难民危机中进一步深化，呈现紧密团结的态势。

2021 年 11 月 4 日，俄白联盟最高国务委员会会议在线上举行。会上，普京和卢卡申科批准了涉及俄白两国一体化的一揽子文件，其中包含了涉及 28 个领域的联盟计划、共同军事学说以及俄白联盟移民政策的概念。① 联盟计划特别指出，两国需要在 2023 年 12 月 1 日前签署文件，建立统一的天然气市场、石油及石油产品市场和单一电力市场。② 共同军事学说则意味着俄白两国可以联合抗击潜在敌人的进攻，其实质在于俄承诺为白提供“核保护伞”，以抵御对俄白联盟国家任何地点的核导弹打击。

值得注意的是，本次会议中，卢卡申科明确提出了希望前往克里米亚半岛进行访问的要求，这表明白俄罗斯首次在实质上承认克里米亚为俄罗斯领土。

2021 年 11 月以来，白俄罗斯与波兰边境难民危机持续发酵，逐渐演变成两国的军事对峙，边境局势日益紧张。大量中东难民聚集在两国边境，试图借道白俄罗斯，进入波兰。由于波兰对难民涌入采取封闭措施，不予接纳，大量难民滞留在白波边境。据波兰国防部统计，自 2021 年年初以来，已有 3.4 万人次非法越境，仅 10 月份就有 1.7 万人次。③ 难民危机下，俄罗斯依旧力挺白俄罗斯，普京多次与卢卡申科通话讨论边境局势，

---

① 石文：《俄白“一体化”应对西方围堵》，《中国国防报》2021 年 11 月 12 日。

② 石文：《俄白“一体化”应对西方围堵》，《中国国防报》2021 年 11 月 12 日。

③ 《波兰国防部：昨夜仍有非法移民企图冲击波白边界》，俄罗斯卫星通讯社，2021 年 11 月 19 日，https：//sputniknews.cn/society/202111191034830096/。（上网时间：2021 年 12 月 11 日）

并声称波兰与欧盟应该对此次危机负责。

同时，美国及其北约盟友还在黑海水域增加军事活动。一时间，白波和俄乌的边境形势恶化，俄白两国面临地缘安全威胁。俄白联盟在共同军事学说的基础上于西部边界投放重兵，两国空军还派出苏—30SM 战斗机组成联合编队，在白俄罗斯边境空域进行了联合巡航活动，通过战机支援、共同侦察、特战联合训练等方式回应西方挑衅，维护地缘安全。

随着两国关系的紧密团结，俄白与欧美两大阵营的对立也愈发明显。西方国家的制裁施压与军事挑衅使俄白两国更加紧密地联系在一起。白俄罗斯对克里米亚的承认意味着其已经放弃了“亲西方”或“平衡外交”的政策方针，在战略上彻底转向俄罗斯。同时，俄白之间的军事联合行动有效巩固了双边合作基础，提升了俄白联盟的武装力量与军事水平，增强了两国共同行动的能力，进一步深化了俄白军事一体化水平。总之，随着一体化法令的签署与联合行动的增多，俄白关系的发展达到了前所未有的新高度。

二、俄白关系发展动因

近年来，俄罗斯越发重视与白俄罗斯的关系，把加强俄白关系视为其外交“头等优先”的目标之一。白俄罗斯虽然奉行“东西平衡”的外交政策，却始终不改“亲俄”的基本立场。即便如此，两国关系的发展也并非一帆风顺。自 2014 年以来，双方在能源价格、一体化进程、主权等方面频发摩擦。2021 年两国关系逐渐升温、紧密团结的背后，是两国“唇齿相依”“唇亡齿寒”关系定位下利益交织的结果。

（一）俄罗斯的利益诉求

1. 缓解北约东扩，应对安全威胁

自克里米亚危机以来，乌克兰彻底切割俄乌关系，全盘倒向西方，俄

罗斯与西方国家的对立局势加剧。白俄罗斯位于东欧地区，西部与波兰、波罗的海等欧盟及北约成员国接壤，东邻俄罗斯，地理位置十分关键，成为俄罗斯与西方博弈的前沿阵地。

在美国的推动下，北约东扩加大了俄罗斯在西部方向上的地缘政治压力。随着北约五轮东扩的完成，俄罗斯西部的缺口已经敞开。一旦正在申请中的格鲁吉亚和乌克兰成功加入北约，俄罗斯将完全失去其与北约之间的西部“战略防线”。对欧美来说，白俄罗斯是北约在欧洲压缩俄战略空间、将俄势力推到俄边界的最后一块阻碍，是西面封锁俄罗斯的唯一缺口；① 而对俄罗斯而言，白俄罗斯的战略位置更为重要，其是俄罗斯与北约之间仅剩的“缓冲地带”，是俄在中东欧誓死守卫的最后一块堡垒，是维护国家安全的重要保障。

2021 年以来，俄乌两国在乌东地区冲突频发，北约屡屡在俄罗斯边境部署军队、实行大规模联合军演，与俄关系降至冰点，俄罗斯周边安全受到威胁。出于地缘政治因素的考虑，俄罗斯绝不能让白俄罗斯成为“第二个乌克兰”，所以，借机增强白俄罗斯对其的结构性依赖，捆绑俄白盟友关系是其理性选择，从而达到在地缘上强化战略缓冲，缓解北约东扩的目的。

2. 巩固独联体“基石”，推动一体化进程

俄白联盟是俄罗斯重新整合独联体的战略基石，俄白联盟的命运将直接影响和决定俄罗斯的大国战略能否顺利实施和实现。②

俄罗斯重返大国地位的战略思想不会消失，整合独联体的意愿更不会减弱。2011 年，普京公开发表其关于欧亚一体化的新方案，意在整合独联体各国共同建立一个超国家联盟——欧亚联盟，并将其打造成国际上新的一极。但西方国家对俄罗斯传统势力范围的干预，导致独联体国家的离心力显著增强，部分国家甚至演变出强烈的反俄倾向。面对独联体内部复杂的形势，俄罗斯确立了由中心到外围、由关键到其他、由小范围到大区域

---

① 李志庆：《苏联解体后的俄白关系》，黑龙江大学 2013 年硕士学位论文。

② 李志庆：《苏联解体后的俄白关系》，黑龙江大学 2013 年硕士学位论文。

的一体化扩展路径。

俄罗斯2016年发布的《俄罗斯联邦对外政策构想》中明确指出："发展与独联体国家的双边及多边合作，并进一步巩固有俄罗斯参加的独联体空间现有一体化结构是俄罗斯对外政策优先方向。"① 而在独联体中，打造俄白联盟国家关系——即"扩大与白俄罗斯在联盟国家框架内的协同作战，推进各领域的一体化进程"，在俄罗斯欧亚联盟的构建中处于头等重要的位置。俄白关系的发展成为独联体国家内部的风向标和指明灯，白俄罗斯是俄罗斯维护集体安全条约组织、欧亚经济联盟的战略伙伴，发展与白俄罗斯的关系有利于俄罗斯保持在独联体地区的影响力，推动欧亚一体化进程。

3. 联通俄欧经济走廊，掌控白俄罗斯关键经济部门

从经济联系的角度来看，白俄罗斯是俄罗斯进入中欧和西欧的走廊，是俄罗斯与欧洲联系的重要环节。俄欧经贸领域互补性强，欧盟是俄罗斯最大的贸易伙伴。2020年，欧盟与俄罗斯的贸易占俄罗斯对外贸易总额的37.3%。② 俄罗斯也是欧盟最大的石油和天然气供应国，2020年欧盟进口天然气的43.9%来自俄罗斯，2021年上半年，这一比例接近47%。③ 2020年，俄罗斯对欧洲的天然气出口达到1749亿立方米，④ 为俄罗斯创造了大量外汇。俄罗斯向欧洲出口的天然气中，大约20%通过白俄罗斯的亚马尔—欧洲管道运输。⑤

---

① "Внешней Политики Российской Федерации", Министерство иностранных дел Российской Федерации, https://www.mid.ru/foreign_policy/official_documents/-/asset_publisher/CptICkB6BZ29/content/id/2542248.（上网时间，2021年12月14日）

② Countries and regions: Russia, European Commission, https://ec.europa.eu/trade/policy/countries-and-Regions/countries/russia/.（上网时间：2021年12月14日）

③ "Share of Extra-EU Natural Gas Import Value from Russia from 2010 to 2021", Statista, May 6, 2022, https://www.statista.com/statistics/1021735/share-russian-gas-Imports-eu/.（上网时间：2021年12月14日）

④ Gazprom, "Gazprom Annual Report 2020", 2021, p. 61.

⑤ "Belarus: additional stress to the natural gas market", European Gas Hub, 2021, https://www.europeangashub.com/belarus-additional-stress-to-the-natural-gas-market.html.（上网时间：2021年12月14日）

白俄罗斯还是控制东欧地区的钥匙。[①] 对俄罗斯与其“飞地”加里宁格勒来说——白俄罗斯是唯一可靠的从俄罗斯前往加里宁格勒的过境通道。

此外，掌控白俄罗斯的关键经济部门一直是俄罗斯的野心之一。俄罗斯虽然是天然气的生产和出国大国，但却缺少直接通往消费国的输气管道。因此，其大多数天然气出口都需经过第三国，而白俄罗斯是俄罗斯向西欧出口能源的主要过境国之一。俄罗斯天然气工业股份公司于 2011 年以 25 亿美元收购了白俄罗斯天然气运输公司 50% 的股份，现已全资控股这家公司，还有很多俄企在白俄罗斯天然气运输、炼油厂和加油站等相关企业持有股份。掌握白俄罗斯关键经济部门相当于掌握其经济命脉，俄罗斯借此可以完全控制白俄罗斯的石油和天然气出口，从而来加深白俄罗斯对俄经济的依赖程度，避免白俄罗斯倒向西方。如果白俄罗斯出现动荡或两国关系恶化，俄罗斯的经济利益必然受损。

（二）白俄罗斯的利益诉求

1. 维持政权稳定，捍卫国家主权

西方国家在加大俄白外部压力的同时，还积极推行所谓“和平演变”政策，企图推翻相关国家的亲俄政权，扶植亲西方的反对派上台。独联体国家近年来频繁爆发的“颜色革命”，特别是乌克兰的“橙色革命”使卢卡申科加强了对西方的防范。

2020 年 8 月，卢卡申科第六次赢得总统选举点燃了白俄罗斯国内发生混乱的导火线，明斯克出现了严重的政治危机。与此同时，欧美等西方国家不但宣称卢卡申科是欧洲最后一个“独裁者”，不承认卢卡申科的合法地位，还暗中支持白俄罗斯境内的反对派，渗透白俄罗斯政权。由于卢卡申科对抗议游行的镇压，西方国家相继对其施以严酷的经济制裁和外交孤立，加剧了白俄罗斯局势动荡。

---

① 肖宇：《白俄罗斯与俄罗斯关系探析》，外交学院 2013 年硕士学位论文。

与欧美等国形成鲜明对比的是俄罗斯的态度。俄罗斯不仅第一时间承认了卢卡申科政权，还通过提供经济援助等方式帮助卢卡申科稳固政局。大选让卢卡申科清楚地认识到只有莫斯科才是白俄罗斯坚定的盟友，其执政地位的稳定与否与俄白关系能否进一步深化紧密相关，白俄罗斯别无选择。同"亡国"比起来，与俄罗斯近年来的"小打小闹"简直是细枝末节。面对西方铺天盖地的声讨和强势干预内政的行径，俄罗斯是卢卡申科遏制国内外反对力量，稳定国内局势及政权的"救命稻草"。

2. 抗衡西方制裁，缓解经济压力

白俄罗斯是典型的出口导向型经济，经济高度依赖俄罗斯。近年来因与俄罗斯的摩擦及受西方与俄罗斯关系恶化的影响，白俄罗斯经济长期疲软，加之应对新冠肺炎疫情不力，国内失业率进一步攀升。

在卢卡申科的第五个任期内，白俄罗斯一直努力加强与欧洲国家的经贸联系，欧盟曾是白俄罗斯的第二大市场。① 但2020年总统大选后，随着客机迫降事件、白波边界难民等问题的发酵，欧美不断加紧对白俄罗斯的制裁，手段包括禁止白俄罗斯和欧洲客机飞越对方领空，打击白钾肥、石油和烟草等主要经济部门，限制白俄罗斯获取欧盟贷款和进入欧洲市场，冻结白籍个人和机构资产等。截至2021年12月2日，欧盟已经宣布对白俄罗斯施加第五轮制裁。由于欧美制裁所涉及的行业、企业均系白俄罗斯经济命脉，这将在中短期对白俄罗斯支柱产业的经营和融资产生较大冲击。②

俄罗斯则为白俄罗斯提供投资和直接贷款。资料显示，俄罗斯对白俄罗斯的直接投资占白俄罗斯境外投资的57%—64%。③ 同时，俄罗斯还通过信贷向白俄罗斯经济注入资金，目前白俄罗斯外债大约48%来自俄罗斯

---

① "Беларусь и страны Европы Источник", Министерство иностранных дел республики Беларусь, https://www.mfa.gov.by/bilateral/europe/。(上网时间：2021年12月14日)

② 杨博文：《欧美制裁加码，白俄罗斯局势呈现新变化》，《世界知识》2021年第18期，第2页。

③ 刘丹：《俄白经济联系不可替代》，《经济日报》2020年12月9日，第8版。

的贷款。[1] 除此之外，俄罗斯还一直向白俄罗斯出口远低于市场价的石油和天然气，这为白俄罗斯带来了巨大的收益。俄罗斯始终是白俄罗斯最大的贸易伙伴，白对俄的出口占其出口总额的将近一半。[2] 俄罗斯市场和莫斯科的经济支持是维持白俄罗斯社会和经济稳定的关键因素。只有与俄罗斯加强联系，白俄罗斯才有底气和能力抗衡西方经济制裁，缓和经济下行压力。

3. 享受能源优惠，保障能源供应

能源合作在俄白两国经贸合作中占据重要位置。白俄罗斯化石能源几乎全部从俄罗斯进口，[3] 同时白俄罗斯也是俄天然气输往欧洲的转运国。对于白俄罗斯而言，两国能源合作不仅仅涉及经贸领域，还辐射到国家财政政策与社会生活的多个方面。然而，在乌克兰危机后，俄罗斯不满白俄罗斯在该问题上的态度，频繁抬高能源供应价格。2020 年初，俄罗斯更因两国在能源供应价格问题上无法达成共识而停止向白俄罗斯供应石油，白俄罗斯只能从沙特、美国进口。[4] 但由于白俄罗斯难以在短时间内完全摆脱对俄罗斯的能源依赖，俄白石油争端加剧了新冠肺炎疫情下白俄罗斯的经济困境。

俄白联盟计划中对统一能源市场的规划改善了白俄罗斯的能源危机。双方将签署统一天然气市场条约，对比俄同期对欧洲市场开出的每千立方米 650 美元的天然气价格，俄对白供应的天然气价格将维持在 2021 年每千立方米 128. 5 美元的水平。[5] 同时，石油市场的统一也提上了两国经济一体化的议事日程。发展联盟国家一体化，白俄罗斯将更充分地享受来自俄

---

① 刘丹：《俄白经济联系不可替代》，《经济日报》2020 年 12 月 9 日，第 8 版。

② Anders Åslund and Jan Hagemejer, "EU Sanctions on Belarus as an Effective Policy Tool", Belarus Insights, No. 2, 2021, p. 13.

③ "Energy Security", International Energy Agency, https: //www. iea. org/reports/belarus - energy - profile/energy - security.（上网时间：2021 年 12 月 8 日）

④ Mateusz Kubiak, "Belarus and Russian Oil: All Is Not as It Seems", Royal United Service Institute, 2020.

⑤ "Russia to keep gas price unchanged for Belarus in 2022", S&P Global Platts, Sept. 10, 2021, https: //www. spglobal. com/platts/en/market - insights/latest - news/natural - gas/091021 - russia - to - keep - gas - price - unchanged - for - belarus - in - 2022.（上网时间：2021 年 12 月 8 日）

罗斯的能源优惠，同时有效保证本国能源供应，减轻本国建设发展的阻力。

三、俄白关系发展特点

自苏联解体后，俄白关系的发展虽然没有经历“大风大浪”，但每个时期的特点都很突出。2021 年，俄白关系进入了新的发展时期，呈现出新的特点。

（一）两国立场始终保持一致

2020 年白俄罗斯总统大选之前，俄白关系龃龉不断。从克里米亚事件可以看出，白俄罗斯在涉及俄罗斯重大国家利益的事情上并没有给予俄坚定支持。俄罗斯对白俄罗斯的中立态度和在一体化进程中的犹豫不决很是“窝火”，由此削减了对白俄罗斯的石油和天然气出口优惠。另一边，卢卡申科不止一次当众指责俄罗斯意图干涉白俄罗斯的总统大选，并以此为由逮捕了一批在白境内的俄罗斯雇佣兵。双方部分立场出现偏差，摩擦四起。

但情况从 2020 年白俄罗斯总统大选后出现了微妙转折，俄罗斯在 2021 年始终给予白俄罗斯以坚定支持。白俄罗斯客机迫降事件中，针对西方的制裁，俄罗斯表现出力挺白俄罗斯的强硬态度。普京更是表示，西方的反应是“情绪爆发”并讽刺欧美的“双标”行径。难民危机升级后，白俄罗斯成为西方社会的矛头所指，白波边境局势紧张。卢卡申科宣称正是西方国家在中东的所作所为引发了这场危机，这一立场也得到俄罗斯的大力支持。普京对德国前总理默克尔提出的由俄罗斯出面对白俄罗斯施加影响的想法不予理睬，反而提议欧盟成员国与白俄罗斯进行直接沟通，顺应白俄罗斯的利益诉求。

白俄罗斯也一改此前对俄罗斯的傲慢态度，在重大问题和议题上做出转变。2021 年 11 月，卢卡申科改变了 2014 年以来对克里米亚的态度，实质上承认了克里米亚为俄罗斯领土。12 月 1 日，卢卡申科进一步表明若乌克兰在顿巴斯发动一场新的战争，白俄罗斯将坚定地站在俄罗斯一边，① 并就驻军问题做出口头让步。在此之前，由于担心主权受损，白俄罗斯明确拒绝俄罗斯的驻军要求。面对北约在乌克兰的军事部署，卢卡申科在接受美国有线电视新闻网采访时表示，白俄罗斯将成为俄罗斯的“军事基地”，以抵抗西方侵略。②

此外，俄白两国还联手挫败了刺杀卢卡申科的政变图谋，举行大规模联合军演，形成俄白联盟共同军事学说，携手应对西方的挑战和威胁。纵观 2021 年，莫斯科和明斯克均在对方有重大利益的问题上给予支持，在外交表态、军事行动上保持全面一致。

（二）外部力量的推动作用明显

乌克兰危机后，受西方制裁影响，俄罗斯经济下滑，对白俄罗斯的经济支持减弱。白俄罗斯意识到完全倒向俄罗斯的政策不仅不利于其经济发展，而且会导致自身国际处境更为艰难。为了维护自身利益，白俄罗斯积极推动与西方国家关系正常化，试图通过“西方力量”加大与俄罗斯“讨价还价”的筹码，增加自身的战略选择，在俄白关系中掌握一定的主动性。

2020 年白俄罗斯总统大选后，西方国家的打压使卢卡申科急需借助俄罗斯的力量稳定国内局势，白俄罗斯手上的筹码逐渐减少。由于白俄罗斯客机事件，欧美国家对白实施了严厉的经济制裁，白俄罗斯只能主动寻求俄罗斯的经济援助，推进俄白经济一体化进程以促进本国经济发展。近年来，北约集团军事行动增多，俄白相应地举行大规模“西部—2021”联合军演提高协同作战能力。北约加速在乌克兰部署武装力量更是刺激俄白建

---

① 《卢卡申科：我会尽一切努力让乌克兰成为我们的》，白俄罗斯通讯社，2021 年 12 月 1 日，https：//chn. belta. by/president/view/ – 15024 – 2021/。（上网时间：2021 年 12 月 14 日）

② 《卢卡申科：如遭侵略 白俄罗斯将成为俄白“统一军事基地”》，俄罗斯卫星通讯社，2021 年 10 月 2 日，https：//sptnkne. ws/HuaU。（上网时间：2021 年 12 月 14 日）

立共同军事基地。北约的威胁促使俄白加速军事一体化进程，俄白关系进一步强化。白俄罗斯试图利用难民问题"胁迫"欧盟与其恢复对话并取消制裁，但欧盟力挺波兰、对白俄罗斯强加谴责的态度进一步促进俄白两国在难民危机问题上加强了沟通与协调。在外国军机抵近白波边界的行动显著增多的情况下，俄白加速推进空军的合作，实行联合巡航。

外部力量是俄白关系发展强有力的加速器。双方当今共同面临着来自美国等西方国家的威胁，外部因素客观上促进俄白关系进一步紧密捆绑。北约东扩让俄罗斯愈发感受到白俄罗斯作为战略屏障的重要性，而西方的孤立和制裁使白俄罗斯更加依赖俄罗斯的援助与支持。俄白两国的战略空间均受到挤压，携手应对外部共同威胁是双方的最佳选择。

（三）应对西方打压的手段多元化

2021 年延续了白俄罗斯总统大选后欧美对俄白的站队，西方国家一直在声讨和实施制裁，以表达他们对白俄罗斯总统卢卡申科的不满和愤怒。期间，俄罗斯始终同白俄罗斯携手，共同应对西方国家的打压，应对手段多元化。

面对白俄罗斯陷入动荡的政权，普京在会面卢卡申科时当即承诺向白提供 15 亿美元的国家贷款，给予白强力的经济支持。难民危机加剧了白俄罗斯与欧洲国家之间的矛盾，卢卡申科威胁将切断经由白俄罗斯向欧洲输送天然气的管道，对此俄罗斯并未明确表明态度，不排除未来俄白通过大打能源战报复西方制裁的可能。除经济手段外，俄白还运用联合军演、军售、空中巡航等军事手段回应西方的挑衅。北约 2021 年频繁在中东欧地区举行"欧洲捍卫者""波塞冬—2021""坚定卫士—2021"等军事演习，俄白以相同形式回击。2021 年 9 月，俄白举行了史上最大规模的"西部—2021"联合军演，并就新型武器装备的售卖及协同作战达成协议。莫斯科甚至在白波边境对峙加剧的情况下，派出两架战略轰炸机在白俄罗斯领空巡逻，对白抗衡欧盟进一步提供支持。此外，利用新媒体手段引导公众舆论，向西方施加国际压力也成为了俄白的主要应对手段之一。白俄罗斯指控波兰在难民危机中违反国际庇护规则，违背欧洲人权价值观，俄罗斯则配合其塑造西方国家“双重标准”的虚伪形象。

俄白在面对西方“咄咄逼人”的态度和行动时，综合运用了经济、军事、新媒体等手段予以反击，展现出两国在协同应对、一致步调上更加心照不宣的默契和多元化的合作。

（四）合作层级明显深化

“俄白联盟国家”成立后，俄白一体化进程并未取得实质性进展。卢卡申科始终有所顾虑，担心全面一体化将导致其主权受损，对普京的提议拖而不决。2021 年，随着俄白友好关系的不断加强，双边合作重新提速，合作层级明显深化。

在白俄罗斯客机迫降事件发生约 1 周后，卢卡申科与普京在索契就一体化进程进行会谈。9 月，双方就建立联盟国家的 28 个行业一体化计划达成一致，宣布两国将实行经济一体化。11 月，普京和卢卡申科签署联盟国家一体化法令，两国经济一体化步入深层阶段，双方的经济联盟也成为独联体国家参考的样本。

俄白军事一体化进程得到显著深化。在联合作战训练方面，俄白两国的空军以及防空部队开始在白俄罗斯境内开展联合作战值班，以提高部队的战备能力，使两国可以有效通过共同作战方案应对来自同一空域的敌方攻击。另外，白俄罗斯引进俄方 S－400 防空导弹等先进武器装备系统，将在未来与俄军装备实现作战协同，共同承担起俄白统一防空区域的防空重任，促进两国防空反导系统一体化的整合进程。由两国领导人批准的新版《联盟国家军事学说》取代了 2001 年的版本，提出两国互相使用军事基地、俄空天军战斗班组常态化轮换部署至白俄罗斯重点机场等内容①。目前，两国空军已组成联合编队，并在白俄罗斯边境空域进行了联合巡航活动。

---

① 《俄白“一体化”应对西方围堵 军事集群抱团御敌》，新华网，2021 年 11 月 12 日，http：//www. news. cn/mil/2021－11/12/c_1211443083. htm。（上网时间：2021 年 11 月 18 日）

四、俄白关系前景展望

2021 年，俄白关系发展经历了“逐步拉近”“持续升温”“紧密团结”三个阶段，呈现稳步向好的发展态势。但在未来发展过程中，特别是涉及一体化进程时，两国仍将在主权让渡等敏感问题上存在着不可忽视的矛盾，白俄罗斯政权的不稳定性也将深刻影响两国关系的发展。

（一）短期：稳步发展，合作走上“快车道”

俄白联盟一体化进程的快速推进是 2021 年俄白关系发展的重要成就。经济上，统一的能源市场和税收立法标志着两国经济一体化程度不断加深；军事上，“西部—2021”联合军演、共同军事学说的签署与西部边境军事合作显示出俄白两国军事合作日益密切，军事一体化水平逐渐提高。

回顾 2021 年两国关系发展过程中的关键事件可知，西方国家的舆论谴责、制裁打压、军事挑衅压缩了两国战略选择的空间，俄白双方的利益诉求紧密交织。两国以推进联盟国家一体化的方式，团结一致应对外部威胁。一体化道路是俄白两国在当前形势下实现利益最大化的最佳选择。白俄罗斯需要通过与俄合作维持政权稳定、抵抗外国干涉，而俄罗斯视白为其地缘战略中的重要角色，以缓解北约东扩带来的压力和巩固传统的势力范围。短期内，西方国家与俄白两国在地缘政治等议题上的矛盾依旧难以解决，“两大阵营”的对立局面将推动两国关系在未来一段时间内的合作走上“快车道”。

（二）长期：仍具不稳定性，隐含摩擦与矛盾

当前，尽管两国关系日趋紧密，双方合作达到了前所未有的深度，但长期来看两国关系的发展仍具有不稳定性，俄白一体化的道路必定是曲

折的。

首先，俄白联盟国家一体化进程的深入发展面临阻力。现阶段，白俄罗斯看似全面倒向了俄罗斯，但其实仍有所保留。双方经济一体化在短期内的飞速推进，很可能是白俄为了应对西方的封锁与制裁作出的临时性补救措施。在 2021 年 9 月的莫斯科会谈中，两国虽宣布正式重启一体化进程，但颇有默契地没有提到政治一体化。为了一体化进程能够由浅入深地推进，普京保留了进一步讨论政治制度问题的空间。而对于白俄罗斯而言，卢卡申科一直十分重视国家主权，他希望与俄罗斯联合，但不会让渡更多主权。尤其是在联盟国家的建制问题上，卢卡申科始终对一体化中可能威胁白俄罗斯主权的部分高度警惕。而且在 11 月俄白联盟最高国务委员会会议上批准通过的 28 项联盟计划也都限制在经济领域，两国搁置了高政治性议题，始终未在计划中组建两国联合议会、统一货币等问题上取得实质性进展。其次，即便在经济领域中的合作，单一货币和关税同盟等敏感问题仍未包含在正式签署的协议中。因此，两国在经济、军事等领域上的合作虽实现重大突破，且前景向好，但从长期看，一旦涉及到政治一体化的敏感议题，两国将不可避免地面临摩擦与矛盾爆发的可能。

此外，2020 年白俄罗斯总统大选这一政治危机之后，尽管白俄罗斯政权逐步趋于稳定，卢卡申科仍把控政府权力和强力部门，但执政根基已遭损害。卢卡申科在俄罗斯的支持下继续执政的时间越长，下一轮政治风波就越有可能导致民众要求与俄罗斯保持距离。一旦新的领导人上台，一体化进程很可能面临着更多的不确定性。

结　语

总的来说，2021 年俄白关系的发展实质上是 2020 年白俄罗斯总统大选后俄白关系迅速拉近的延续。双方在面对外部势力的巨大威胁下，出于国家安全、政权稳定、发展战略、经济利益等多种现实因素的共同考量，均寻求双边关系的改善与发展。纵观 2021 年关乎俄白两国的重大事件，莫斯科与明斯克始终保持着高度一致的立场，应对西方打压的手段趋向多元化，两国合作迈上了新的台阶。国家间的关系，归根到底都是为了实现和维护本国利益。俄白两国在历史渊源、地理位置、周边环境上的特殊性，决定了当前对双方来说，稳固联盟国家关系、深化与密切两国合作均是双方对外政策的最佳选择。

2021年俄罗斯与摩尔多瓦关系的态势与特点

罗　婧　江洪飞*

【摘　要】马娅·桑杜政府上台后，摩尔多瓦对俄外交立场及政策出现调整，除了积极参与构建“反俄”性质的军事联盟外，也主张加强与罗马尼亚和乌克兰等国的关系，推进欧洲一体化。“德左”地区问题也长期制约着两国关系的发展，两国关系走向恶化。但是，摩尔多瓦仍无法摆脱对俄罗斯的经济和能源依赖。未来摩尔多瓦仍需与俄罗斯建立务实合作关系，在俄欧之间采取平衡外交政策。

【关键词】俄罗斯　摩尔多瓦　“反俄联盟”　天然气合作

一、2021年俄罗斯与摩尔多瓦关系概况

（一）摩尔多瓦参与构建“反俄联盟”

摩尔多瓦马娅·桑杜（Майя Санду）政府执政以来，积极参与构建“反俄联盟”。2021年2月2日，乌克兰外长库列巴（Дмитрий Кулеба）

* 罗婧，广东外语外贸大学国际关系学院外交学专业2019级本科生；江洪飞，广东外语外贸大学西方语言文化学院俄语语言文学专业2021级博士研究生。

表示，乌克兰已预先取得美国的支持，将在黑海地区建立一个由乌克兰、格鲁吉亚和摩尔多瓦组成的三方军事联盟。该联盟计划在美国与北约的支持下组织协调一致的反俄行动，这将直接威胁到俄罗斯的战略利益。除美国外，土耳其、英国和罗马尼亚也是其主要资助者。他们准备通过提供各种武器来巩固联盟并在黑海地区挑起针对俄罗斯的军事行动。在这一合作框架下，摩尔多瓦意图通过加强与乌克兰的合作，使俄军撤出德涅斯特河沿岸。

2021 年 5 月 17 日，乌克兰、格鲁吉亚、摩尔多瓦三国外长又在基辅签署协议，宣布成立“联系国三角”机制。其中，安全领域合作是“联系国三角”成员国的重要合作内容。乌克兰、格鲁吉亚、摩尔多瓦三国都与俄罗斯存在领土纠纷，且均认为本国遭受了俄罗斯的“侵略”，解决存在争议的领土问题绕不开俄罗斯。三国相互支持彼此的主权和领土完整，共同应对外部威胁和侵略。桑杜上台以来，多次呼吁俄罗斯从“德左”地区完全撤军，其立场得到乌方的坚定支持。此外，三国均为黑海沿岸国家，在保障黑海地区安全和航行自由、阻止黑海变为俄罗斯的“内海”方面，有着共同诉求。格鲁吉亚和摩尔多瓦也都参加了乌美主导的“海上微风—2021”军事演习。

（二）俄罗斯与摩尔多瓦签署天然气能源协议

2021 年 10 月 6 日，摩尔多瓦天然气公司报告称，摩尔多瓦的天然气消费量暂时超过了俄罗斯的供气量，还可能导致电力供应出现问题。① 10 月 13 日，摩尔多瓦紧急情况委员会又在会议上宣布天然气供应处于警戒状态。此前，摩尔多瓦已经拖欠俄罗斯天然气工业股份公司 7.09 亿美元债务，双方也并未订立长期合同，俄方可能在 12 月 1 日起停止对摩尔多瓦供气。在此背景下，摩尔多瓦与俄罗斯天然气公司就延长合同进行谈判。俄方提出天然气供应价格为每千立方米 790 美元，并额外提供 25% 的折扣，

---

① 《摩尔多瓦副总理：该国 11 月将以每千立方米 450 美元的价格从俄天然气工业股份公司采购天然气》，俄罗斯卫星通讯社，2021 年 10 月 30 日，https：//sputniknews.cn/20211030/1034728505.html。（上网时间：11 月 20 日）

以换取摩尔多瓦此前的债务，但是摩方坚持将市场价格减半。[①] 此外，摩尔多瓦不承认其拖欠俄罗斯天然气债务，因为它认为不应该支付其无法控制的德涅斯特河沿岸居民供气的费用。双方的谈判一度陷入僵局，摩尔多瓦转向寻求乌克兰以及欧盟的支持，并进行天然气采购招标。但是，这些举措都无法解决摩尔多瓦的能源危机。直至 10 月 27 日，俄摩双方继续就天然气合作问题进行谈判，双方在谈判中互相做出了让步，最终达成将天然气合同延长 5 年的结果。摩尔多瓦从当年 11 月开始也从俄罗斯天然气工业股份公司以每千立方米 450 美元的价格采购天然气。[②]

（三）摩尔多瓦要求俄军撤出“德左”地区

在 2021 年联合国大会会议上，摩尔多瓦总统马娅·桑杜表示基希纳乌将继续坚持要求俄罗斯从德涅斯特河沿岸撤军，并销毁科尔巴斯纳弹药库中的弹药。[③] 她强调，基希纳乌决心在尊重主权和领土完整的基础上，为德涅斯特河沿岸地区冲突找到和平的政治解决方案。[④]

而在 2021 年 6 月 16 日，俄国家杜马在全体会议上通过声明，对摩尔多瓦和乌克兰采取的导致德河沿岸冲突解决进程中断，使当地俄罗斯公民处境恶化的行动予以谴责。未获承认的“德涅斯特河沿岸摩尔达维亚共和国”外交部门对俄国家杜马通过的声明表示欢迎。该部门表示希望国际谈

---

① 《俄天然气工业股份公司：摩尔多瓦欠俄罗斯 7.09 亿美元天然气债务 没有新合同供气将停止》，俄罗斯卫星通讯社，2021 年 10 月 23 日，https：//sputniknews.cn/20211023/1034695738.html。（上网时间：11 月 20 日）

② 《摩尔多瓦副总理：该国 11 月将以每千立方米 450 美元的价格从俄天然气工业股份公司采购天然气》，俄罗斯卫星通讯社，2021 年 10 月 30 日，https：//sputniknews.cn/20211030/1034728505.html。（上网时间：11 月 20 日）

③ “Санду Выступила на Генассамблее ООН За Полный Вывод Российских Военных Из Приднестровья”, Katehon, 23 сентября, 2021, https：//katehon.com/ru/news/sandu – vystupila – na – genassamblee – oon – za – polnyy – vyvod – rossiyskih – voennyh – iz – pridnestrovya. （上网时间：2021 年 11 月 23 日）

④ “Санду Выступила на Генассамблее ООН За Полный Вывод Российских Военных Из Приднестровья”, Katehon, 23 сентября, 2021, https：//katehon.com/ru/news/sandu – vystupila – na – genassamblee – oon – za – polnyy – vyvod – rossiyskih – voennyh – iz – pridnestrovya. （上网时间：2021 年 11 月 23 日）

判进程回归建设性工作轨道，参与者能够遵循谈判原则和程序，放弃对德河沿岸地区的制裁封锁政策。

2021 年 8 月 11 日，俄罗斯总统办公厅副主任德米特里·科扎克（Дмитрий Николаевич Козак）抵达摩尔多瓦首都进行工作访问。他与摩尔多瓦总统桑杜、外长波佩斯库（Николай Попеску）等人举行了会谈。摩尔多瓦在会谈中请求俄罗斯帮助销毁德涅斯特河沿岸地区的弹药，俄方表示同意。早在 2019 年，俄罗斯防长访问摩尔多瓦时就曾提出从德涅斯特河沿岸地区的仓库中移除或销毁弹药的倡议，但是双方并未制定联合计划。而在此次会议中，双方就销毁弹药问题达成了一致。桑杜在会谈后也表示计划推进与俄罗斯的双边接触，以便进一步深入对话。

二、俄摩关系的年度特点

回顾 2021 年俄罗斯与摩尔多瓦的关系发展，从摩尔多瓦主动参与构建“反俄联盟”和“联系国三角”可以看出两国关系总体上在走向恶化，新任政府在外交政策上也有明显的转变。但是受制于自身因素，摩尔多瓦依旧在能源等领域与俄罗斯保持合作态势。因此，两国关系在总体上走向恶化的同时依然保持合作。根据两国关系的年度发展历程，本文将其特点概括为“两国新旧矛盾交织”和“摩尔多瓦对俄依赖性大”。

（一）新旧矛盾交织

1. 新任政府的亲欧取向

在 2021 年 8 月 27 日摩尔多瓦共和国独立 30 周年国庆日上，总统马娅·桑杜在向全国讲话中宣布，摩尔多瓦共和国将在欧洲一体化道路上采取坚定的步伐，并称其在欧洲大家庭中占有一席之地。这是桑杜上台以来释放的又一亲欧信号，在这次国庆日上，罗马尼亚总统克劳斯·约翰尼斯

（Klaus Iohannis）、波兰总统安杰伊·杜达（Andrzej Duda）和乌克兰总统泽连斯基（Владимир Зеленский）也都受邀出席。作为亲欧派的政治家，桑杜长期以“融入欧洲”为主要政治口号，在就任总统后，也开始在“亲欧之路”上大步迈进。

相较于“反罗亲俄”的前总统多东（Игорь Додон），桑杜及其政党则主张修复与罗马尼亚的关系。在当选总统后，桑杜随即邀请罗马尼亚总统访问基希纳乌，希望在欧洲一体化框架内能够加强与罗马尼亚的合作。2021 年 2 月，桑杜在与罗马尼亚总理的会晤中也公开表示希望“罗马尼亚和摩尔多瓦合并统一”的态度。与此同时，桑杜政府主张加强与乌克兰的关系。除了在克里米亚和顿巴斯问题上表示支持乌克兰外，桑杜还亲自出席了乌克兰发起的国际协商和沟通机制“克里米亚平台”启动峰会。在 2021 年召开的“东方伙伴关系计划”会议上，摩尔多瓦、乌克兰和格鲁吉亚总统一同签署了欧洲一体化声明，承诺“三国将就欧洲一体化开展三边合作，并重申为三国和平、民主和繁荣的‘欧洲未来’共同努力”。乌克兰与摩尔多瓦都相互支持彼此的主权和领土完整，主张共同应对来自俄罗斯的威胁和侵略。桑杜在“德左”地区问题上的立场也得到了乌方的坚定支持。

由此可见，桑杜在上任不满半年时间里，基本颠覆了前政府对外战略的立场和方针，摩尔多瓦与乌克兰等国的互动合作直接威胁到了俄罗斯的利益。

2. 历史问题

“德左”地区问题既是摩尔多瓦与俄罗斯需要长期面对的问题，也是影响两国关系发展的重要因素。德涅斯特河左岸地区是摩尔多瓦的一部分，但因其历史上长期在罗马尼亚和俄罗斯之间交换，造成了该地区各民族交错聚居的现象。德涅斯特河沿岸地区 60% 的居民为俄罗斯人和乌克兰人。早在苏联解体前，由于担心摩尔多瓦会在民族主义浪潮中并入罗马尼亚，该地区的俄罗斯人就寻求脱离摩尔多瓦。1990 年 9 月，“德左”地区宣布成立以俄罗斯人为主的“德涅斯特河沿岸共和国”，要求摩尔多瓦政府承认其独立地位，并与摩尔多瓦共和国组成联邦。摩尔多瓦政府不同意

"德左"地区成立共和国，也不赞成联邦制，但同意给予"德左"地区特殊的自治地位，一旦涉及与罗马尼亚合并的问题，允许左岸地区举行全民公决，以决定最终归宿。这一建议并没有得到"德左"地区的采纳，双方互不妥协，形成了德涅斯特河左岸与右岸的武装对立。①

直到 1992 年，摩尔多瓦当局以武力解决问题的尝试以失败告终后，摩尔多瓦、俄罗斯、德涅斯特河沿岸地区三方领导人签订和平解决冲突协议，规定这一地区由三方共同组成的维和部队驻守，并接受乌克兰等国组成的和平调解使团进行停火监督。德河沿岸地区实际上不再受摩尔多瓦控制。尽管该地区的战火已经平息，但是政治问题依旧棘手，双方的分歧很大。2002—2006 年，欧安组织、俄罗斯以及乌克兰等提出了解决"德左"地区问题的各项方案，但都无疾而终。2006 年 4 月，由摩尔多瓦、"德左"地区、俄罗斯、乌克兰、欧安组织及美国、欧盟组成的"5 +2"谈判机制也被迫暂停。同年 9 月，"德左"地区举行全民公决，绝大部分选民支持"德左"独立，但是公投结果未获得国际社会的认可。"德左"地区问题上各方利益的矛盾性和复杂性，特别是俄罗斯与美欧在战略利益上的严重分歧，都决定了"德左"问题在短期内难以解决。

在 2020 年摩尔多瓦新一届总统选举后，"德左"地区问题更是摆在俄罗斯与摩尔多瓦两国之间的一道鸿沟。"行动和团结党"领导人马娅·桑杜在赢得总统选举后表示，自己将让俄罗斯军队从摩尔多瓦领土上全部撤离。2021 年 8 月，俄罗斯与摩尔多瓦在会谈中就销毁德涅斯特河沿岸地区的弹药达成了一致。桑杜在会谈后也表示计划推进与俄罗斯的双边接触，以便进一步深入对话。但是，尽管两国在销毁弹药问题上达成了一致，摩尔多瓦与俄罗斯在"德左"地区的分歧还将长期存在。桑杜多次表示为解决德涅斯特河沿岸领土争端问题，俄军应从摩尔多瓦领土上完全撤离。但显然，短期之内，俄罗斯维和部队不会撤出。"德左"地区俄罗斯人占当地总人数的 30% 以上，几乎所有摩尔多瓦的葡萄酒和白兰地工厂都由俄罗斯商人控制，"德左"地区的大部分公司也与俄罗斯的银行体系有联系。②

---

① 周俊华、宋芹：《摩尔多瓦德涅斯特河沿岸地区民族问题研究》，《西北民族大学学报（哲学社会科学版）》2015 年第 4 期，第 87 页。

② 张伟榕：《摩尔多瓦总统桑杜》，《国际研究参考》2021 年第 4 期，第 49 页。

因此，“德左”地区问题如果无法得到妥善处理，摩尔多瓦与俄罗斯的关系将可能进一步恶化。此外，摩尔多瓦国防部于 2021 年 9 月 29 日宣布，摩尔多瓦从美国政府那里获得价值 500 万美元的军事装备，用于参与国际维和行动，美军装备抵达摩尔多瓦也将使德涅斯特河沿岸地区问题的解决进程进一步复杂化。①

由此可见，除了摩尔多瓦新任政府的亲欧取向外，俄罗斯与摩尔多瓦在“德左”地区问题上的长期矛盾也将制约着两国关系的发展。

（二）摩尔多瓦对俄依赖性大

从两国之间的利益诉求进行分析，可以得出摩尔多瓦对俄罗斯的依赖性大，摩尔多瓦也将继续在经济和能源等领域与俄罗斯保持合作。

1. 俄罗斯：摩尔多瓦是战略腹地

对于俄罗斯而言，摩尔多瓦是其战略腹地。虽然摩尔多瓦国土面积狭小，但是其东部与乌克兰接壤，西部与罗马尼亚毗邻，东南部遥望黑海，一直是俄罗斯与西方博弈的战场之一。作为地缘政治的“十字路口”，摩尔多瓦对俄罗斯来说具有较为重要的战略意义，在与摩尔多瓦有关的问题上，俄罗斯也不会置身事外。目前，摩尔多瓦亲欧派政治领导人马娅·桑杜的上台给两国关系增加了不确定性。桑杜所实行的外交政策也出现了较为明显的转变，俄罗斯需要确保摩尔多瓦不会彻底转向西方，尽管这种可能性非常小。此外，摩尔多瓦积极参与由乌克兰主导的“反俄联盟”“克里米亚平台”和“联系国三角”等，力图加强与乌克兰、罗马尼亚等国在军事和经济上的合作，这些都直接威胁到俄罗斯的战略利益。但是，摩尔多瓦的战略地位不及乌克兰，来自摩尔多瓦的威胁也十分有限，俄罗斯目前没有特别针对摩尔多瓦的反制措施，在天然气能源供应问题上也做出了一定的让步。未来俄罗斯对摩尔多瓦的利益诉求大多在“德左”地区，俄

---

① 《摩尔多瓦专家：美国打算在摩尔多瓦部署军队》，俄罗斯卫星通讯社，2021 年 10 月 1 日，https：//sputniknews. cn/20211001/1034580213. html。（上网时间：2021 年 11 月 19 日）

罗斯将长期保持在“德左”地区的军事存在和经济联系，以维系这一战略地区。

2. 摩尔多瓦：经济及能源上对俄依赖性强

经济上，摩尔多瓦高度依赖侨汇收入和外国经济援助。其中侨汇收入占摩尔多瓦国内生产总值的24%左右，侨汇收入又主要来源于在俄务工人员的汇款。摩尔多瓦人口约355万，但是受制于有限的国内经济发展能力，每年有36万人长期在俄罗斯工作，而且这个数字还在增加。此外，摩尔多瓦国内经济以农业生产为主，对俄罗斯市场的依赖性很大。自摩尔多瓦独立以来，俄罗斯始终是其第一贸易伙伴，特别是在农产品出口方面。摩尔多瓦将近80%的农产品出口至俄罗斯，占外贸出口的绝大部分。但是，摩尔多瓦的农产品和工业制成品基本处于低端产业链，在欧洲国家受到限制，仅有少数几个国家大批量进口其农产品，因此摩尔多瓦还是要通过传统贸易渠道，出口到俄罗斯。2021年1月的民调结果也显示，有大约40%的受访者主张加入欧亚经济联盟，摩尔多瓦也保留了自身的观察员国身份。①

由此可见，摩尔多瓦对俄罗斯经济依赖程度相当高，摩尔多瓦无论在内政还是外交上都受到俄罗斯很大影响。在这种情况下，摩尔多瓦能否坚持与俄罗斯对立的外交战略是令人怀疑的。

能源上，摩尔多瓦对俄罗斯的依赖度也非常高。正如前文所述，摩尔多瓦天然气能源供应于2021年10月进入警戒状态，与俄罗斯天然气公司的谈判也一度陷入僵局。尽管摩尔多瓦采取了从替代来源购买天然气以及向欧盟寻求经济援助等措施，但是这些都只能暂时缓解摩尔多瓦国内能源紧张问题，摩尔多瓦无法克服对俄罗斯能源的依赖。受制于自身情况及能源问题的紧迫性，摩尔多瓦不得不与俄方继续讨论新合同条件以及能源合作的现有问题等。最终，双方达成将天然气供应合同延长5年的协议，摩

① 《民调：摩尔多瓦愿加入欧盟和欧亚经济联盟的民众比例持平》，俄罗斯卫星通讯社，2021年1月27日，https://sputniknews.cn/20210127/1032970374.html。（上网时间：2021年11月19日）

尔多瓦也同意了在 2022 年接受俄罗斯天然气公司债务审计的条件。

从双方在天然气供应问题上达成协议可以看出，尽管摩尔多瓦新一届政府开始在“亲欧之路”上大步迈进，但是摩尔多瓦仍需保持与俄罗斯的务实合作，在俄欧之间采取平衡外交政策。此外，摩尔多瓦也未能找到天然气替代来源，波兰、瑞士等国以及欧盟对摩尔多瓦的能源支持相对有限，摩尔多瓦对俄罗斯天然气能源仍严重依赖。

三、俄罗斯与摩尔多瓦未来关系展望

回顾 2021 年内有关摩尔多瓦的重要事件，包括参与构建“反俄联盟”、“德左”地区问题、天然气能源紧缺问题等，无一不与俄罗斯有重要关联。尽管新一届政府已经表现出明显的亲欧倾向，但如何处理与俄罗斯的关系将是摩尔多瓦需要长期面对的核心问题。

首先，对摩尔多瓦政府来说，德涅斯特河沿岸地区问题仍是其心腹之患。虽然双方的谈判历时已久，但是收效甚微。“德左”地区问题也将在未来的较长一段时间内掣肘俄摩两国关系发展。目前，摩尔多瓦已经基本失去了对该地区的控制权，未获承认的“德涅斯特河沿岸摩尔达维亚共和国”也明确表达了亲俄立场。尽管马娅·桑杜已经获得集中的权力，上任后也积极争取乌克兰等国的支持，但短时间而言，德涅斯特河沿岸地区问题仍然难以得到解决，因为摩尔多瓦既没有足够的军事实力，也没有充足的资源。摩尔多瓦也无法忽视“德左”地区与俄罗斯之间在经济以及文化层面密切的联系。所以，和平谈判仍是解决“德左”地区问题最好的途径，但这可能会持续很长时间。正如“德涅斯特河沿岸共和国”领导人瓦迪姆·克拉斯诺谢尔斯基（Vadim Krasnoselsky）所说的，摩尔多瓦“目前的变化是渐进的，而不是革命性的”。

其次，摩尔多瓦国内身份认同政治二元化也将长时间持续。摩尔多瓦存在着社会阶层和大众主流意识形态的二元化，亲欧势力以及亲俄势力在摩尔多瓦都拥有政治土壤。因此，摩尔多瓦此次选举结果也并不意外，只是再次印证了摩尔多瓦政治环境的不稳定，并不必然带来摩尔多瓦的“全盘西化”。与之相反，摩尔多瓦依旧将在俄、欧之间寻求平衡，其权力格局也没有发生实质性的改变。摩尔多瓦天然气供应紧张问题也可以从侧面反映出摩尔多瓦对俄罗斯的依赖程度较大，对俄关系是其最重要的外交方向之一。尽管桑杜于2021年在“东方伙伴关系计划”会议上与乌克兰和格鲁吉亚总统一同签署了欧洲一体化声明，但是摩尔多瓦距离欧洲一体化还很远，因为摩尔多瓦加入欧盟的条件远远不够。在政治、经济和安全方面受俄罗斯影响大的情况下，一味地选择欧盟能否成为摩尔多瓦坚持下去的外交战略是令人怀疑的。

最后，振兴经济、打击腐败是摩尔多瓦需要面对的核心问题。多年来，摩尔多瓦的经济发展水平都远远落后于欧洲其他国家，2020年的新冠肺炎疫情冲击更使摩尔多瓦的经济雪上加霜。[①] 2020年第二季度摩尔多瓦的GDP同比下降14%，出现了20年来最严重的经济下滑。[②] 目前，摩尔多瓦国内疫情形势也依然严峻。此外，摩尔多瓦一直以来都受到腐败问题的困扰。在此背景下，桑杜采取了积极措施。在2021年2月和4月，摩尔多瓦政府与欧盟委员会签订了《摩尔多瓦新冠肺炎疫情复原力合同融资协议》和《摩尔多瓦共和国2021—2024年行动计划》，旨在根据欧盟共同标准，对摩尔多瓦的立法和国家机构进行改革。但是，历史的经验表明，欧盟对摩尔多瓦的投资与物质支持并未取得理想效果，摩尔多瓦的未来发展仍存在较大的不确定性，桑杜能否改善国内经济危机、腐败问题等也依旧未知。2021年摩尔多瓦经济形势受新冠肺炎疫情影响不容乐观，这给桑杜实现选举时的承诺增添了未知性，进而也增添了摩尔多瓦未来政治走向的不确定性。在处理与俄罗斯的关系上，摩尔多瓦也有更多需要顾虑的因素。

---

① 张伟榕：《摩尔多瓦总统桑杜》，《国际研究参考》2021年第4期，第49页。

② “Moldova's GDP Shrinks by 14%”, IntelliNews, Sep. 16, 2020, https://www.intellinews.com/moldova-s-gdp-shrinks-by-14-y-y-in-q2-192004/.（上网时间：2021年12月7日）

结　语

除外高加索地区与乌克兰外，摩尔多瓦同样是俄罗斯与西方政治博弈的重要战略地区。总体来看，桑杜政府上台以来，基本颠覆了前政府对外战略的立场和方针。摩尔多瓦亲欧洲党派的全面胜利，或将在一定程度上影响俄罗斯与西方在东欧地区的脆弱平衡，导致俄罗斯所面临的地缘局势出现新变化。但是，摩尔多瓦政局的变化并未打破其政治的惯常逻辑，这只是证明了摩尔多瓦外交的“东西向”摆锤又一次倒向西侧，也同样印证该国的政治权力和外交选择仍然处于4—9 年一周期的拉锯状态。摩尔多瓦未来仍将努力在欧盟与俄罗斯之间维持平衡。国内亲欧势力与亲俄势力势均力敌且“风水轮转”，将使该国社会长期陷入身份政治问题的拉扯，“德左”地区问题、天然气能源供应问题等也是桑杜政府需要严肃考虑的问题，摩尔多瓦须谨慎处理与俄罗斯的关系。

俄罗斯的独联体政策30年：回顾与展望

吴小鹏　黄可馨*

【摘　要】回顾独联体30年的发展历程，从其作为苏联解体的“分家机制”到后来成为苏联空间各国保持经济、政治、军事、人文联系的重要平台，经历了角色与职能的转变。随着俄罗斯地缘政治环境与自身实力的变化，其对独联体的政策内容在30年间也进行过一定调整。俄罗斯把独联体地区视为维护国家安全的战略缓冲、追求大国地位的战略依托和促进经济发展的战略基础，相关政策呈现以俄罗斯为主、政治军事为主而经济为辅、从全面推进到重点实施的特点。俄罗斯对独联体政策虽然取得一定成果，但政策目标与实力间的失衡、政策实施的失当、政策面临左右为难的困境，都严重影响了政策总体效果。

【关键词】俄罗斯　独联体　对外政策　一体化　普京主义

引　言

独联体（СНГ）全称为独立国家联合体（Содружество Независимых

* 吴小鹏，广东外语外贸大学国际关系学院国际关系专业2020级硕士研究生；黄可馨，广东外语外贸大学国际关系学院国际政治专业2019级本科生。

Государств），是一个区域性国际组织。1991 年 12 月 8 日，俄罗斯、白俄罗斯、乌克兰签署《关于成立独立国家联合体的协议》，同年 12 月 21 日，俄罗斯、阿塞拜疆、亚美尼亚、白俄罗斯、哈萨克斯坦、吉尔吉斯斯坦、摩尔多瓦、塔吉克斯坦、土库曼斯坦、乌兹别克斯坦和乌克兰共 11 国签署了《关于武装力量的协定书》和《阿拉木图宣言》，意味着独联体的正式诞生。[①] 独联体最早作为苏联解体的“分家机制”而产生，走过了艰难的发展道路。独联体各国逐渐放弃过高期望，在克服离心倾向、寻求最佳合作形式、以多边合作为导向改革独联体机构等方面付出了较大努力。最终，独联体内形成不同形式、不同层次的合作模式，各国在寻求协商一致的过程中可灵活且有选择地参与其中。如今，独联体的一体化、经济和人文潜力日益突出，且仍具备重要的战略意义。独联体地区拥有 1.415 亿人口、4620 亿美元的国内生产总值、世界 16% 的领土、40% 的天然气储量、20% 的石油、25% 的煤炭及其他丰富资源。[②] 各成员国就独联体自贸协议的达成促进了地区各生产要素的自由流动，独联体成员国之间的贸易和经济关系得到发展。除此之外，独联体在人道主义和安全领域建立了持续的政治对话与合作。独联体的成立为苏联解体后新独立国家之间形成互利合作的一体化关系奠定了法律和组织基础，同时在维护和发展各成员国间的经济、人文和文化历史联系等方面发挥了重要作用。[③] 经过 30 年的发展，独联体已建立覆盖领域较广、合作水平较高的组织结构和协调机制，并成为各国保持经济、政治、军事、人文联系的重要平台。

---

① 格鲁吉亚于 1993 年加入独联体。土库曼斯坦于 2005 年由独联体成员国变为联系国。格鲁吉亚和乌克兰分别于 2008 年和 2014 年退出独联体。目前成员国有俄罗斯、白俄罗斯、塔吉克斯坦、乌兹别克斯坦、哈萨克斯坦、吉尔吉斯斯坦、阿塞拜疆、摩尔多瓦、亚美尼亚。

② Аналитический доклад，“Итоги деятельности СНГ за 10 лет и задачи на перспективу”，12. 2001，https：//cis. minsk. by/page/834/analiticeskij – doklad – itogi – deatelnosti – sng – za – 10 – let – i – zadaci – na – perspektivu；“Итоги деятельности СНГ за 20 – лет изадачи на перспективу”，10. 2011，https：//e – cis. info/page/3510/80765/；“30 лет СНГ：итоги и перспективы”，10. 2021，https：//www. sb. by/articles/30 – let – sng – itogi – i – perspektivy. html.（上网时间：2022 年 1 月 17 日）

③ “Заявление глав государств – участников Содружества Независимых Государств в связи с 30 – летием СНГ”，Кремль，15. 10. 2021，http：//www. kremlin. ru/supplement/5717.（上网时间：2022 年 1 月 17 日）

俄罗斯主导下的以经济一体化为亮点，政治、军事一体化为重点的一体化进程是独联体的发展主线。俄罗斯是独联体地区实力最强的国家，随着地缘政治环境与自身实力的变化，俄罗斯对独联体的政策内容在 30 年间也进行过一定调整。但不变的是，1993 年《俄罗斯联邦对外政策构想的基本原则》出台后至今，独联体一直是俄罗斯对外政策的优先方向。对 30 年来俄罗斯对独联体的政策进行分析，有利于我们理解其中的逻辑，并总结其经验与启示。

一、俄罗斯对独联体政策的演变

俄罗斯对独联体政策的演变主要经历了四个阶段：第一阶段从 1991 年 12 月至 1993 年 4 月，该时期俄罗斯将独联体国家视为包袱，俄并未明确对独联体政策的原则和目标；第二阶段从 1993 年 4 月到 2001 年 9 月，俄重新重视独联体的作用，并开始加强对独联体地区的控制；第三阶段从 2001 年 9 月至 2008 年 8 月，普京主政下的俄罗斯对独联体实施实用主义的政策；第四阶段从 2008 年 8 月至今，在西方重重挤压下俄罗斯对实用主义政策进行调整，真正确立了极具普京个人特色的对独联体政策。

（一）“甩包袱”政策

初期，俄罗斯面临着经济改革、政治转型与融入西方主导的国际体系的迫切任务。俄罗斯国内精英普遍认为，俄罗斯不应充当“奶牛”的角色，应尽快摆脱对其他独联体国家的责任，并认为俄罗斯在西方的帮助下可以很快复兴本国经济和重新成为世界强国，由此形成了对独联体的“甩包袱”政策。1992 年 3 月 30 日俄罗斯外交部负责独联体事务的副部长科维加耶夫的发言集中体现了当时俄最高领导层与精英阶层对独联体的主要观点，他称俄罗斯对独联体政策的基本原则是优先考虑俄罗斯的民族利益，保障国家安全和俄罗斯公民权利、保证经济改革的成功和巩固大国地位是政策的根本出发点，而独联体是没有意义的。①

“甩包袱”政策一是表现在俄罗斯与独联体国家在苏联遗产归属问题上的分歧，二是表现在俄罗斯在推进国内经济改革时并未考虑独联体国家的正当利益。时任乌克兰总统克拉夫丘克把黑海舰队的归属与乌克兰的国际地位联系在一起，但此时俄罗斯方面则坚持黑海舰队所有装备与人员归俄所有的立场，因而与乌方展开激烈争吵。② 俄罗斯早期掌握着独联体国家的货币发行权，但在独联体成立后十几天，俄便在未与其他独联体国家协商的情况下突然实行自由定价，此举严重冲击了独联体各国经济。③“甩包袱”政策引起了独联体多国对俄罗斯对外政策中孤立主义成分的反感和对俄罗斯的不信任感。

（二）重新重视

俄罗斯独立后数年，国内外环境日益恶化。经过激烈的“休克疗法”式经济改革，俄国内通货膨胀失控、财政赤字更加严重、国有资产大量流失、人民生活水平急剧下降，进出口额大幅下降、外汇储备趋于枯竭，俄国内出现的经济困难严重掣肘自身对外政策的实施。苏联解体后的独联体多国面临国内冲突升级的现实，纳卡冲突的升级、摩尔多瓦内部的武装冲突、格鲁吉亚内战、塔吉克斯坦世俗政权与宗教势力的争夺，均严重威胁俄周边安全稳定。北约东扩的迫切威胁更是让俄罗斯意识到“甩包袱”政策已不利于俄维护国家利益。在时任总统叶利钦（Борис Ельцин）的推动下，俄罗斯开始重新重视独联体并调整对独联体的政策。

首先是凝聚俄罗斯国内关于对独联体政策的共识，并明确政策的目标、原则和实施手段。1993 年 4 月 30 日，叶利钦批准《俄罗斯联邦对外政策构想的基本原则》（简称《构想》），该文件把独联体置于俄对外政策

---

① “В российском парламенте проходят слушания по отношениям России и Содружества Независимых Государств”，ИТАР－ТАСС，03. 30. 1992.（上网时间：2022 年 1 月 17 日）

② Пашковский П. И，“Проблема Черноморского флота в российско－украинских отношениях（1991－2014 гг.）：ретроспективный анализ”，История. Политология，No. 2，2019，С. 387.

③ 学刚、姜毅：《叶利钦时代的俄罗斯：外交卷》，人民出版社 2001 年版，第 152 页。

内容的最优先方向，并认为俄与独联体和其他周边国家的关系问题，直接关系到国内改革的命运、克服国内危机的前景以及国家和人民生存的命运；应在新的基础上建立独联体内经济与运输联系、解决冲突并实现周边安全稳定。① 在 1995 年 9 月北约研究部门公开发表《北约东扩报告》后，叶利钦立即针锋相对地批准了《俄罗斯联邦对独联体国家的战略方针》（简称《战略方针》），该文件系统阐述了战略的目标和主要任务，以及在经济合作、国家安全、双边关系等领域的实施手段，强调俄罗斯与其他国际关系行为体进行合作时，必须让对方意识到这一地区首先是俄罗斯的利益范围。②《构想》与《战略方针》的发布，表明俄罗斯已把独联体地区视为极其重要的战略空间，俄对独联体政策的框架已基本形成。

其次，以《构想》和《战略方针》为指导，大力推动独联体地区经济、政治、军事一体化。经济一体化方面，1996 年俄罗斯与白俄罗斯、哈萨克斯坦、吉尔吉斯斯坦建立五国关税同盟，并于 2000 年将关税同盟改组为欧亚经济共同体（Евразийское экономическое сообщество）。同时，俄罗斯力图把 1999 年成立的俄白联盟国家打造为独联体地区经济、政治一体化的标杆。根据《战略方针》中“鼓励集体安全条约成员国组成军事联盟”的指导精神，俄罗斯极力推动独联体军事一体化：增加集体安全条约成员国的数量，扩大集安体系的规模；建立统一的防空、导弹预警系统等，建设独联体地区统一的防务空间。但一体化的进程并不顺利，一些独联体国家对俄罗斯强化自身主导地位的做法持警惕态度，次地区一体化组织如中亚经济共同体（1994 年建立）和“古阿姆集团”（1997 年建立）的成立，直接挑战俄罗斯在独联体的地位。另外，1999 年乌兹别克斯坦、阿塞拜疆和格鲁吉亚均退出集体安全条约，集安体系遭受严重挫折。

面对独联体内部出现的离心倾向，俄罗斯开始改善与反俄国家和摇摆国家的关系以维护独联体内部团结。从 1996 年起俄罗斯调整对乌克兰的政

① “Концепция внешней политики Российской Федерации”, 1993, https: //constitutional-law. ru/? p = 3666.（上网时间：2022 年 1 月 17 日）

② “Стратегический курс России с государствами - участниками Содружества Независимых Государств”, Сент. 14, 1995, http: //ir. rudn. ru/books/b1/p5/58. pdf.（上网时间：2022 年 1 月 17 日）

策，承认克里米亚是乌克兰领土，解决黑海舰队分割问题并达成租借塞瓦斯托波尔海军基地20年协议，暂时实现了俄乌关系正常发展；[①] 在1997年7月与摩尔多瓦就德涅斯特河沿岸地区问题签署和平原则协议，地区冲突得以暂时结束；普京接任总统职务初期，以相对中立的姿态安排阿塞拜疆与亚美尼亚就纳卡问题进行对话。他还对阿塞拜疆进行访问，其间达成划分里海的协议，一定程度上缓和了俄阿关系；从2000年8月起撤出部分驻扎在格鲁吉亚的军队，保持与格建设性合作以迟滞格入北约的步伐。虽然俄罗斯采取了一定让步，但此时独联体内的离心力已大于向心力。

（三）实用主义

进入21世纪的俄罗斯面临重大抉择。其国内环境长期得不到改善，经济改革遭遇困难，第一次车臣战争的失利更是沉重打击了俄罗斯国家和民族信心。国际环境趋于恶化，俄因北约东扩问题导致与西方关系恶化，独联体分裂态势也进一步加剧。普京接任总统职务后，开始以实用主义为原则调整俄对独联体政策。

"9·11"事件后，俄罗斯以合作姿态允许美国军事力量进入独联体地区。"9·11"事件促使美国国家安全战略的重心从大国竞争转向在全球范围内打击恐怖主义，而俄罗斯同样面临"三股势力"对国家安全的威胁，反恐主题是此时俄美改善关系的重要突破点。在俄罗斯的默许下，美国以反恐为名在吉尔吉斯斯坦和乌兹别克斯坦设立军事基地，并部署相当数量的战斗人员，美空军无需加油即可从以上基地飞往阿富汗任何地点执行打击任务。[②] 俄罗斯对美国军事力量的"准入"换取了北约东扩脚步的放缓和俄美关系的缓和，但却引起了一系列连锁反应，导致俄在独联体的地位被削弱。

面对美国在独联体地缘政治扩张所带来的连锁反应，俄罗斯采取一系列举措维护自身在独联体核心地位。第一，积极应对独联体地区发生的

---

① 许志新：《俄罗斯对独联体政策（1992—2000年）》，《欧洲》2001年第5期，第46页。

② "Американские базы в Средней Азии", Газета《Коммерсантъ》, 05. 08. 2005, https://www.kommersant.ru/doc/597652.（上网时间：2022年1月17日）

“颜色革命”，最大程度保障俄国家利益。俄罗斯在格鲁吉亚的“玫瑰革命”中实施“表面中立实则偏向反对派”的政策、在乌克兰的“橙色革命”中坚定支持亚努科维奇、在吉尔吉斯斯坦的“郁金香革命”中持相对中立的立场等。[①] 虽然俄罗斯在应对时曾出现一定失误，但总体上与其他国内权力格局发生变化的独联体国家均保持建设性关系，并保护了俄经济、政治、军事利益。第二，主导并协调对独联体的改革。在2000年成立的独联体反恐中心（Антитеррористический центр СНГ）框架内协调地区反恐工作，在2002年将集体安全条约升级为集体安全条约组织（ОДКБ），以统筹地区安全合作，抗衡美国对独联体地区的地缘政治扩张；致力于提高独联体的工作效率，推动独联体各国在2005年喀山峰会上签署《关于完善和改革独联体机构的决议》，捋清独联体各机构的职责，并优化机构体系。[②]

在该时期，俄罗斯对独联体的实用主义政策还体现在俄对独联体各国的“亲疏有别”。俄罗斯根据独联体各国对外政策的趋向，对其采取不一样的策略：全面加强与友俄国家的战略合作，与白俄罗斯、哈萨克斯坦、吉尔吉斯斯坦、塔吉克斯坦、亚美尼亚继续发展同盟与战略伙伴关系；对反俄国家采取“打拉结合、以拉为主”的策略，根据乌克兰、格鲁吉亚、摩尔多瓦、阿塞拜疆对俄不同需求，有针对性地拉拢或打压；对于奉行中立政策的土库曼斯坦，俄罗斯主要通过能源过境运输问题对其施加影响。[③]

（四）普京主义

2008年8月是俄罗斯对独联体政策调整的重要分水岭，俄罗斯恢复使用强硬手段捍卫核心利益。其后，普京在第三任期开始构建“欧亚联盟”

① 孙壮志：《独联体国家“颜色革命”研究》，中国社会科学出版社2011年版，第139—320页。

② “Решение Совета глав государств СНГ О совершенствовании и реформировании органов Содружества Независимых Государств”, 26. 08. 2005, https://docs. cntd. ru/document/901771008.（上网时间：2022年1月17日）

③ 郑羽、蒋民君：《普京八年：俄罗斯复兴之路（2000～2008）外交卷》，经济管理出版社2008年版，第162页。

的宏大理想。最终俄罗斯真正确立了极具普京个人特色的对独联体政策，并延续至今。

1. 坚守“红线”，恢复使用强硬手段

俄罗斯总统普京、武装力量及外交部门负责人都曾在各种场合申明政策红线。2006 年 9 月俄时任国防部长伊万诺夫在接受媒体采访时已重申如果格鲁吉亚选择强硬方案解决阿布哈兹和南奥塞梯问题，俄将采取相应措施。2007 年 2 月普京在慕尼黑安全会议上发表讲话，公开谴责西方蚕食俄罗斯影响力的行为。在获悉格鲁吉亚政府军开始对南奥塞梯发动进攻后，俄罗斯出动军队迅速击溃格政府军，并平息了南奥塞梯冲突，此举取得了敲山震虎的积极效应。[①] 2013 年乌克兰危机后，以亚努科维奇为代表的友俄派下台，波罗申科当选为乌克兰总统。虽然普京已警告若乌克兰彻底选择西方，将严重影响俄乌关系，但乌新政府仍与欧盟正式签署“联系国协定”，并加快谋求进入北约的步伐。俄罗斯因而强势介入，通过“混合战争”让克里米亚在 2014 年 3 月“脱乌入俄”。[②] 2020 年俄罗斯又在白俄罗斯政治危机中采取“观望后支持卢卡申科”的策略，帮助卢卡申科巩固政权，从而保障了俄西部边界安全。

2. 提出并分步骤实施“欧亚联盟”战略

普京在 2011 年 10 月以总理身份在俄《消息报》上发表文章，公开提出关于建立一体化程度更高的“欧亚联盟”设想。[③] “欧亚联盟”是俄推动独联体区域一体化的最终目标，“欧亚联盟”超国家机构是在“共识”的基础之上维护每个成员国的利益，联盟的范围将扩展到整个苏联地区，俄按照计划将该联盟建设为世界经济和政治中强大的、独立的一极力量，从而摆脱欧亚中心地区在世界经济政治中的边缘地位，实现俄“欧亚强

---

① 赵鸣文：《普京大外交（1999—2017）》，人民出版社 2018 年版，第 153—173 页。

② 侯霞：《俄罗斯在乌克兰危机中的情报支援》，《情报杂志》2021 年第 2 期，第 22 页。

③ “Путин написал статью в《Известиях》о создании Евразийского союза”, 03. 11. 2011, https: //www. gazeta. ru/news/lenta/2011/10/03/n_2036186. shtml.

国”的梦想。[①] 根据普京制定的路线图，俄罗斯在欧亚经济共同体、关税同盟、统一经济空间的基础上于 2015 年建立欧亚经济联盟，正朝着“欧亚联盟”的方向逐步推动欧亚一体化。[②]

二、俄罗斯对独联体政策的目标与利益诉求

独联体地区具有重要的战略价值，俄罗斯将独联体地区视为维护国家安全的战略缓冲、追求大国地位的战略依托和促进经济发展的战略基础。

（一）维护国家安全的战略缓冲

俄罗斯传统安全观念与其平坦且无险可守的地理环境存在极为密切的关系，形成了独具俄罗斯特色的地缘安全观。俄罗斯基于地缘趋向的安全观念突出表现为：不间断地扩张领土，加大防御纵深，以空间的广大性来争取时间的充裕性；夺取出海口，占领沿海战略要地；尽量避免东、西两线或东、南、西多线作战，争取战略上的主动。[③] 在奉行亲西方外交政策受挫及国内外安全形势发生变化的情况下，俄罗斯逐渐发展出了一种基于传统安全观的“过渡性安全观”。安全观的转型深刻影响了其对独联体战略地位的认识，进而影响了其对独联体政策的调整和实施。

独联体地区局势直接影响俄罗斯周边安全与稳定。维护周边地区安全稳定（主要指独联体地区）和保护境外俄罗斯族居民利益的目标，在 1993 年 4 月出台的《俄罗斯联邦对外政策构想的基本原则》中有着直接体现。[④]

---

① 李兴、王心怡：《俄罗斯独联体政策论析》，《俄罗斯学刊》2016 年第 4 期，第 50 页。

② “О мерах по реализации внешнеполитического курса Российской Федерации”, 07. 05. 2012, https://base. garant. ru/70170934/; Евразийский экономический союз（ЕАЭС）, https://www. nalog. gov. ru/rn77/about_fts/inttax/eec/.（上网时间：2022 年 1 月 17 日）

③ 王树春：《转型时期的俄罗斯国家安全战略》，中山大学出版社 2002 年版，第 108 页。

④ “Концепция внешней политики Российской Федерации”, 1993, https://constitutional-law. ru/? p=3666.（上网时间：2022 年 1 月 17 日）

苏联解体后，独联体各国民族矛盾激化甚至引发战争，直接威胁俄罗斯国家安全及海外利益：亚美尼亚与阿塞拜疆在纳卡地区的武装冲突不断升级；居住在德左沿岸的俄罗斯族居民与摩尔多瓦当局的武装冲突使驻扎在此的苏军第11集团军卷入冲突；格鲁吉亚与阿布哈兹、南奥塞梯地区的武装冲突更直接威胁俄罗斯族居民的生存权利；伊斯兰激进主义者在塔吉克斯坦夺取政权后，俄罗斯腹地也面临“三股势力”的威胁。因此俄罗斯调整“甩包袱”政策，重新重视独联体并发挥积极作用。

独联体地区广阔的空间是俄罗斯抵御北约东扩的重要屏障。1994年1月北约决定实施“和平伙伴关系”，正式开始向东扩展。1995年9月俄罗斯出台《俄罗斯联邦对独联体国家的战略方针》，实际上是对外宣布俄罗斯将独联体视为自己的势力范围。① 在此之后俄罗斯推动政治军事一体化，希望通过建立统一的防务空间将各独联体国家打造为抵御北约东扩的防御屏障，最终达到减轻本土军事压力的目的。

在处理与独联体国家关系时，争夺出海口以保持战略主动是俄罗斯的重要考量。俄罗斯历史上曾是一个内陆国家，出海口问题关乎俄罗斯民族的生存发展。俄罗斯的历代沙皇为夺取出海口不遗余力，多次发动战争，历经上百年的时间，终于夺取了波罗的海、黑海和太平洋的出海口。从苏联时期吞并波罗的海三国、割占南千岛群岛、发动阿富汗战争等事件，我们都能清晰地看到俄罗斯控制海洋改善出海口地区战略态势的强烈意愿。② 无论是苏联解体初期俄罗斯与乌克兰就黑海舰队所属问题和塞瓦斯托波尔基地协议的争吵，还是俄罗斯2014年通过“混合战争”促使克里米亚“脱乌入俄”，都在一定程度体现俄罗斯控制出海口以争取战略主动的目的。

此外，避免多线直接对敌是俄对独联体政策的重要出发点。2013年乌克兰危机后，乌当局“联美抗俄”的战略选择已导致俄罗斯西南部安全压力剧增，倘若白俄罗斯的亲西方势力通过“颜色革命”的方式夺取国家政

---

① “Стратегический курс России с государствами – участниками Содружества Независимых Государств”, 09. 04. 1995, http://ir. rudn. ru/books/b1/p5/58. pdf.（上网时间：2022年1月17日）

② 王树春：《转型时期的俄罗斯国家安全战略》，中山大学出版社2002年版，第108页。

权并与北约开展军事合作，俄罗斯本土将直接面临多线威胁。因此，俄罗斯必须支持卢卡申科牢牢掌握白俄罗斯国家权力，避免白俄罗斯走乌克兰的老路。2020 年白俄罗斯政治危机的发生，一度使卢卡申科的执政地位岌岌可危。虽然在此之前俄白因能源价格和一体化主权问题多次发生争吵，普京对卢卡申科反复的态度也多有不满，但俄罗斯从维护国家安全的大局出发，采取"观望后支持"的应对之策，帮助卢卡申科摆脱危机并巩固其执政地位。危机结束后，俄罗斯有意加快俄白联盟国家的建设，并加快俄白军事一体化，试图将白俄罗斯打造成反击东欧反俄集团和北约军事威胁的重要战略前沿。

（二）追求大国地位的战略依托

普京于 2000 年 6 月批准新版《俄罗斯联邦对外政策构想》，指出美国主导的世界单极结构的形成趋势正在增强，但俄罗斯具有成为世界一极的潜力，将努力推动国际关系形成多极体系。俄罗斯在外交政策的优先方向是确保与独联体国家的合作符合国家安全需要，并将努力与欧洲国家发展密切、稳定和长期的合作，同时尽力维护用了十年时间建立起来的俄美合作关系。① 简言之，俄罗斯对外政策的重点在于巩固与独联体合作和发展与西方的外交关系，其主要目的是将自身发展成为与西方平等的一极，促使西方承认俄罗斯的世界大国地位。

一方面，俄罗斯允许西方与独联体开展合作，希冀以此改善与美欧的关系。俄罗斯一直认为北约东扩威胁自身国家安全，也是俄美关系发展的最大障碍，主张以欧洲安全与合作组织作为欧洲安全体系的核心。但美国对此反应冷漠，仍执意推动北约东扩，把俄罗斯看作主要战略对手。"9·11"事件后，普京敏锐地意识到反恐合作是改善俄美关系的契机，除了默许美国军事力量进入中亚地区外，还与美时任总统小布什以联合声明的方式确认美国与中亚国家开展合作的合法性和合理性，承诺"维护格鲁

① "Концепция внешней политики Российской Федерации，2000"，https：//docs. cntd. ru/document/901764263.（上网时间：2022 年 1 月 17 日）

吉亚主权"。[1] 这体现出俄罗斯以让步换合作的政策意图。

另一方面，俄罗斯为追求大国地位，必须维护自身在独联体地区的主导权。俄对西方的"准入"，导致独联体多国均出现加速向西方靠拢的倾向。2003 年起发生在独联体多国的"颜色革命"导致俄罗斯的地缘政治环境再度恶化，通过"颜色革命"上台的政治势力普遍奉行向西方靠拢的对外政策，同时在国内采取"去俄化"措施。如果俄罗斯逐渐失去对独联体的影响，则无法顺利达到借助独联体向西方争取权利的目标，也就难以成为真正的世界大国。俄罗斯应对独联体国家"颜色革命"时虽根据各国情况的不同实施"坚定支持""中立""表面中立实则偏向反对派"的政策，但俄最终目的是尽量保持自身对独联体国家的影响力和在独联体地区的主导地位。独联体国家"颜色革命"浪潮减退后，俄经济军事实力和地缘政治环境也在改善。因此，在西方对独联体的渗透超过俄罗斯划定的"红线"后，俄罗斯转而从现实主义的角度出发追求世界大国地位。

（三）促进经济发展的战略基础

第一，独联体各国是俄罗斯经济发展的重要伙伴。独联体国家拥有世界上最丰富的自然资源、生产资源和科技资源潜力，俄罗斯与独联体各国在经济上仍保持着很深的相互依赖性。如独联体多国无法离开容量和空间巨大的俄罗斯市场，远程贸易也均需过境俄罗斯；如果没有与独联体国家的紧密联系，俄罗斯的经济发展也会遇到困难。[2] 俄罗斯的经济结构决定了其经济增长与能源出口有着紧密联系，而独联体是最重要的出口市场之一。因此，俄罗斯在制定与实施对独联体政策时必须考虑独联体地区的经济价值。

第二，俄罗斯需加强与独联体的合作，以摆脱经济危机。克里米亚"脱乌入俄"后，美国等西方国家对俄实施多种制裁，导致俄经济发展陷入危机。2014 年 5 月经合组织与俄联邦财政部就预测，该年俄罗斯经济增

---

① "Концепция внешней политики Российской Федерации", 1993, https: //constitutional-law. ru/? p = 3666.（上网时间：2022 年 1 月 17 日）

② 郑羽：《独联体十年》，中国社会科学出版社 2007 年版，第 10—26 页。

长将大幅放缓至0.5%，大大低于世界大部分国家的水平。俄财政部及各金融机构均作出估计，俄罗斯将因投资信心下降带来的资本外流增加、投资流入减少等问题而陷入衰退，俄乌双边贸易的困难也会对俄产生直接经济损失。[①] 之后俄罗斯遭受的经济困难都证明了以上预测的正确：据2016年统计的数据显示，卢布的贬值（从2013年的1美元兑换32卢布到2015年2月的61卢布）导致俄罗斯的国内生产总值跌至1.1万亿美元，低于西班牙的1.4万亿美元。西方对俄罗斯能源及能源设备进口的制裁，也导致俄罗斯财政收入大量减少。[②] 因此，寻求更多替代西方且稳定的能源出口市场，加强对能源管道的控制是俄罗斯对独联体政策的又一重要考量。

三、俄罗斯对独联体政策的特点

俄罗斯对独联体政策虽在30年间经历了多次调整，但受制于地缘政治环境与自身实力变化，政策的实施呈现一定规律。其特点可被归纳为三个方面：以俄罗斯为主导，政治军事为主而经济为辅，从全面推进到重点实施。

（一）以俄罗斯为主导

1. 以自身主导的一体化为主要抓手

1995年《俄罗斯联邦对独联体战略方针》发布后，俄大力推动独联体经济、政治、军事一体化，主要希望通过主导独联体地区的一体化进程不断强化对该地区的影响力。为此，俄罗斯发展并完善了区域一体化的制度

---

① Косикова Лидия Серафимовна, “Украинский кризис и его экономические последствия для России”, РСМ, No. 4, 2014, С. 81 – 95.

② Луцкая Е. Е, “Экономические последствия западных санкций против России”, Реферативный Журнал, No. 2, 2016.

安排，搭建服务于一体化的制度体系。在经济维度，独联体多数国家已签署自贸协定，俄白哈三国签署《关税同盟海关法典》、统一经济空间一揽子协议及《欧亚经济联盟条约》等。在政治军事维度，建立与发展集体安全条约组织，利用一定的超国家性为一体化的推进提供动力。①

2. 加入或影响其他地区组织，巩固在独联体地区的主导地位

一是将中亚经济共同体合并到欧亚经济共同体中，保持对独联体经济一体化的控制权。1994 年起，俄罗斯通过与独联体国家签订多边自贸协定、关税同盟协定及其他旨在创建共同经济空间的条约，推动自身主导的独联体经济一体化。但与此同时，哈萨克斯坦总统纳扎尔巴耶夫倡导成立的次地区一体化组织——中亚经济共同体，意在摆脱俄罗斯对中亚的经济控制，并加强中亚地区的经济一体化。俄罗斯为了避免自身的边缘化，对该地区一体化组织保持密切合作，并谋求加入。2005 年 10 月举行的中亚峰会上，俄吉哈乌塔达成共识，组成中亚经济共同体—欧亚经济共同体。实质上两个一体化组织已合并为一个区域组织。②

二是抑制“古阿姆”集团，迟滞独联体的分化。“古阿姆”集团是与独联体分庭抗礼的地缘政治轴心，加速了独联体地区的地缘政治分化进程和经济非一体化进程。③ 俄罗斯抑制“古阿姆”集团的主要措施是分化与瓦解。乌兹别克斯坦在 2005 年“安集延事件”后，愤而退出“古阿姆”集团，外交上迅速由“亲美疏俄”转向“亲俄疏美”。俄罗斯借此积极与乌发展战略同盟关系，并于 2006 年接纳乌为欧亚经济共同体成员国，此后乌兹别克斯坦便从反俄国家成为相对中立国家。

三是从俄外交战略布局的角度出发，持合作又谨慎的态度对待中国在独联体地区的活动。例如，在上海合作组织中积极发挥作用。俄罗斯通过

---

① 肖影：《独联体区域一体化：路径与进展》，社会科学文献出版社 2018 年版，第 61 页。

② Антон Степаненко，“Атташе Департамента：Процесс евразийской интеграции стран СНГ”，Международная Жизнь，No. 9，2014，https：//interaffairs. ru/jauthor/material/1141.（上网时间：2022 年 1 月 17 日）

③ 潘广云：《“古阿姆”集团的演变及其对独联体的影响》，《国际问题研究》2007 年第 1 期，第 43—44 页。

上合组织加强俄中关系，允许中国与中亚国家开展安全合作。乌克兰危机后，俄面临严重的经济制裁，其外交“向东转”趋向也进一步加强，更是鼓励中国的资金和产品进入中亚打开市场。同时，为了实现各方力量的平衡，俄罗斯推动上合组织扩员，支持印度加入上合组织，实则也是间接巩固自身在独联体地区主导地位。俄罗斯还与中国求同存异，借力中国智慧与力量，推动欧亚经济联盟与“一带一路”倡议对接，积极引入中国资金和技术。2012 年俄罗斯提出“欧亚联盟”路线图后，2013 年中国也提出“丝绸之路经济带”倡议，两项宏大计划在独联体地区有大量交合点。俄罗斯为合理管控俄中在独联体地区的潜在矛盾，维护自身在该地区的最大利益，与中国于 2015 年签署《关于丝绸之路经济带建设和欧亚经济联盟建设对接合作的联合声明》。欧亚经济联盟和“一带一路”倡议的结合是单一经济空间和共同基础设施建设项目、发展机构、贸易和经济、科学和合作伙伴关系的联合计划的结合。[①]“一带一路”倡议与欧亚经济联盟的对接合作，有利于俄罗斯缓解自身在推动独联体地区经济一体化过程中出现的资金压力。

（二）政治军事为主而经济为辅

1. 在政治上提高俄罗斯制度与生活方式的吸引力

俄罗斯在俄白共同体（1996 年建立）和俄白联盟（1997 年建立）的基础上建立和发展俄白联盟国家（1999 年建立），意在将其打造成独联体地区政治一体化的标杆，吸引独联体各国加入俄主导的政治一体化进程。俄罗斯在应对西方“颜色革命”的基础上吸取经验，积极拉拢独联体国家内部的亲俄势力，利用乌克兰和格鲁吉亚境内俄罗斯族居民与俄罗斯联邦的历史联系，提高俄罗斯制度与生活方式的吸引力，从而达到主导独联体

---

① Глазьев С. Ю. , Архипова В. В. , Агеев А. И. , Ершов М. В. , Митяев Д. А. , Нагорный А. А. , Вэнь В. , Цинцин Я. , Росс Д. , Чжаоюй Г. , Тинтин Ч. “Вопросы и состояние процессов сопряжения Евразийского экономического союза и инициативы《Один пояс – один путь》в представлениях Китая и России, Евразийская интеграция: экономика, право, политика. No. 3, 2019, С. 13 – 30.

地区政治一体化进程的目的。

2. 在军事上支持或威慑

其一，充实与巩固独联体集体安全体系，坚定履行安全承诺。如在第一次纳卡冲突中支持盟友亚美尼亚，使后者在与阿塞拜疆的战斗中获得绝对优势；在2020年白俄罗斯政治危机发生时派遣快速反应部队进入白境内支持卢卡申科政权，在危机结束后加强俄白军事一体化；在与美国改善关系的努力受挫后，伺机鼓励中亚国家结束与美国的军事合作，加强俄在中亚地区的军事存在。其二，利用一定的武力手段，使反俄国家产生恐惧而不敢做进一步侵犯俄利益的事。如在2008年8月格鲁吉亚政府军进攻南奥塞梯后俄迅速出兵，用5天时间彻底击碎了格鲁吉亚加入北约的美梦；派遣特种部队进入克里米亚，保障其公投顺利进行。

3. 在经济上拉拢或反制

经济一体化、双边经济合作、对独联体国家经济援助或制裁是政治军事手段的补充。俄罗斯在推动独联体区域一体化的过程中，经济一体化总是次于或服务于政治与军事一体化。当政治军事一体化受挫时，俄罗斯便会将重点转向经济一体化，或寻求以经济一体化推动政治一体化，俄白联盟国家则是最典型的标志。而俄罗斯主导下经济一体化的重要基础是俄罗斯与独联体国家的双边经济合作，如果俄罗斯想拉拢一国，那么就会对其实行能源出口优惠，或直接拨款援助友俄政权；如果俄罗斯想反制一国，那么就会对其取消能源出口优惠，甚至大幅提高能源出口价格，或有针对性地停止进口产自该国的商品。但总而言之，俄对独联体政策实施中经济手段的使用比重和范围远不及政治军事手段。

（三）从全面推进到重点实施

1. 从“大独联体”到“小独联体”

在较长一段时间内，俄罗斯主要想将独联体这一区域组织发展为与各国保持经济、政治、军事、人文联系的重要平台，进而主导独联体地区。在俄罗斯对独联体政策发展的“重新重视”阶段，俄采取一定退让，争取乌克兰、摩尔多瓦、阿塞拜疆、格鲁吉亚等反俄国家回归到俄主导的独联体区域一体化中。但随着独联体内部离心倾向日益加强，且不以俄罗斯的主观意志所逆转，俄对独联体的主导也逐渐变得力不从心，无力维持一个涵盖所有地区国家又保持团结的独联体。格鲁吉亚在俄格武装冲突后退出独联体，乌克兰也在克里米亚危机后退出了独联体，摩尔多瓦则时常缺席独联体重要会议。俄罗斯放弃了建设一个完整团结独联体的过高期望，转而在保证独联体机制正常运转的前提下维持一个可控、灵活、友俄的独联体组织。俄罗斯对一些威胁“退出独联体”的反俄国家也反应平淡，不像过去执着于改变反俄国家对独联体的政策倾向。而且从独联体内力量对比来看，友俄和中立国家占较多数，且同为或曾为集安组织的成员，这就保证了独联体不至于沦为一个违反俄罗斯意志的区域组织。

2. 从统一军队构想到集安组织的建立

按照1991年签署的《关于建立独立国家联合体的协议》《阿拉木图宣言》和独联体防务问题协议，大多数成员同意建立一支由联合武装部队总司令部统一指挥的军队。俄罗斯希望获得对统一军队的控制，但独联体各国对建立统一军队的具体方案难以形成共识。时任俄罗斯总统叶利钦因此转变态度放弃了建立统一军队的构想，独联体各国也纷纷独立建军。为抗衡北约东扩，俄罗斯以将所有独联体国家纳入到俄罗斯主导的集体安全体系为目标。但1999年乌兹别克斯坦、阿塞拜疆和格鲁吉亚退出集体安全条约，使俄罗斯认识到必须组织一个以友俄国家为核心的集体安全体系。2002年集体安全条约改组为集安组织，虽然乌兹别克斯坦在重返后又退出，但俄罗斯联合友俄国家吉尔吉斯斯坦、亚美尼亚、白俄罗斯、哈萨克斯坦、塔吉克斯坦已形成一个“小而精”且团结统一的独联体集体安全条约体系。

3. 从重区域到重双边

在推动对独联体政策实施的早期，俄主要是寻求在独联体框架内达成一揽子协议，通过协议约束独联体各国政策行为。但独联体各国包括俄本身往往以利益为导向选择性地落实有关协议，导致很多合作方案“议而不决”或“决而不动”，独联体组织也愈发效率低下。加上独联体内部民族国家认同程度加深，及各国外交多元化趋势的不可逆转，使俄罗斯开始从实际出发，更多以双边合作条约和协定与各国开展合作。因此，俄重点发展与独联体内友俄国家的双边关系，以实用主义为原则对反俄国家采取截然不同的态度。俄罗斯在与域外行为体就独联体地区事务进行博弈或合作时，也主要以双边或有限多边的形式进行。例如在俄美双边关系内允许美国与中亚国家的反恐合作，欢迎中国在独联体地区推进“一带一路”倡议。在俄罗斯看来，发展与独联体国家的双边关系更能有效解决俄实际需求。但是，这并不意味着俄罗斯放弃对独联体区域一体化的努力。

四、俄罗斯对独联体政策的评析与趋势

独联体的存在一定程度上保障了地区和平。其一开始作为苏联解体的分家机制，相对合理地分配了苏联遗存下来的基础设施、资金、军备等。独联体各层级和各领域机制的建立与完善，有效防止了独联体地区大规模战乱的出现与蔓延，成员间经济、政治、军事、人文联系也得以维系。其中，独联体区域经济一体化为各国恢复与发展经济提供了机遇，独联体地区集体安全体系的构建与发展对于冷战后地区局势的安全稳定有着重要的意义。但独联体内部离心力大于向心力，分裂态势加剧。独联体各国因为自身所处地缘政治环境不同，历史遗留问题与民族问题复杂，导致各国利益诉求不尽一致，难以保持紧密团结。

回顾俄罗斯对独联体政策的30年历史，实则为一部俄力量收缩、内忧外患的历史。俄罗斯经济实力的下降，导致对独联体政策受到严重制约。在对政策进行调整的过程中，俄不但要考虑政策如何扭转独联体内部的离心倾向，还要考虑如何有效应对域外势力对独联体地区的渗透。北约与欧盟东扩不仅加剧了俄西部边境的压力，更加速了部分独联体成员国外交

“西转”。在南部，阿富汗局势不仅影响中亚各国边界安全，还成为“三股势力”的温床，未来还将长期影响独联体地区稳定。俄罗斯对独联体政策一方面取得有限成果，但另一方面政策目标与实力间的失衡、政策实施的失当都严重影响了政策总体效果。未来，俄罗斯将在实力下降和西方打压与制裁的背景下延续具有普京个人特色的对独联体政策。

（一）俄罗斯独联体政策的影响

1991 年 12 月至 1993 年 4 月俄罗斯对独联体采取“甩包袱”政策，对其维护独联体地区安全稳定的责任置之不理，导致民族和地区冲突加剧，不仅直接损害了俄罗斯族居民的利益，也导致独联体国家与俄罗斯关系的恶化。塔吉克斯坦局势的失控，更是让伊斯兰激进主义势力有进一步蔓延至俄罗斯境内的风险。1993 年 4 月到 2001 年 9 月的“重新重视”阶段，俄罗斯开始加强对独联体地区的控制，以俄罗斯为主导的区域一体化强化了地区影响力。2001 年 9 月至 2008 年 8 月，普京主政下的俄对独联体政策维护了俄罗斯在独联体地区的地缘政治和经济利益，保持了俄作为独联体一体化主导者的地位，从而为国内经济发展营造了一个比较稳定的周边环境，为大国地位的恢复创造了一定的有利条件。① 2008 年 8 月至今极具普京个人特色的俄对独联体政策，用强硬手段迟滞了周边反俄国家加入北约的步伐，维护了国家安全；“欧亚联盟”战略则以相对柔和的方式维护了俄罗斯对独联体地区的影响，使友俄国家、中立国家、反俄国家均公开或默认俄罗斯在地区拥有的绝对主导地位。

但俄罗斯对独联体地区的安全与经济义务，以及合作模式的相对落后均导致自身负担过大。安全义务方面，俄罗斯在独联体地区设有多个国外军事基地，在亚美尼亚、白俄罗斯、塔吉克斯坦、吉尔吉斯斯坦、哈萨克斯坦部署了规模较大的部队和装备。如在亚美尼亚的久姆里空军基地人员规模约 5000 人，并配备了 S－300 防空导弹系统和米格—29 战斗机；在塔吉克斯坦多个城市和地区维持了约 7500 人规模的部队，在 2012 年与吉尔

---

① 柳丰华：《普京时期俄罗斯的独联体政策》，《国际论坛》2008 第 5 期，第 67 页。

吉斯斯坦在后者境内建立包括一个空军基地、一个反潜鱼雷武器试验基地和海军“马雷沃”号第338通信中心在内的联合军事基地。自2009年以来，俄罗斯在阿布哈兹地区部署了规模达4000人的维和部队。[①] 为维持军事基地的正常运转和维护武器装备，必须花费大量开支。此外，2020年白俄罗斯政治危机后，俄白周边紧张局势急剧升温，而俄罗斯又奉行“坚定支持卢卡申科”的策略，因此俄被拖入边境战争的风险也随之增加。在经济义务方面，俄罗斯在与独联体国家关系中长期扮演“奶牛”的角色，往往通过能源优惠和直接的经济援助帮助独联体国家摆脱经济困境。2008—2011年俄在自身面临经济危机的情况下分配或承诺分配亚美尼亚、白俄罗斯、摩尔多瓦和吉尔吉斯斯坦的财政预算约50亿美元；2020年白罗斯政治危机中，俄虽然面临新冠肺炎疫情带来的财政紧张，但仍承诺给予卢卡申科政权约15亿美元的援助。有学者指出，该做法效率低下，不仅是因为其数量非常有限，更因为在获得经济援助的情况下，独联体各国没有采取足够的系统性措施来实现经济现代化并建立相应机制，以确保宏观经济稳定。[②] 俄罗斯本身面临经济困难，在这种恶性循环间中经济负担也在不断累积增加。

（二）俄罗斯对独联体政策的局限性

1. 政策目标与经济实力间存在失衡

俄罗斯对独联体政策主要目标是“建立一个一体化的经济社会，同时也是能够在国际社会中占有一席之地的国家政治联盟”，[③] 即通过推动俄主导的区域经济、政治、军事一体化，保持俄对独联体地区的控制。但实践

---

① “7 военных баз РФ в СНГ”, 08. 02. 2017, https: //newsland. com/user/4297693453/content/7 - voennykh - baz - rf - v - sng/5676870.（上网时间：2022年1月17日）

② Ярощук Анатолий Борисович, “Экономические и предпринимательские возможности и средства укрепления позиций России в СНГ”, Вестник УРАО. №3, 2011, С. 158 - 162

③ “Стратегический курс России с государствами - участниками Содружества Независимых Государств”, Сент. 14, 1995, http: //ir. rudn. ru/books/b1/p5/58. pdf.（上网时间：2022年1月17日）

证明，一体化的进程是波折的，独联体地区一体化也与欧洲的一体化大相径庭。最大的原因是俄对独联体政策的目标与其经济实力相比存在失衡，俄罗斯的经济发展状况严重制约了其政策目标的达成。第一，俄罗斯本身经济改革的失误和经济发展中的结构性问题，导致其制度对独联体各国缺乏吸引力。第二，如果要全面推进军事一体化，形成一个涵盖所有独联体国家的集体安全体系，则俄罗斯必须在军费紧张的情况下进一步增加投入。第三，尽管俄罗斯主导的经济一体化进程相较于政治和军事一体化取得了较大突破，但其模式主要还是俄罗斯扮演“奶牛”角色。

2. 政策实施手段的失当

俄罗斯过于依赖政治、军事等传统的“硬实力”手段，而不能以更多“软实力”手段推进其对独联体政策。俄罗斯对外政策中的大国主义思维，以及多次对独联体国家使用“硬实力”手段让独联体各国对俄普遍缺乏政治信任，对俄主导的一体化进程持以警惕甚至抵触心理。“古阿姆”集团和中亚经济共同体的成立，均反映了部分国家并不希望俄罗斯完全主导区域一体化。实质上，“软实力”理应是俄罗斯对独联体政策的重要组成部分（手段），是俄相对于任何域外行为体所无法比拟的优势。俄罗斯对于独联体国家在文化、历史、宗教、移民、高等教育资源、俄罗斯侨民等方面具备较强的“软实力”。[①] 但俄罗斯并未充分使用“软实力”手段推进其对独联体政策，或者说俄认为“硬实力”比“软实力”的效果更明显，更能快速达到短期的政策目的，导致其逐渐形成对“硬实力”手段的依赖。虽然俄罗斯通过“硬实力”手段，出动军队回击格鲁吉亚政府军、发动混合战争使克里米亚“脱乌入俄”、陈兵乌克兰东部吓阻乌当局，均达到了短期维护边境安全的目的，但“硬实力”手段缺乏可持续性。俄使用“硬实力”的次数越多，独联体各国的离心力就越大。种种结果，都导致了俄罗斯在实施对独联体政策时，经常与独联体国家发生难以弥合的分歧和矛盾。

---

① В. А. Герасимова, “Инструменты и ресурсы ‘Мягкой Силы’ России на пространстве СНГ, Постсоветские исследования”, No. 6, 2016, С. 514 – 575.

3. 政策面临左右为难的困境

俄罗斯与独联体国家有三个悖论：从权力的视角来看，独联体各国在处理主权独立与国家联合的关系时，强调“独”主“联”从；从制度的视角来看，在独联体机制与规范的建设方面，“次地区组织”的不断涌现反映了“独”多“联”少的倾向；从观念的视角来看，独联体各国保持“政治独立”的信念远远强于“政治联合”的诉求。在此互动结构下，独联体地区分裂态势加剧，俄生存空间也被进一步压缩。加上俄对独联体政策目标与经济实力间的失衡，以及政策实施手段的失当都导致政策总体效果不佳。

其一，次地区一体化组织的存在为独联体内部的持续分裂提供了平台。“古阿姆”集团虽然近年来的活跃度有所下降，但其客观上为独联体内反俄国家提供了一个性质目的明确、制度机制完善、力量不容忽视的组织，对独联体具有破坏性影响。[①] 同时，西方国家支持“古阿姆”集团发展有别于俄罗斯模式下的独联体次地区一体化，直接挑战了俄罗斯主导下的区域一体化。而俄罗斯虽然采取了包括分化瓦解、强力打压、经济合作等策略，但“古阿姆”集团的反俄性根深蒂固，导致俄罗斯不管采取何种措施，都只能迟滞而不能彻底逆转独联体内部的分裂态势。另外，在西方制裁和新冠肺炎疫情的影响下俄罗斯经济恢复较慢，其推进独联体区域一体化的经济实力也在不断萎缩。各种因素交织下，独联体各国对俄罗斯主导区域一体化的能力已逐渐失去信心，其内部离心力逐渐增大。

其二，北约东扩导致俄与西方关系恶化，俄与独联体国家关系趋于紧张。2021 年由普京批准的《俄罗斯联邦国家安全战略》删除了此前有关与美欧建立和开展互利合作等内容，并要求加强与独联体国家的合作。同时提出，西方国家的反俄行为导致俄地缘政治环境进一步恶化。[②] 新版国家安全战略的发布，实质上宣告了俄罗斯希冀借助自身在独联体地区的影响

---

① Скаков Александр,“Россия и ГУАМ”, Центральная Азия и Кавказ, No. 3 , 2008, С. 77.

② “О Стратегии национальной безопасности Российской Федерации”, 2021, https://docs.cntd.ru/document/607148290 9.（上网时间：2022 年 1 月 17 日）

力改善与西方关系的努力已失败。俄罗斯在 21 世纪初期以对西方的“准入”换取双方缓和的意图非但没有成功，反而让独联体内反俄国家意识到北约东扩是保障自身安全的首要路径。而俄罗斯意识到若格鲁吉亚和乌克兰加入北约，自身安全将面临严重威胁时，即使用“硬实力”手段吓阻格鲁吉亚和乌克兰。俄罗斯与独联体内反俄国家的安全困境，加上俄对独联体政策实施的失当，导致政策效果大打折扣，进一步恶化了与西方和独联体国家的关系。

其三，更多域外势力尝试进入独联体地区，挑战俄罗斯在该地区的主导地位。苏联解体后，土耳其多次尝试进入独联体地区与俄罗斯争夺地缘政治利益。[①] 在 2020 年纳卡冲突中，土耳其援助阿塞拜疆大量攻击型无人机，使阿塞拜疆军队在与亚美尼亚军队的作战中获得绝对优势；1992 年土耳其联合包括独联体地区的突厥语国家发起突厥语峰会，在 2021 年将峰会升级为“突厥语国家组织”。[②] 继 1997 年“古阿姆”集团成立后，该组织成为独联体地区又一国家联盟。随着土耳其牵头的“突厥语国家组织”渐具规模，一个基于突厥语的一体化模式可能会被更多有着相同文化渊源的独联体国家接受。乌克兰、波兰、立陶宛组成的“卢布林三角”机制，[③] 试图挑拨俄罗斯与白俄罗斯的关系，挑动俄白联盟国家内部的“颜色革命”。域外势力对独联体地区的渗透，进一步催化了独联体的分裂。而俄罗斯面对域外势力的渗透，除继续静待其变和以“硬实力”手段应对外，并无效果更佳的对策。

---

① Долгов Борис Васильевич, “Россия и Турция в региональном и геополитическом пространстве”, Контуры глобальных трансформаций: политика, экономика, Право, No. 3, 2021.

② 土耳其于 1992 年牵头联合中亚多国召开第一届“突厥语国家首脑峰会”，2009 年升格为突厥语国家合作委员会。2021 年 11 月 12 日，“突厥国家组织”成立，正式成员国为土耳其、哈萨克斯坦、乌兹别克斯坦、吉尔吉斯斯坦和阿塞拜疆，观察员国为匈牙利和土库曼斯坦。参见：https://www.turkkon.org/en。

③ 2020 年波兰、立陶宛和乌克兰三国外长在波兰城市卢布林发表联合声明《关于成立“卢布林三角”的共同宣言》，确立了“卢布林三角”模式。三方在该机制下推动安全、经济、贸易、投资、旅游和基础设施等合作，该模式具有明显的反俄性质。

（三）俄罗斯对独联体政策的趋势

当前，在新冠肺炎疫情的影响下，俄罗斯国内经济状况更加恶劣。据俄罗斯统计局数据显示，2020 年 3 月至 5 月，俄罗斯采矿业指数从 -3 降至 -6，制造业从 -2 降至 -9。非生产领域指数的下滑更加明显：自 2014 年克里米亚危机以来，居民收入下降阻碍了消费行业的发展。新冠肺炎疫情的大流行，更是导致零售业指数从 2020 年第一季度的 2 下降到第二季度的 -7，服务业从 -8 下降到 -40，2020 年俄罗斯国内生产总值则下降了 3%。[①]

北约东扩逼近俄罗斯西部边界，俄安全遭受严重威胁。2021 年 7 月 30 日，乌克兰国家安全与国防委员会通过了乌克兰外交政策战略，乌总统泽连斯基于 8 月 26 日批准了该战略。新版外交政策战略放弃了乌克兰的不结盟地位，并明确了维护主权与领土完整、加入北约和欧盟、对抗“俄罗斯的侵略政策”是乌外交政策优先领域。[②] 在乌克兰确立新外交方针后，美国总统拜登在与泽连斯基的会谈中以个人身份支持乌克兰成为北约成员国。[③] 虽然拜登认为乌克兰目前仍未达到加入北约的要求，但乌克兰与北约加强军事合作已严重威胁俄西部边界。

结　语

如今，独联体这一区域性国际组织已发展成为后苏联空间各国保持经

---

① Ли Чжимэн, Лукин Е. В. , Шэн Фанфу, Чжэн Вэнькай, “Оценка влияния пандемии COVID - 19 на экономики Китая и России”, Экономические и социальные перемены: факты, тенденции, Прогноз, No. 5, 2021.

② “Кулеба: стратегия внешней политики Украины оставляет в прошлом внеблоковый статус страны”, 14. 09. 2021, https: //tass. ru/mezhdunarodnaya - panorama/13193023. （上网时间：2022 年 1 月 7 日）

③ “Зеленский заявил, что Байден поддержал Украину в вопросе предоставления ей членства в НАТО”, 02. 09. 2021, https: //tass. ru/mezhdunarodnaya - panorama/12276995. （上网时间：2022 年 1 月 7 日）

济、政治、军事、人文联系的重要平台，对俄罗斯保持在后苏联空间影响力依然具有战略意义。俄罗斯在30年内不断深化对独联体地位的认识，多次调整其对独联体的政策。虽然政策经历多次调整，但俄罗斯主要是将独联体视为维护国家安全的战略缓冲、追求大国地位的战略依托和促进经济发展的战略基础。总而言之，俄对独联体政策的调整基于俄自身安全、发展、经济的目标和利益诉求，其目标和利益诉求具有持续性。因此，俄在实施相关政策时，便呈现出以俄罗斯为主、政治军事为主而经济为辅、从全面推进到重点实施的特点，政策的手段运用和侧重点变化具备规律性。

纵观30年来俄罗斯对独联体的政策，一方面取得一定成果，但其局限性更大。独联体内离心倾向的不断加剧，以及域外势力对独联体地区的渗透，都严重影响了政策的总体效果。如今，俄罗斯在面临新冠肺炎疫情影响和北约东扩威胁的情况下，也将根据形势发展调整其对独联体政策。重点推动以俄白联盟国家为标杆的独联体经济一体化进程，继续稳步实施“欧亚联盟”战略，保持对独联体内反俄国家的战略威慑，将是俄罗斯对独联体政策的趋势。但我们必须看到一个事实，即俄罗斯基于安全、复兴、发展的利益，调整并推进其对独联体政策时，或多或少会影响其他独联体国家的利益。俄罗斯对独联体的政策，一定程度上体现出其周边外交的特点。

俄罗斯与西方国家的关系

2021 年俄美关系新态势及其特点

陈禧楠　冯恩义　翁陆钗*

【摘　要】2021 年 6 月 16 日在日内瓦举行的俄美首脑峰会成为 2021 年俄美关系的分水岭。普拜会之前的俄美关系已经跌入谷底，在普拜会之后，俄美之间通过开展有限合作以及恢复高层对话避免了关系的进一步恶化。但是由于俄美之间存在深层结构性矛盾，双方紧张的关系难以从根本上得到缓和。总的来看，2021 年俄美关系的走势形同“过山车”，呈现出复杂多变的特点。在可预见的未来，俄美关系仍然会保持以竞争与对抗为主。

【关键词】俄美关系　普拜会　战略竞争　有限合作

一、普拜会是 2021 年俄美关系重要节点

2021 年 6 月 16 日，俄美两国元首在日内瓦举行了会晤，这是拜登上任以来与普京的首次面对面会谈，也是自 2018 年以来的首次俄美首脑峰会。虽然普拜会没有取得突破性进展，两位总统仍然保持在晤前的立场；但是双方进行了坦率的交流，互画了红线，并在某些领域达成了有限

---

* 陈禧楠、冯恩义，广东外语外贸大学国际关系学院国际政治专业 2019 级本科生；翁陆钗，广东外语外贸大学国际关系学院外交学专业 2020 级硕士研究生。

共识。

在会谈期间，拜登和普京就战略稳定、网络安全、经济合作、气候问题、北极问题、抗疫问题、地区安全以及人权等议题展开了讨论。峰会进行了4个小时，双方在人权、网络攻击、干预选举等问题上仍存在深刻分歧。此次首脑峰会成果甚微，双方就战略稳定问题发表了联合声明，会晤过后双方也在一些领域开展了有限合作。总的来说，日内瓦峰会起到给两国现如今的紧张局势降温的作用。

而两国同意举行此次会晤是由于双方拥有共同的利益诉求，即俄美都希望将对抗停留在现有水平，以避免进一步升级。因为对抗一旦升级，就很可能脱离控制范围，并导致新的军备竞赛。俄罗斯尤其希望避免这种情况，因为这势必会给其国内经济带来沉重的负担。另外，中国已经成为美国的最主要对手，这也意味着美国希望尽量避免与俄关系进一步恶化。①

虽然此次会晤只停留在信息交流层面，但是能够在双边关系处于低谷时期恢复高层对话机制本身就已经是一种成功。2021 年 3 月份在拜登公开指责普京为“杀人犯”后俄罗斯召回了驻美大使，俄美关系降至新冰点。4 月份美国指控俄罗斯干预2020 年美国大选以及策划对美国太阳风公司的网络袭击行动，随后对俄罗斯实施了新一轮制裁。除此之外，俄美之间还展开了一系列的唇枪舌战，俄外长拉夫罗夫甚至在一档电视节目上痛批美国的所作所为是流氓行径，认为俄可以自卫。② 6 月份的俄美首脑峰会，双方在未来保持接触、开展对话以及进行有限合作等方面达成的共识，缓和了双方外交沟通渠道长期瘫痪的局面。③ 事实上他们也是这么做的，这有助于避免战略误判以及双边互动“脱轨”。但是客观来讲，日内瓦峰会并没有实质性的成果，并不足以全面改善俄美关系；双方也只是在有限的范畴内达成了合作共识，由此可见，实现俄美两国关系正常化仍然道阻且长。

---

① 《外媒分析：美俄峰会或达成“可控对抗”共识》，光明网，2012 年6 月16 日，https：//m. gmw. cn/2021 -06/17/content_1302362353. html。（上网时间：2021 年 12 月 10 日）

② 《拉夫罗夫把美国比作院里的小流氓》，俄罗斯卫星通讯社，2021 年 4 月 1 日，https：//sputniknews. cn/20210401/1033398707. html。（上网时间：2021 年 12 月 10 日）

③ 泠汐、冯颖妍：《“普拜会”已使美俄关系走出低谷?》，《南方日报》2021 年6 月20 日。

基于此，笔者将6月份的普拜会作为2021年俄美关系的分水岭，且将普拜会前后的俄美关系进行对比，着重分析普拜会之后俄美关系的态势及特点。

二、2021年俄美关系发展历程

2021年俄美互动频繁，其中以6月份的普拜会作为分水岭。虽然普拜会没有对俄美关系产生根本性的影响，但是也在一定程度上缓和了俄美之间不断恶化的关系，突出表现为普拜会上俄美达成了在部分领域开展有限合作的共识，例如双方大使重返工作岗位以及开展不同部门之间的对话等。除此之外也存在许多在普拜会前后基本没有发生转变的领域，例如俄美在战略稳定以及气候领域一直保持着合作的基调；而在北极、网络安全以及太空等领域仍然维持着竞争大于合作的局面。

（一）外交领域

2021年的上半年俄罗斯和美国在外交领域的斗争不断。3月17日，美国总统拜登在接受采访时表示，他认为俄罗斯总统普京是“杀人犯”，并放话称普京将为自己的所作所为付出代价，这引发了他任期内的首次俄美外交危机。莫斯科对此高调回应，立即宣布召回其驻美国大使阿纳托利·安东诺夫回国进行磋商。4月16日，白宫宣布驱逐10名俄罗斯外交官后，作为报复，俄罗斯也要求10名美国外交官离境，同时还建议美国驻俄大使回国磋商。4月20日美驻俄大使约翰·沙利文表示将于当周返美。自那时起至普拜会前，2个月的时间内在俄美各自的首都一直都没有对方的大使常驻，由此可见俄美关系的紧张程度。在6月16日的普拜会上双方最终达成了让两国大使重返岗位的协议。6月20日，俄驻美大使返回美国。至此，俄美之间的“外交战”暂告一段落。这意味着俄美有意重启与对方的沟通交流，以此减少猜忌与误判，为两国在诸多领域的对话提供了可能性。虽然双方大使返回驻在国首都这一决定只是在象征意义上稍稍缓和了俄美关系，但对于处于谷底的俄美关系来说，也是一个不容忽视的积极信号。正如俄外长拉夫罗夫所说，俄罗斯和美国大使返回驻在国虽然是象征性举动，但相当重要。①

然而，2021 年底情况又有所反复。11 月 27 日，俄驻美大使阿纳托利·安东诺夫表示，2022 年 1 月 30 日将有 27 名俄外交官连同他们的家属离开美国，差不多数量的俄外交使团工作人员也将于 2022 年 6 月 30 日离开。② 俄罗斯外交部发言人扎哈罗娃在 12 月 1 日的新闻发布会上表示，在莫斯科居留期超过 3 年的美国使馆工作人员应在 2022 年 1 月 31 日前离开俄罗斯。③ 普拜会后暂停的“外交驱逐战”重新上演，体现出俄美关系再次恶化。由此可见俄美关系之复杂性，不存在因为一次元首会晤就得以全面回暖的可能，也凸显出俄美之间的结构性矛盾难以在一时之间解决，④这注定了俄美关系将在冲突与缓和之间来回反复。

（二）地区安全领域

2021 年俄美在地区安全问题上的对抗性依然显著，其中包括俄美军舰的黑海交锋，俄美就阿富汗军事基地问题的斗争，俄美在乌克兰问题上针锋相对以及伊核协议问题等。在日内瓦峰会上，俄美也围绕这些议题展开了讨论。在中东问题上，俄表示将支持美国开展关于伊朗核问题的相关工作，并开放叙利亚的“人道主义走廊”；而美方则表示将默许俄罗斯在叙利亚及利比亚的活动。在阿富汗问题上，美俄在反恐议题上重新确立了合作意向。以便协调对阿富汗的行动。但在乌克兰问题上，美俄双方难以达

---

① 《拉夫罗夫赞赏俄美两国大使重返工作岗位》，俄罗斯卫星通讯社，2021 年 6 月 18 日，https：//sputniknews. cn/20210618/1033921478. html。（上网时间：2021 年 12 月 11 日）

② 《27 名俄外交官将被迫离美 俄大使：美敌视俄态度未变》，塔斯社，2021 年 11 月 28 日，https：//tass. com/politics/1367371。（上网时间：2021 年 12 月 11 日）

③ 《对等回击美国，俄罗斯：居留超 3 年的美使馆人员须在明年 1 月底前离开》，观察者网，2021 年 12 月 2 日，https：//www. guancha. cn/internation/2021_12_02_617052. shtml。（上网时间：2021 年 12 月 11 日）

④ 赵隆：《“拜普会”后美俄关系的变与不变》，《环球时报》2021 年 6 月 24 日。

成共同的意见，仅同意将明斯克协议作为解决乌克兰东南部区域问题的基石，而美国未对俄方的具体政策调整建议给予回应。

2021 年 9 月 22 日，俄美双方参谋长在芬兰举行了会晤。11 月以后，美国频频对俄罗斯在乌克兰边境集结军队这一行为表达担忧，并声称俄罗斯有入侵乌克兰的计划。俄方驳斥了这一说法，表示美国这么说是为了掩盖乌克兰企图武力解决东南部问题的意图，并强调是乌克兰违反明斯克协议在先，俄罗斯的做法只是为了维护自身的安全。① 在俄乌边境局势日益紧张的情况下，俄罗斯安全会议秘书尼古拉·帕特鲁舍夫于 11 月 2 日在莫斯科会见了美国中央情报局局长威廉·伯恩斯。关于该次会谈的内容，双方都没有透露更多细节，但安全问题似乎在两国关系中显得尤为突出。俄罗斯学者推测俄美双方的会谈内容主要围绕阿富汗问题以及乌东局势展开，动荡的中东局势也可能是议题之一。② 11 月 23 日俄美军方参谋长举行了电话会谈。俄外长表示乌克兰问题是此次会谈的主题之一。两国元首 12 月 7 日晚举行了视频会谈。会后俄方发表声明称，两国一致认为有必要在双边关系、战略稳定以及乌克兰问题上开展对话，③ 但两国就乌克兰问题未达成一致。12 月 22 日，美俄双方参谋长再次举行电话会谈讨论地区安全问题。

12 月 17 日，在俄罗斯与西方国家因乌克兰冲突而陷入高度紧张之际，俄外交部公布了对美国和北约的安全保障建议，并呼吁与美举行紧急会谈。该草案的主要内容包括要求北约不再进一步扩容以及不接纳乌克兰的加入，同时明确双方不将彼此视为对手，承诺和平解决争端等。12 月 30 日，俄美首脑的电话会晤也无果而终。12 月 22 日，俄外长拉夫罗夫表示，俄罗斯和美国将于 2022 年初就安全保障问题举行第一轮谈判。④ 此前，美

---

① 《俄美双方就美“俄侵略乌”言论大打口水仗》，新华社，2021 年 11 月 25 日，https：//xhpfmapi. xinhuaxmt. com/vh512/share/10416367。（上网时间：2021 年 12 月 12 日）

② 《外媒报道：美国中情局长密访莫斯科》，新华社，2021 年 11 月 5 日，https：//xhpfmapi. xinhuaxmt. com/vh512/share/10370091。（上网时间：2021 年 12 月 12 日）

③ 孙昌洪：《俄美领导人举行视频会晤，为俄乌边境“战争说”降温》，《文汇报》2021 年 12 月 9 日。

④ 《俄外长：俄美将于 2022 年初进行第一轮有关安全保障的谈判》，俄罗斯卫星通讯社，2021 年 12 月 22 日，https：//sputniknews. cn/20211222/2022 – 1036758932. html。（上网时间：2021 年 12 月 25 日）

方曾表示俄罗斯提出的一些建议是不可接受的。2022 年 1 月俄美日内瓦会谈、俄与北约布鲁塞尔会谈、俄与欧安组织维也纳会谈都没有取得实质性成果。

（三）战略稳定领域

2021 年 2 月 3 日，俄美正式将《新削减战略武器条约》延长 5 年，这体现出俄美战略稳定对话终于摆脱了毫无成果的讨论和提出对方无法满足的条件的阶段。[①] 延长条约将有利于维持战略稳定，使双方保持对等的相互监控进攻性战略武器的权利。同时，由于核军备竞赛被限制在条约框架内，双方不必增加新的进攻性战略武器，还有利于节省军费开支、减缓经济压力。《新削减战略武器条约》的延长暂时缓和了美俄之间不断升级的核对峙局势，为双方下一步的核军控谈判提供了 5 年的窗口期。

6 月 16 日，普拜会后双方就战略稳定问题发表了联合声明。声明重申核战争没有赢家，这一原则永远不会被放弃。由此可见，即使在俄美关系紧张时期，双方仍然可以在确保战略可预测性、降低核战争威胁等方面上达成一致。两国领导人还提出将在之后开展关于核军控的战略稳定对话，这有利于维系双方在军备控制方面的合作，维持全球战略平衡。

7 月 28 日，美俄两国高官于日内瓦举行战略核稳定会谈，全面讨论了双方维护战略稳定的方式、军备控制的前景以及降低风险的举措。在探讨未来安全机制的过程中，双方讨论了研究所有能够击中战略目标的武器种类的必要性，包括核武器和常规武器。[②]

9 月 30 日，俄罗斯和美国外交官在日内瓦举行了秘密会谈。双方讨论了与战略稳定和军备控制相关的一系列问题。两国代表团已经同意组成两

---

① 《美国务院：俄美在日内瓦讨论核军控前景等问题》，俄罗斯卫星通讯社，2021 年 7 月 29 日，https：//sputniknews. cn/20210729/1034162890. html。（上网时间：2021 年 12 月 13 日）

② 《俄驻美大使：俄罗斯已准备好与美国讨论任何具有战略潜力的武器》，俄罗斯卫星通讯社，2021 年 7 月 28 日，https：//sputniknews. cn/20210728/1034159882. html。（上网时间：2021 年 12 月 13 日）

个工作组，其中一个工作组将进行研究未来军控措施的工作。[1] 虽然在此次会谈中双方存在众多分歧，但仍然有利于核军控谈判的缓慢推进。从年初双方同意无条件延续《新削减战略武器条约》到普拜会之后开展的关于战略稳定的会谈可以看出，双方基本保持了在该领域的合作意向。

（四）气候领域

气候变化是美国与俄罗斯之间有望加强合作的少数几个领域之一，它被视为两国关系向前迈进的一个大有希望的试验场。

2021 年 4 月 21 日，普京发表国情咨文，第一次将环境与气候问题作为国家发展的优先事项。[2] 对俄而言，经历过多年忽视后，对气候变化采取一定行动有利于改善其国际形象。而结合拜登的竞选声明以及上任后重返《巴黎协定》来看，这为美国与包括俄罗斯在内的其他国家开展合作提供了可能。

4 月 22 日，俄罗斯接受了美国组织气候视频峰会的邀请，并指出俄正落实削减净排放的任务，希望通过深化国际合作寻求应对气候变化等全球性问题的解决方法。[3] 拜登在峰会上说："普京总统呼吁国际社会在推动减排方面进行合作。美国希望与俄罗斯以及其他国家在这方面开展合作。这是一个很好的承诺。"[4]

7 月，俄外长拉夫罗夫与美总统气候问题特使克里会晤，俄方高度重视全球气候变化的相关议题，将继续在国际平台上就气候问题开展合作，特别是与《联合国气候变化框架公约》（以下简称《公约》）缔约的合作。俄罗斯希望就此领域问题与美国在《公约》缔约国谈判进程中开展紧密合

---

① 《俄外交部：俄美会谈在某些战略稳定问题上取得进展》，俄罗斯卫星通讯社，2021 年 9 月 30 日，https：//sputniknews. cn/20211001/1034574159. htm。（上网时间：2021 年 12 月 13 日）

② 尚月、韩奕琛：《应对迈向碳中和时代的挑战：俄罗斯的绿色新政》，《现代国际关系》2021 年第 10 期。

③ 尚月、韩奕琛：《应对迈向碳中和时代的挑战：俄罗斯的绿色新政》，《现代国际关系》2021 年第 10 期。

④ 《拜登：美国希望与俄罗斯在气候变化问题上开展合作》，俄罗斯卫星通讯社，2021 年 4 月 22 日，https：//sputniknews. cn/politics/202104231033563313/。（上网时间：2021 年 12 月 11 日）

作。第 26 届联合国气候变化大会于 11 月 12 日结束，俄罗斯与美国达成一致意见：在《联合国气候变化框架公约》第 26 次缔约方大会后继续进行包括针对甲烷和卫星监测温室气体方面的合作。

（五）北极问题

北极地区逐渐演变为各国彼此间博弈的热点地区，俄美也不例外，两国在该地区有相似的战略需要，比较倾向于利用军事手段维护各自在北极的利益，注重在自然资源和新航道方面展开博弈。以往美俄双方围绕北极在科研领域上的态度多是积极合作，希望在该地区加强科研与环保合作，[①] 但 2021 年这种合作成果却没有显现出来。

2021 年俄美仍加强在北极地区的军事竞争。2 月 2 日，美国报道称美空军将首次向挪威的一个基地部署 B－1B 战略轰炸机和附属后勤部队，这是美国战略轰炸机首次在北极圈内停降，以便与俄罗斯争夺北极地区控制权。[②] 3 月，美陆军发布《夺回北极主导权》，这是美陆军首次发布北极战略。5 月，在俄罗斯就任北极理事会轮值主席国之际，美国召集其他成员国反对莫斯科为从挪威到阿拉斯加的北方海航线制定海上规则的计划，以及在这个七国集团内部恢复高层军事对话的愿望。

对此，俄方强硬回击。例如，在科拉半岛部署“道尔—M2DT”防空导弹系统，该防空系统是专为北极地区作战条件而设计的；S－400 防空系统也在新地岛群岛值班，另外还在北部边境地区增派了预警机、战斗机等。俄罗斯认为其在北极的军力已足够强大。[③] 3 月下旬，俄罗斯举行了“北极熊—2021”北极综合远征演习，对美方进行战略威慑。9 月，俄罗斯北方舰队在北极地区开展大规模军演，此次军演规模盛大，重点在于保护北方航路。

---

① 牛玉莹：《美俄在北极地区的博弈研究》，黑龙江大学 2021 年硕士学位论文，第 23 页。

② 《美媒：美军 B－1B 战略轰炸机首次在北极降落，矛头直指俄罗斯》，环球网，2021 年 2 月 2 日，https：//3w. huanqiu. com/a/c36dc8/42FlyUva0RE？ agt =46。（上网时间：2021 年 12 月 11 日）

③ 《美拟在挪威部署轰炸机部队，俄军强硬回击》，环球网，2021 年 2 月 10 日，https：//mil. huanqiu. com/article/41rrbgUmjY5。（上网时间：2021 年 12 月 11 日）

由于俄美两国在北极地区存在根本性分歧，未来两国在该地区的博弈将持续存在，并突出表现在军事领域。

（六）网络安全领域

在美国媒体的频繁炒作下，俄美网络安全博弈成为2021年两国关系的焦点之一，两国对网络空间的争夺日趋激烈。与使用核武器主要针对军事目标的作战行动不同，网络攻击的目标可以扩大至整个国际社会。

2021年伊始，美国正式指控俄罗斯发动大规模网络袭击，并且认为这起网络袭击已严重损害到全美多个关键政府部门及私营部门系统。① 2020年12月至2021年5月，俄罗斯情报机关及其支持的黑客组织对美国进行的一系列网络攻击行为也被揭露。② 2021年6月，全球肉类生产巨头何塞·巴蒂斯塔·索布里尼奥（JBS）股份公司遭受被怀疑是俄罗斯黑客所为的网络袭击。而网络袭击的溯源是复杂的，难以从事实上认定俄罗斯是"罪魁祸首"。

因此，对于美国无证据的指责，普拜会上，普京强烈否认俄罗斯在网络攻击中扮演了任何角色。他辩称："与其相互指责和争吵，我们应该更好地联合起来打击网络犯罪。"虽然俄罗斯希望两国能在网络领域达成合作，但是双方均声称对方在网络问题谈判方面故意拖延。9月10日，俄方召见美国驻俄大使抗议美方干涉选举，并表示俄掌握了美国大型互联网公司在俄国家杜马选举前违犯法律的证据，抗议美国"数字巨头"对俄罗斯即将到来的议会选举的干涉行径。

总的来说，2021年两国在网络安领域的关系日益紧张，美国指责俄罗斯控制其国内网络，发动网络攻击，干涉美国选举，严重损害了美国利益；俄罗斯则认为美国过度强调网络自由，大肆实施网络间谍活动，破坏

---

① 《美国正式将俄罗斯与"当下"发生的大规模网络袭击联系起来》，今日美国，2021年1月5日，https：//www. usatoday. com/story/news/politics/2021/01/05/u – s – formally – links – russia – massive – cyberattack – hack – ongoing/6552803002/。（上网时间：2021年12月11日）

② 孙冰岩：《美俄网络安全博弈：现状、原因与未来》，《中国信息安全》2021年第6期，第75—78页、第84页。

性网络行动和针对平民的虚假信息宣传，损害俄罗斯的主权。

（七）太空领域

尽管两国在核军控问题上同意延长《新削减战略武器条约》，但为了平衡在该条约上做出的让步，拜登将努力在其他方面对俄采取更严厉的立场，比如在太空领域对俄施加压力。

2021 年 2 月，中俄两国达成了建立国际月球科研站合作的谅解备忘录，美国也在为开发月球厉兵秣马。太空正演变为美国与包括俄罗斯在内的竞争对手进行“交战”的舞台。3 月，美方媒体大肆渲染称遭到俄太空威胁，并评价来自俄罗斯的威胁“非常严重”，认为俄罗斯的激光系统被用来“从地球上摧毁或损坏卫星，抑或破坏我们使用卫星的能力”，但只字不提美国在太空领域的投入与军事化。

9 月，俄罗斯副外长向美国发出警告：如果美国率先在太空部署武器，就要对此举给国际安全带来的严重后果负责。他还指出，俄中长期以来致力于通过政治和外交手段防止太空军备竞赛。

但双方在竞争中也存在有限合作，比如 4 月 3 日，俄联邦政府批准延长俄美太空合作协议至 2030 年 12 月 31 日。俄专家指出，尽管以美国为首的西方国家对俄采取了政治领域和经济领域的制裁与遏制，俄仍会继续与其在国际空间站和火星研究的框架内开展合作，因为类似的长期和高技术项目能够将各国紧密联系起来。① 5 月，美国国家航空航天局局长称，希望俄罗斯在国际空间站方面继续与美国合作，并期待与俄方讨论这一问题。

在太空领域，尽管俄美双方都有表达出希望与对方进行合作交流的想法，但总的来说，未来仍以竞争和对抗为主，很难有更大的转变。

---

① 《俄专家：俄美太空领域合作可促进政治缓和》，俄罗斯卫星通讯社，2021 年 4 月 6 日，https：//sputniknews. cn/politics/202104061033430992/。（上网时间：2021 年 12 月 14 日）

三、俄美关系发展中双方的利益诉求

2021 年俄美关系仍然是以竞争与对抗为主基调，但同时又在双方具有共同利益的领域开展有限合作，保持接触与沟通。从俄美的总体互动中看，维持着一种美国“出招”、俄罗斯“接招”的模式。美国一方面加剧与俄罗斯的冲突与对抗，另一方面又提出与俄罗斯进行有限合作。

（一）美国的利益诉求

1. 外交领域

在外交方面，美国力图以此修复跨大西洋伙伴关系。拜登政府将对俄关系作为重塑跨大西洋伙伴关系的一大抓手，企图利用“俄罗斯威胁”来弥合美欧盟友之间的裂痕，巩固同盟体系。[①] 以 2021 年底美国挑明俄罗斯有入侵乌克兰的计划为例，美国这一做法除了为警告俄罗斯在俄乌边界的军事行动以及为俄乌关系煽风点火之外，更是企图通过炒作这一消息，让欧洲国家“认清”俄罗斯所带来的威胁，并将俄罗斯塑造成美欧共同敌人，以此来加强盟友的团结。

2. 内政领域

在内政方面，美国试图转移公众对国内问题的注意力。目前美国国内还有一系列亟待解决的问题，例如对抗新冠肺炎疫情、推动经济复苏，以及处理尖锐的社会矛盾等。[②] 美国制造与俄的紧张关系将会使公众的部分注意力转移到美俄的竞争与对抗上，而不是仅仅将目光聚焦于各种国内问

---

① 孙成昊：《美俄首脑会晤难解深层分歧》，《解放军报》2021 年 6 月 19 日。

② 陈宇：《“拜普会”与美国对俄政策的转型》，《世界知识》2021 年第 12 期，第 36—37 页。

题，因此减少民众对领导人及其政府处理国内问题不力的负面评价。除此之外，激化与俄关系还有利于煽动国内民众的爱国主义热情，提高总统自身的威望。正如美国一位政治学教授分析称美国的内政一贯比外交重要得多，因此外交往往沦为内政利益的牺牲品。①

（二）俄罗斯的利益诉求

1. 回击美国的遏制政策，维护国家安全和利益

由于在俄美的互动中，基本上是美国占据主动，俄罗斯处于相对被动的位置，所以俄罗斯的许多外交活动都是在回应美国对其施加的压力，以此保护本国的利益。例如，2021 年 4 月 15 日美国宣布对俄罗斯实施一系列经济制裁措施，并驱逐 10 名俄罗斯外交官。俄罗斯随后以驱逐 10 名美国外交官作为对美的报复和回击。

2. 力图与美竞争，以争夺对周边地区的主导权

一直以来美国都在试图削弱俄罗斯在其地缘政治地区的影响力，因此俄罗斯在地区安全问题、北极地区以及太空等领域保持与美保持竞争关系且不甘示弱的原因之一是为了展示自身实力，以此作为与美争夺在欧亚地区事务主导权的资本。以 2021 年俄罗斯与美国对北极领导权的争夺为例，2 月份美国在北极地区部署轰炸机，俄罗斯对此做出强硬回击，称早已做好回击美国的准备。5 月 17 日，俄外长拉夫罗夫警告西方不要觊觎北极，甚至称北极为俄罗斯的领土。此外，美俄还就彼此在北极的军事活动互相抨击。总而言之，俄罗斯在其视为势力范围的区域与美的竞争体现出其对欧亚地区主导权的竭力争取。

---

① 《俄专家认为美为转移国内矛盾与中俄交恶》，塔斯社，2021 年 3 月 26 日，https：//tass. com/。（上网时间：2021 年 12 月 14 日）

3. 谋求与美对话，避免战略误判或双边互动“脱轨”

事实上，俄罗斯谋求与美对话及合作的目的带有一定的功利色彩。俄只是因为仍有许多关于战略稳定及全球层面的问题需要与美共同协商解决，才不得不较为积极地在这些议题上寻求与美开展对话，挖掘合作的可能性。其出发点更多是为了避免因沟通不畅而导致的战略误判及双边互动“脱轨”所带来的严峻后果。例如，2021 年 12 月 17 日，俄罗斯外交部公布了安全保障协议，明确指出其国家利益的范围。[①] 俄方希望通过开展谈判和对话来避免冲突的进一步升级，并且为国家安全提供法律保障。

四、2021 年俄美关系的特点

（一）俄美互动上美占据主动，俄相对被动

拜登上任不久，便立即无条件地延长了《新削减战略武器条约》，这也是俄罗斯在特朗普政府时期追求的目标。3 月，俄美领导人间却大打“口水仗”，突出表现为拜登在媒体前声称普京是“杀人犯”。在此之后，从俄驻美大使返回莫斯科，到俄在乌克兰边境附近进行军演被西方国家理解为“准备入侵”，再到美方主张派遣前往黑海的驱逐舰，以此向俄罗斯施加威胁……美俄正迈向冲突之态。直到 4 月中旬，双方关系才有了和缓之势，例如，拜登与普京进行通话，表示希望两国领导人能会面谈话，美方作出的承诺便是停止向黑海派遣驱逐舰。美国却在几天后再次将两国关系推向激化矛盾的一面，宣布了一系列对俄个人和企业实体的制裁措施，但这并没有冲破两国以往关系的架构，而是在有限范围内进行的制裁。对

① Влад Шлепченко, “Главный документ века: Москва заговорила с Вашингтоном с позиции силы”, 20 декабря 2021 года, https: //tsargrad. tv/articles/glavnyj – dokument – veka – moskva – zagovorila – s – vashingtonom – s – pozicii – sily_465577.（上网时间：2021 年 12 月 26 日）

此，俄罗斯的回应同样针锋相对，包括实施制裁与驱逐外交官。

12 月 7 日，在俄美元首视频会晤上，除了乌克兰问题，双方在外交问题上也争执不下。普京表示，目前俄美关系仍然不尽如人意，主要体现在缩减外交使团方面，这是美方一手造成的。美国 5 年前开始大规模驱逐俄外交官，俄方被迫采取对等措施。①

双方在这一系列互动上，美国掌握较多优势，实施的一系列明确又有限的行动使人猝不及防，并且适时与俄开展对话互动。俄罗斯虽主动权较少，但也能随机应变、从容应对。这一年俄美间互动表面上刀刀到肉，实际却是二者在相互试探、点到即止，双方希望能借此初步了解对方的战略取向。

（二）合作领域的有限性

这一特点主要表现为两方面，分别是合作的低层次与合作的趋利性。

第一，2021 年拜登上台后与俄罗斯达成最大的合作便是延长了《新削减战略武器条约》，此后寻求与俄在全球战略稳定、气候合作、网络安全和太空领域等有限议题上开展合作，并且合作的深度较浅、力度较小。可见，俄美在这一年开展的合作领域狭窄，不够广泛，而且集中在较低层次，不够深入。

第二，俄美双方的合作体现出的不是相互认同前提下的主动吸引，他们的目的最多是避免战略失衡后极有可能发生的激烈对抗，两者缺少相互靠近的思想动力。因此，俄美只在维护全球基本和平与管控重大危机等部分议题上达成合作的意愿，在经济和文化领域上的合作意愿薄弱、动力衰微。但是，部分领域的有限合作已经难以对僵硬的俄美关系起到刺激作用。并且，两国大众以及精英界等各社会阶层的互相猜疑，也会促使两国在处理冲突和作出决策时，做出更多不友好行为，从而导致两国关系更加严峻，造成恶性循环。

---

① 《俄美元首视频会晤，普京“以攻为守”?》，新华网，2021 年 12 月 8 日，http://m.news.cn/2021－12/08/c_1128144464.htm。（上网时间：2021 年 12 月 15 日）

此后，美国可能会运用有限“温和”却不太友善的态度对待俄罗斯。美国的所谓对俄关系“接触派”的观点是：“美国需要加强与俄罗斯的合作，在合作中增强自身的竞争力，在合作中利用其弱点，抓住利用其民众和民间组织对付俄当局的机会。”

而俄罗斯当前的外交要务是得到可信且长久的安全保证。俄方在与美国及其北约盟友的对话中，坚持要求达成具体协议，以阻止其在紧靠俄边境的地区部署攻击性武器，这也是俄罗斯最想与美国达成合作的方面。

（三）明显的竞争性和对抗性

2021 年俄美对峙呈现明显竞争性与对抗性，拜登政府上台之初就明确将俄罗斯定位为美国的“敌人”，表明在对俄问题上将采取强硬立场，并且希望修复跨大西洋伙伴关系，重新恢复其在北约和国际机构中的领导角色。事实上，今天的俄罗斯早已失去了苏联时期与美国“争霸”的实力和意愿，但对于美国而言，将俄罗斯设定为“假想敌”，与欧洲盟友“共同应对俄罗斯挑战”，能够使美国凝聚西方阵营，加强与欧洲的关系。

在经济与技术层面，新冠肺炎疫情严重影响了俄罗斯的发展，打乱其经济复苏计划，社会经济基础也受到了一定的冲击。美国及盟友的表现具有明显针对性，纷纷对俄罗斯展开经济制裁，主要包括限制俄企进入国际市场、控制俄交通运输线、阻碍俄开发北极地区、冻结俄现有的石油生产和炼油项目并拒绝新合作，并对相关企业和个人实施制裁。

面对以美国为首的制裁大棒，俄罗斯呼吁各国加强自身的技术独立性，通过改用本国货币与可替代美元的世界货币来降低制裁风险，逐步脱离西方控制的国际支付体系，并建立全球反制裁联盟，打击这种非法行为。

另外，在外交领域，针对美国驱逐俄罗斯外交官等行为，俄罗斯也采取相应的反制措施，包括同等驱逐、终止 1992 年俄美关于开放天空的谅解备忘录、完全禁止美国外交使团雇佣俄罗斯和第三国公民作为行政和技术员工等。除此之外，俄罗斯还直接将美国列入“不友好国家”清单，做出了有力回击。

地区安全上，俄美纷纷在中东问题、阿富汗问题、独联体问题、边境问题等方面展开激烈交锋，尽管6月的普拜会和12月的俄美视频会晤都有提及这些问题，但双方仅在不涉及各自核心利益的问题上达成共识，很难取得重大突破。

（四）反复无常性

这一年俄美在部分领域的互动呈现出“过山车”的状态，起伏较大。4月初拜登主动邀请普京进行会晤沟通，透露两国领导人会谈要讨论的议题，主动释放“善意”并提出可合作领域，5月、6月美国却又开始对俄进行逐步施压，比如再度开展“欧洲捍卫者—2021”军演、发起金融制裁，包括限制美国投资者参与俄债券的相关措施。而俄方反制裁的方法也越来越多，其经济也能在制裁环境下稳定发展。

从上半年互相驱逐外交官，再到普拜会上双方妥协，让大使重返岗位，再到下半年俄外交官又遭到美国驱逐，两国的“外交驱逐战”反复上演。太空领域中，两国都认为对方在该领域的行动威胁到自身并对此发出警告，但中间又穿插着各自对太空展开合作的希望与期待。

总的来看，2021年俄美关系的特点呈现为：美方占据主动，俄罗斯相对被动；合作领域较为有限；竞争性与对抗性较强；两国关系在冲突与缓和中反复无常。

结　语

纵观2021年俄美互动进程，6月中旬举行的普拜会作为近3年来俄美首脑的首次面对面会谈，具有特殊性。尽管没有实质性的成果，不足以全面改善俄美关系，但两国相互试探，在一定程度上缓和了上半年的紧张关系，也为俄美下半年互动奠定了主基调：在较多领域进行博弈对抗、部分领域进行有限合作。而到2021年年末，俄美元首视频会晤与电话会谈又成为两国关系的重要节点，未来或许会在俄周边安全领域展开更深层次的较量。

综合来看，美俄关系升温的可能性较小，两国在某些具有战略性价值的领域会持续竞争，甚至还有可能会加剧博弈。

2021年俄美在北极地区的竞合新态势分析

伍洛莹　邱嘉怡　蒋雨晴　宋海莹*

【摘　要】冰川融化引发北极地缘政治变化，欧美国家与俄罗斯关系恶化。美国将俄、中两国视为北极安全的最大威胁，俄罗斯则不断提升北极的战略地位并予以应对。2021年俄罗斯和美国在北极地区的竞争加剧，双方积极开展北极军备建设、增强军事活动，竞争方式逐渐多元化；但在环境保护、渔业资源开发等“低政治”领域，双方出于利益考量进行有限合作。未来，美俄两国在北极的竞合态势将继续呈现“竞争为主、合作有限”的总基调。

【关键词】北极地区　俄美关系　竞合新态势

引　言

近年来，随着全球气候变暖，北极地区①的经济价值、战略安全价值及科学价值更加突出。相关国家的北极安全认知发生转折，国家利益对抗

* 伍洛莹、邱嘉怡、蒋雨晴、宋海莹，广东外语外贸大学国际关系学院国际政治专业2019级本科生。

① 本文认为，“北极地区”主要包括66°33′N以北的区域，即北冰洋、边缘陆地海岸带和部分岛屿，以及北极苔原带等区域，总面积约为2100万平方公里，陆地（岛屿）约800万平方公里，领土主权涉及俄罗斯、加拿大、美国、丹麦、挪威、冰岛、芬兰和瑞典八个国家。

逐步发展到北极地区。2007 年 8 月，俄罗斯在北极点的“插旗事件”正式拉开了北极争夺的序幕。乌克兰危机以来，俄罗斯与以美国为首的西方国家关系逐渐恶化，并影响了北极地区的地缘政治态势。

美国和俄罗斯两国作为全球大国，在北极地区的竞合博弈将对北极地区稳定乃至全球态势产生重要影响。俄罗斯与美国在北极地区的国家利益，不仅包括安全利益，还包括经济利益等多方面。本文将基于俄美两国在北极地区竞争与合作现状，分析两国的利益诉求及实现手段，总结竞合新态势的特点，预测并展望未来北极竞合的趋势。

一、2021 年俄美在北极地区的竞合态势

围绕自身国家利益，俄美两国在北极地区的博弈呈现新态势，但整体来看，双方竞争加剧，合作空间渐趋狭窄。俄美两国在北极地区增加军事部署，不断提高军事化程度；在大陆架划界及航道问题上两国矛盾难以解决；但在北极机制、渔业资源、气候治理等“低政治”领域进行了有限合作。

（一）俄美在北极竞争加剧

1. 军事领域趋向对抗

首先，俄美两国将军事实力视为展示自身实力和威慑对方的重要手段，近年来在北极地区不断扩大自身的军事规模。截至 2021 年底，双方在北极的军事行为模式日趋相似，军事部署日益系统化、整体化，竞争领域更加集中。美国战略与国际研究中心（CSIS）的统计数据显示，2021 年 1 月以来北极地区已知的军事活动达 59 起。其中，俄罗斯组织的军事活动为 32 起，占比达 54%；美国紧随其后，参与了 20 起军事活动，占比约 32%。[①] 可以说，

---

① “Arctic Military Activity Tracker”, CSIS, https: //arcticmilitarytracker. csis. org/.（上网时间：2021 年 12 月 15 日）

俄美在军事领域竞争趋势愈发明显。下表为笔者根据美国战略与国际研究中心数据整理的俄美两国在北极地区组织或参与的重点军事活动。

表7－1　2021年1—12月俄美在北极的重点军事行动

军事活动类型	参与国	时间	地点	备注
军事演习与训练	美国	2021.05	挪威海、北海、波罗的海、北大西洋	来自四国海军的水面作战舰艇、潜艇和两栖舰艇以及美国海军陆战队进行了拉格纳维京演习
		2021.03	瑞典北部	多个美国陆军特种部队小组参加了瑞典的年度演习，重点是侦察和寒冷天气下的生存技能
		2021.09	北海	美国B－2隐形轰炸机与挪威空军一起执行训练任务，重点是“护送程序、对峙武器使用以及压制和摧毁防空设施”
		2021.03—2021.04	挪威北部	美国海军陆战队员和水兵与挪威海军部队进行联合训练，重点是共同克服对手的防空和海防能力
		2021.05	阿拉斯加湾	美国印太司令部进行北方边缘—2021联合野外训练演习。重点是联合操作性和全域指挥与控制，并配备了电子战技术
	俄罗斯	2021.04	摩尔曼斯克州佩琴加区	俄罗斯北方舰队海军陆战队在靠近挪威边境的佩琴加区进行北极地区突击行动的训练。训练包括使用有红十字标志的医疗车进行作战
		2021.04	巴伦支海	俄罗斯在巴伦支海与挪威的海上边界附近的领海进行炮击演习
		2021.03	北冰洋，弗朗茨·约瑟夫群岛附近	三艘俄罗斯核弹道导弹潜艇在弗朗茨·约瑟夫群岛附近进行演习以测试极端天气能力。
		2021.03	楚科奇自治州	驻扎在阿纳德尔机场的两架俄罗斯太平洋舰队的米格－31BM战斗机进行了一次训练，包括模拟拦截进入俄罗斯领空的对手飞机
		2021.03	巴伦支海	俄罗斯北方舰队导弹驱逐舰“乌斯季诺夫元帅”号与俄罗斯空军和北方舰队防空协会的伊尔－38飞机进行了反潜战演习

续表

军事活动类型	参与国	时间	地点	备注
军事部署	美国	2021.08—2021.09	冰岛，凯夫拉维克空军基地	三架美国 B-2 隐形轰炸机被部署到凯夫拉维克空军基地，与北约各国完成了多项训练任务
		2021.02	挪威，奥兰空军基地	美国空军的四架 B-1B 飞机和支援人员前往挪威，开始在北欧进行一系列的部署
	俄罗斯	2021.04	挪威海	由俄罗斯北方舰队的舰船组成的“特遣部队”通过进入挪威海，进行反潜战演习，并“确保俄罗斯渔民的安全”
导弹试验	俄罗斯	2021.09	亚历山大陆岛、巴伦支海	在“卡萨托诺夫海军上将”号护卫舰的协助下，俄罗斯试射一枚反舰巡航导弹，并摧毁了巴伦支海的一个目标
		2021.07	巴伦支海、白海	俄罗斯护卫舰“戈尔什科夫海军上将”号从白海向350公里外的巴伦支海沿岸的地面目标发射一枚“锆石”高超音速巡航导弹
		2021.02	挪威海、巴伦支海	在宣布将美国 B-1B 轰炸机部署到挪威北部后不久，俄罗斯宣布将在挪威和熊岛之间的“熊口”进行导弹测试
		2021.01	巴伦支海、白海	俄罗斯首次从核动力潜艇上试射其“锆石”高超音速巡航导弹且击中一个目标

其次，俄美两国也纷纷加强在北极的军事能力。俄罗斯花费了数十年时间和相当于数十亿美元的资金，建设或升级了至少 16 个深水港口和 14 个机场，累计建造了 50 多艘破冰船（包括 6 艘核动力破冰船）。同时，俄军方还建立了一个新的北极军事指挥部，在该地区部署空中与导弹防御系统、升级武器装备，加强军队训练，并建立搜索和救援基础设施，以保证

区域防御能力。[①] 尽管美国在北极地区缺乏深水港口吞吐能力，也缺乏常规动力破冰船，但在政府智库和海岸警卫队的建议下，美国将在未来十年改变这种状况，计划在不久后增加 3 艘破冰船和 2 个新的深水港口。[②] 同时，美国为首的西方国家无意与俄罗斯建立北极军事安全联络对话机制，这也在一定程度上阻碍了北极军事联络机制的发展。

2. 经济领域摩擦持续加大

首先，俄美北极资源开发根本分歧难以弥合。在油气资源开发方面，俄罗斯的态度一直十分积极，即使在油价低迷的国际市场环境之下，俄罗斯仍然坚持在北极进行勘探。俄罗斯在《2035 年前俄罗斯联邦北极地区发展和国家安全保障战略》（以下简称“2035 北极战略”）中提到，将在北极寻找新的能源产地，加大开发北极大陆架、陆地的力度。[③] 2020 年，俄罗斯政府批准了一项价值超过 3000 亿美元的激励计划，包括用于北极地区的油气开采项目。[④] 而美国的北极油气资源开发进程受气候议题影响较大。拜登上台后，美国不仅取消了在北极国家野生动物保护区进行石油勘探的计划，还永久禁止沿整个大西洋和太平洋海岸以及墨西哥湾东部进行新的近海钻探。可见，美国在油气资源开发上不如俄罗斯积极，但也不希望俄

---

① “Russia Building World’s ‘Most Powerful Fleet of Icebreakers,’ Putin Says as Race for Arctic Heats Up”, Sputniknews, April 14, 2021, https://sputniknews.com/20210414/russia-building-worlds-most-powerful-fleet-of-icebreakers-putin-says-as-race-for-arctic-heats-up-1082629744.html.（上网时间：2021 年 12 月 16 日）

② “Is the United States Having an ‘Arctic Moment’ on Icebreaker Acquisition?” CSIS, June 12, 2020, https://www.csis.org/analysis/united-states-having-arctic-moment-icebreaker-acquisition.（上网时间：2021 年 12 月 16 日）

③ 2020 年 12 月，俄副总理特鲁特涅夫宣布，俄远东和北极发展部向俄政府提交了旨在执行“2035 北极原则”和“2035 北极战略”的行动规划草案，该草案的实施期限为 2021—2024 年。参见 Лена Березина. В правительство внесена новая госпрограмма развития Арктической зоны, ФГБУ, Редакция《Российской газеты》, https://rg.ru/2020/12/25/v-pravitelstvo-vnesena-novaia-gosprogramma-razvitiia-arkticheskoj-zony.html.（上网时间：2021 年 12 月 16 日）

④ “Carnegie Endowment for International Peace: Russia in the Arctic—A Critical Examination”, Carnegie Endowment for International Peace, March 29, 2021, https://carnegieendowment.org/2021/03/29/russia-in-arctic-critical-examination-pub-84181%20--with-chrome-plus-plus%20--disable-features=RendererCodeIntegrity.（上网时间：2021 年 12 月 17 日）

继续加快开发北极油气资源。

其次，俄美双方对北方海航道航行自由存在争议，俄罗斯国内法规定的强制性航行许可制度等文件超出了《联合国海洋法公约》的界限，美国虽没有加入公约，但坚持认为北方海航道为极具代表性的国际航道，各国均能自由航行。[①] 简言之，大陆架划界问题、航道自由通行问题与能源问题是相互联系的，其本质上都是对海洋资源的争夺。

3. 通信技术领域角逐优势地位

俄美争相加强北极通信设施建设。2021 年 3 月，俄罗斯科学家开发研究的流星通信系统，不仅有利于开发俄属北极地区新的定居点和港口基础设施，也有利于空中和海上导航、地质勘探和军事设施的运作，从而帮助俄取得在北极军事技术的先机。[②] 同时，俄罗斯政府在"2035 北极战略"中也强调其将致力于扩大在北极数字技术的连接。比如开始铺设一条 1.4 万公里长、可延伸至整个北方航道的光纤电缆以及整合数字技术以改进石油公司运营和开采时间等。[③]

美国也不甘落后。2021 年 5 月，美国空军研究实验室（AFRL）与休斯网络系统（Hughes Network System）、一网（OneWeb）两家公司合作，使用一网公司的新型商业宽带卫星，以填补军方在北极通信方面的空白。一网公司计划继续扩大卫星群规模，力争在 2021 年底之前覆盖北极地区。[④] 基于通信基础设施的建设与技术的发展，俄美在北极地区的竞争也开始转向网络空间优势地位的争夺。[⑤]

---

① 牛玉莹：《美俄在北极地区的博弈研究》，黑龙江大学硕士学位论文，第 33 页。

② "Russian scientists create meteor communications system for Arctic", TASS, March 6, 2021, https: //tass. com/science/1263191.（上网时间：2021 年 12 月 17 日）

③ "Strategy for the Development of the Russian Arctic Zone and Provision of National Security Through 2035", Pravo. gov. ru.

④ Nathan Strout, "Hughes and OneWeb working to fill military's Arctic communication gap", May 7, 2021, https: //www. c4isrnet. com/battlefield – tech/space/2021/05/06/hughes – and – oneweb – working – to – fill – militarys – arctic – communication – gap/.（上网时间：2021 年 12 月 17 日）

⑤ 赵子鹏、杨胜利、张奇：《警惕美俄竞争下的网络空间"阿富汗化"》，《信息安全与通信保密》2021 年第 10 期，第 2—8 页。

（二）俄美在北极进行有限合作

1. 北极治理机制建设趋缓

俄美在北极理事会合作中仍存在难以调和的矛盾。① 2020 年 5 月 22 日俄罗斯外交部北极国际合作大使尼古拉· 科尔丘诺夫指出，俄罗斯正在北极理事会所规定的框架内与美国进行建设性的互动，并指出重点是将这种关系扩大到多边和双边合作的其他领域。接任北极理事会主席后，俄罗斯也承诺开展区域合作，以减少温室气体排放、吸引投资和改善原住民生活，这与美国在北极地区所关注的议题具有一定的重合。

但不可否认的是，尽管俄罗斯政府在战略文件及讲话中多次谈及北极环境可持续发展的重要性，但其实际重点仍在于北极开发与经济效益，尤其是化石燃料、矿产开采和过境商机。② 而这也与美国一直以来所强调的“北极地区应专注于环境保护、气候安全议题”的观点存在根本性的矛盾，因此合作的空间也十分有限。

2. 俄美在北极渔业领域保持低限度合作

俄美两国都非常注重渔业资源上的合作，早在 1988 年双方就通过建立美苏政府间渔业协商委员会进行合作。2013 年俄美又签署了一项联合声明，加强北极渔业管理。2021 年 6 月，美、俄、中、日等国签署了《预防中北冰洋不受管制公海渔业协定》，明确禁止在中北冰洋大片公海地区进

---

① 注：北极理事会于 1996 年依据《渥太华宣言》成立，关注领域包括环境保护、科学研究和可持续发展等问题，军事和安全问题被排除在外。它是处理北极地区治理与合作问题的主要国际论坛，同时汇集了八个北极成员国、北极地区的原住民组织以及包括中国在内的若干观察员国和组织。

② Colin Wall，“U. S. – Russian Arctic Relations：A Change in Climate?” March 31，2021 https：//www. csis. org/analysis/us – russian – arctic – relations – change – climate. （上网时间：2021 年 12 月 17 日）

行无管制捕捞，以便于监测捕鱼活动、解决渔业争端及保护北极生态环境。[①] 俄罗斯还参加了“北极五国论坛”，与加拿大、丹麦等国共同讨论、处理渔业管理等北极事务。[②]

3. 气候治理、环境保护转向合作

首先，俄美形成了北极地区关于气候治理的共识。2021 年 2 月 13 日，美气候变化问题特使及前国务卿约翰·克里和俄外交部部长拉夫罗夫通电话，双方同意在气候变化问题上共同努力。[③] 9 月至 10 月，俄美等国的科学家开展北极气候变化研究联合考察，对气候变化条件下的冰层、海水和大气层的变化机制进行了综合研究，结论显示应对北极气候问题刻不容缓，为俄美在北极地区开展更深层次的气候治理合作打下了一定的基础。

其次，俄美也积极展开海峡海洋污染治理合作。比如，2021 年 2 月美国海岸警卫队和俄罗斯联邦海上救援局签署了“联合应急计划”，以应对白令海和楚科奇海的污染。自 1989 年以来，美国和俄罗斯一直就该领域的跨界海洋污染防范和应对开展双边合作。[④]

---

① 大卫·巴尔顿：《里程碑式的北极渔业协定生效》，中外对话，2021 年 8 月 24 日，https：//chinadialogueocean. net/18300 – landmark – arctic – fisheries – agreement – enters – into – force/?lang = zh – hans。（上网时间：2021 年 12 月 20 日）

② “北极五国论坛”通常是一个讨论海洋问题的论坛，包括渔业管理和大陆架主权问题。作为一个非正式组织，它有足够的灵活性来根据需要处理各项问题。

③ Colin Wall，“U. S. – Russian Arctic Relations：A Change in Climate?” March 31，2021，https：//www. csis. org/analysis/us – russian – arctic – relations – change – climate.（上网时间：2021 年 12 月 17 日）

④ Alaska Business，“US and Russia Sign Joint Contingency Plan for Pollution Response in Bering and Chukchi Seas”，Feb. 4，2021，https：//www. akbizmag. com/industry/government/us – and – russia – sign – joint – contingency – plan – for – pollution – response – in – bering – and – chukchi – seas/.（上网时间：2021 年 12 月 16 日）

二、俄美在北极的利益诉求

（一）俄罗斯的利益诉求

1. 俄罗斯的核心安全利益：不断加强北极军事存在

在“2035 北极战略”① 中，俄表明将竭尽全力维护国家主权不受侵害。维护国家安全利益，维护在北极的主导地位，排斥以美为首的北约势力进入北极，是俄罗斯在北极地区加强军事存在的首要利益诉求。

北极对于维护俄罗斯的国家安全非常关键。位于北极圈的摩尔曼斯克海军基地、负责管辖北极的北方舰队等皆是维护俄安全利益的重点，且北方海航道具有重要战略价值。此外，21 世纪以来，气候变暖给北极带来了极大的影响，北极资源和经济价值提升，其地缘战略价值也随之上升，而这些资源价值的获取都需要军事力量去维护。气候变暖也导致了北极地区面临的安全隐患增加，俄有必要加强军事建设，维护边防安全。

在 2014 年乌克兰危机后，俄美关系全面恶化，俄罗斯更是迅速增强了全球层面的军事存在，包括北极地区。随后，俄罗斯进一步提升北极的战略地位，认为北极是突破欧美封锁的重要出口，美国是在北极安全领域的最大威胁。俄美在北极地区的安全利益难以调和，这极大地阻碍了北极地区的和平合作与发展。

总的来说，俄罗斯在北极地区加强军事存在，既是为了应对气候变暖带来的挑战，保障俄经济安全与发展，也是为了制衡以美国为首的北约组织，应对西方的制裁，争夺北极主导权，推动国家发展。俄罗斯在北极地区的军事安全利益主要是通过加强军事演习、推进军事基础设施建设等威慑手段进行。

---

① “Strategy for the Development of the Russian Arctic Zone and Provision of National Security Through 2035”, Pravo. gov. ru.

2. 俄罗斯的绿色环保利益：北极地区需要应对气候变暖的挑战

俄“2035北极战略”将“北极气候剧烈变暖，速度是整个地球的2—2.5倍”视为俄北极地区发展和国家安全面临的首要风险和威胁。

气候变暖对俄在北极地区的损害非常大。伴随着温度的升高，一些因气候异常而起的灾难随之爆发：北极地区的土壤含有大量泥炭，这些泥炭是由尚未完全分解的苔藓、树木和灌木的碎屑等植物组成，泥炭可以为火提供一个栖息地，由于积雪下氧气含量低，火苗慢慢地阴燃；北极变暖甚至还与沙尘暴有某种联系；[①] 融化的冻土层所释放的病毒对生物有致命威胁；边界也面临着安全隐患；[②] 气候变暖损害了北极地区的基础设施……俄罗斯在看到气候变暖所带来的经济利益的同时，也注意到了其负面影响。俄罗斯拥有广阔的北极领土，除了丰富的自然资源外，还有许多北极原住居民依然生活在北极地区。普京近年来不断发布优惠政策，吸引俄罗斯居民前往北极就业、居住，北极的基础设施建设也在不断完善之中。

气候治理问题属于俄罗斯与以美国为首的西方国家可以进行合作的领域之一。西方的制裁、碳税在俄欧能源贸易中的应用等促使俄罗斯转向，因此，俄罗斯参与气候治理主要是出于经济利益的考量。欧盟一直以来在气候治理上都有着较高的话语权与领导力，俄罗斯积极参与气候治理，也是向欧洲国家释放友好合作的信号。

俄罗斯既不愿被全球气候治理机制排除在外，也不愿在此议题上被他国所钳制。凭借自身地缘优势，俄罗斯在北极气候治理中发挥着关键作用，且其在北极拥有巨大利益，因此俄不愿将气候治理的话语主导权拱手让人，必将竭力维护自身权益，争夺主导权。

目前，出于保护北极基础设施，减少经济损失，加强气候治理，向西方国家释放友好信号，以及加入气候治理制度制定，争夺主导权等多方面因素考量，俄罗斯积极参与北极地区的环保治理，应对气候挑战。在目的

---

① 严毅梅：《气候变暖重塑北极》，《风流一代》2021年第29期，第54—55页。

② 朱燕、王树春：《新版俄罗斯北极政策：变化、原因及特点》，《中国海洋大学学报（社会科学版）》2021年第5期，第46—57页。

达成的过程中，俄主要运用多边外交的合作手段。

3. 俄罗斯的资源、经济利益：积极开发北极资源

北极地区海域辽阔，自然资源丰富。其中，石油、天然气等油气资源最具开采价值，俄罗斯的油气资源开发是本国经济发展的支柱，同时也为全球能源市场提供大量供给。俄罗斯是全球主要的油气资源出口国，所产出的 83% 原油以及 17% 天然气是其经济收入的重要来源。① 根据相关机构数据，北极地区蕴藏的油气资源约占全球未开发石油资源的 13% 、天然气的 30% ,② 俄罗斯断然不会停止开发北极能源资源的脚步。

乌克兰危机出现后，美国等国家对俄罗斯实施经济、政治及金融制裁，不仅导致俄企融资受限且融资成本增加，还阻断了俄罗斯获取技术的通道，大大打击了俄罗斯的经济发展。此外，俄罗斯的经济产业结构十分不平衡，能源产业是国内的重点，据数据显示，2018 年“资源型产品”的出口占俄出口总额的 83% ,③ 由此可见，俄罗斯将不会放弃能源开发。

北极地区还蕴藏着丰富的矿产资源。铜、钴、铅、锌、金、金刚石和稀有元素等矿产资源也是俄罗斯开发北极资源的关键一环。据评估，北极地区集中了俄罗斯 100% 的金刚石和锑、60% 的铜、90% 的镍和钴、90% 的铬和锰、47% 的铂族金属等。④ 北极矿物原料矿藏总价值超过 30 万亿美元，可见开发北极矿产资源对俄罗斯经济发展非常关键。如今，在绿色经济的背景下，开发清洁型矿产资源也是俄罗斯战略规划的重要一环，此举有利于推动俄经济转型与可持续发展。

---

① “The Arctic zone today”, Arctic Russia, https: //arctic – russia. ru/en/. （上网时间：2021 年 12 月 16 日）

② “The Arctic zone today”, Arctic Russia, https: //arctic – russia. ru/en/. （上网时间：2021 年 12 月 16 日）

③ 余南平、夏菁：《俄罗斯经济：结构现状及在全球价值链中的角色》，《俄罗斯东欧中亚研究》2021 年第 1 期，第 155—156 页。

④ 《普京：北极矿藏超 30 万亿美元，俄愿与外国伙伴共同开发》，中青在线，2017 年 3 月 31 日，http: //news. cyol. com/content/2017 – 03/31/content_15862109. htm。（上网时间：2021 年 12 月 25 日）

除了油气和矿产资源以外，渔业资源等生物资源也是北极众多自然资源的一部分。俄罗斯远东海岸线漫长，鱼类捕捞、养殖和加工量占领先地位，具有广阔的发展潜力，能够为俄罗斯带来丰厚的经济收益。据俄“2035 北极战略”，未来渔业部门将朝着实施可持续渔业管理政策、与北极和非北极国家开展渔业的国际合作等方向发展。

北极地区不仅有海洋鱼类，还有许多极具魅力的标志性物种，例如北极熊、独角鲸、海象、驯鹿、麝牛、北极狐、极北鸥、雪鸮。这些不同的生物在维护北极生态系统结构和功能的健康完整方面具有重要意义，在一定程度上促进俄经济可持续发展。北极最典型的植物是泰加林带中的落叶松。在俄罗斯的西伯利亚地区，木材工业是当地主要的经济支柱产业。而俄在北极泰加林带中的丰富木材，便成为木材工业的主要来源，对俄具有极大经济利益。

北极地区复杂的地理环境和气候条件制约着俄罗斯在北极地区的资源开发，增加了北极渔业治理的难度，单靠一国之力难以承担北极资源开发所需的技术和资金。北极海域广阔，关乎许多国家的利益，需要各国积极参与。因此，俄罗斯加强在北极地区的资源开发，促进北极经济的可持续发展，需要通过国际合作、共同开发的手段来实现。

4. 俄罗斯的科技利益：渴望在北极的新兴技术发展中抢占先机

科学技术水平的提高，可以极大地推动现代生产力发展，并克服前进道路上的阻碍。2021 年，俄罗斯将“北极气候剧烈变暖”视为极大的风险，除了关注气候变暖带来的经济效益外，也注意到了其负面效应。此外，开发北极资源是俄罗斯发展经济的核心之一，但是其开发技术显然不足以支撑该任务。俄罗斯北极地区数字化计划将有望帮助其在各种地形中找到独特的钻探方法，同时，俄罗斯还发展各种空间检测系统和信息技术，这也有利于全面持续地支持北极航行与其他活动。俄罗斯不断地提升其在北极地区的科学技术水平，也是为了争夺北极主导权，对抗西方包围和孤立俄罗斯的企图。俄罗斯与美国之间的竞争逐渐转向网络空间等非传统安全领域，同时在一定程度上推动其结构转型，提高独立自主能力。

总的来说，俄罗斯希望在北极新兴技术发展中抢占先机，不仅是为了应对气候变化的挑战，更是为了应对以美国为首的西方国家的围堵，推动能源开发，增强自身实力。其中，科技设备、基础设施等主要是俄罗斯独立研发，而科学考察等活动则是联合他国共同进行。

5. 俄罗斯的交通利益：俄罗斯希望完全控制北方海航道

俄罗斯在“2020年北极战略”中计划在2035年前将北方海航道建设成具有竞争力的亚欧海上走廊，开发北方海航道、发展经济是俄在北极的主要目标。

目前，俄罗斯与美国在北方海航道上的航行自由争端较大。俄罗斯以其天然的地缘优势为由，声称北方海航道是其内水，且制订了相关法律法规，对该航道的往来船只进行强制监管。俄罗斯之所以坚持北方海航道“内水化”的主张，是由其国家利益所决定的。早在苏联时期，俄罗斯就已经要求所有往来的船只都应该向俄支付通行费，进行相关的管理和立法活动，因此俄罗斯认为这是其历史性水域。当今，在气候变暖的影响下，北方海航道的开通既能带来巨大的经济效益，也能克服受积冰阻碍的困难，改变全球海上交通运输格局。俄罗斯政府官员表示，到2035年前，北方海航道的货运量将扩大到1.55亿吨。[①] 北方海航道的开通可以极大缩短航道沿线国家间的航运距离与时间，降低航运成本，提高经济效益；还可以促进航道沿线国对港口、基础设施等投资，促进经济发展。

俄罗斯在北方海航道问题上，不断重申扇形原则、历史性水域以及直线基线，坚称北方海航道里内水的法律地位，与美国进行航行自由的辩论。俄罗斯在北极的战略目的主要依靠地缘优势和强大的军事力量来实现，为了控制北方海航道，俄罗斯会不断加强在该地区的军事存在，以北方舰队为主要力量，确保俄罗斯的航道利益，将北约北极军事影响排除在外。

总的来说，俄主要运用运用军事、法律手段维护北方海航道的交通利益。

---

① 《2035年前北方航道货运量有望达到1.55亿吨》，新华丝路网，2018年7月30日，http：//www.xinhuanet.com。（上网时间：2021年12月16日）

（二）美国的利益诉求

相较于俄罗斯在北极方面投入了较大的人力、物力，密切关注北极沿岸各国的安全防御举动，美国稍显落后。近年来，美国也陆续出台北极相关文件，国家北极利益有了更清晰的指向，北极安全利益上升为核心利益，希望将北约在北极的军事安全存在扩大化、常态化，最终削弱俄罗斯的地区主导地位，更好地应对“俄罗斯地区安全威胁”。然而，对美国而言，北极开发并非国家对外政策首要重点，美在北极方面的迫切程度远低于俄罗斯，行动优势也远不及俄罗斯。[①] 美国在俄美北极关系中的利益诉求点可以总结为：从北极各领域情况来看，美希望在俄美北极竞争中占据上风，但从整体利益视角出发，美国不愿在北极直接对抗俄罗斯，消耗过多国内资源。

1. 美国及其盟友的核心安全利益：推动美及盟友的北极军事存在常态化

近年来，美国核心利益诉求清晰指向军事安全利益的维护，[②] 应对俄

---

① 美国领土约占北极海岸线的3.8%，俄罗斯约占53%，美国的北极经济足迹比俄罗斯小7倍，仅占年度GDP的0.3%，而俄罗斯经济的15%—20%来自北极能源开采。详见George Soroka, “Putin's Arctic Ambitions”, Foreign Affairs, 2016, https://www.foreignaffairs.com/articles/russia－fsu/2016－05－05/putins－arctic－ambitions; Thad Allen, Christine, Todd Whitman, and Esther Brimmer, “Arctic Imperatives: Reinforcing U.S. Strategy on America's Fourth Coast”, Council on Foreign Relations, 2017, https://www.cfr.org/content/publications/attachments/TFR75_Arctic.pdf.（上网时间：2021年12月07日）

② 冷战后，美国在北极地区的利益重点集中于非传统安全下的生态保护等领域，安全利益规划远落后于俄罗斯。2013年，美国曾经出台《北极地区国家战略》，点明维护国家安全利益属于美国北极战略中最为突出的内容；2019年4月，美国海岸警卫队发布了《北极战略展望》（Arctic Strategic Outlook），标志着美国对北极安全战略的重视进入新阶段，此后美国军方密集制定北极安全战略，安全利益诉求更加清晰。同年6月，国防部发布了其北极战略文件；2020年7月，美国空军发布了首份军种北极战略文件；2021年1月，美国海军发布了名为《蓝色北极》（A Blue Arctic, a Strategic Blue Print for the Arctic）的海军北极战略文件；2021年1月，美国国土安全部发布了其有史以来第一份北极战略；2021年3月，美国陆军首次发布了《夺回北极主导权》的北极战略文件。参见郭培清、邹琪：《特朗普政府北极政策的调整》，《国际论坛》，2019年第4期，第20—28页；牛玉莹：《美俄在北极地区的博弈研究》，黑龙江大学硕士研究生学位论文，2021年，第11—16页。

罗斯扩大北极军事存在带来的影响。俄罗斯重新恢复过去苏联在北极的军事存在，取得了重大进展，北极军事建设更加系统化、一体化，引发了美国的强烈关切。此外，俄在北极的现代防空导弹和反舰导弹系统使其在该地区建立有效的防御系统成为可能；① 而美国在阿拉斯加地区的战略导弹防御系统能力低于俄罗斯。② 俄罗斯日益扩大在北极的军事存在，引发美国及盟友的担忧。③

美国认为，北极地区的安全挑战日益严峻。其一，受北极海冰消融等环境变化的影响，北极从确保美国国家安全的"战略屏障""避难所"演变为本土防御的"最前线"；④ 其二，俄罗斯在占据北极地区主导权的前提下，不断增加北极军力建设投入，相对实力优势明显，对美及其盟友构成潜在安全威胁。2021 年，俄调整军事编制体制，北方舰队正式成为独立军事行政单位，即"第五军区"，享有更大跨军种和战略地区指挥权限。对美国而言，这预示着俄罗斯将更加重视北极军事事务。

因此，美国在俄美北极竞合中的核心安全利益主要有三点：一是应对俄罗斯在北极地区安全威胁，防止俄罗斯在该地区的主导地位对美国及盟友产生不利影响；二是防御俄罗斯的弹道导弹；⑤ 三是向在俄周围的美国

---

① 《俄议员：俄确保北极安全的工作不意味地区军事化》，俄罗斯卫星通讯社网，2021 年 6 月 17 日，https：//big5. sputniknews. cn/russia/202106171033916478/。（上网时间：2021 年 12 月 08 日）

② 俄罗斯雷达系统"天空—SVU"，"皓石""匕首"等高超音速导弹均已成功在北极试验，为构建战略非核威慑力量提供了基础，俄罗斯的海岸防御体系成熟完备，可以在几秒之内打到美国本土。详见《俄北方舰队在北极演习中实施 6 次巡航导弹发射》，俄罗斯卫星通讯社网，2021 年 6 月 17 日，https：//big5. sputniknews. cn/russia/202106171033916478/。（上网时间：2021 年 12 月 08 日）

③ 尽管俄罗斯声称北极军事存在是防御性的，但显然，在近年俄美政治安全互信走低的情况下，俄美北极安全关系的不信任也会受到影响，美国始终没有相信这是俄罗斯的真实目的，而是通过俄罗斯北极军事建设升级的信号，得到俄罗斯在北极加强周边安全威胁的信号。

④ 美北方司令部司令兼北美防空司令部司令奥肖内西在 2019 年初判断，即美本土防御的前线正向北移动，北极已不再是"避难所"，而是防御"最前线"。详见《剑指北极，美陆军蠢蠢欲动》，新华网，2021 年 4 月 15 日，http：//www. xinhuanet. com/globe/2021 - 04/15/c_139863931. htm。（上网时间：2021 年 12 月 08 日）

⑤ 俄罗斯北极地区建立了"棱堡—P"岸防反舰导弹系统、"铠甲—S1"弹炮合一防空系统和 S - 400 防空反导系统组成的多层次海岸防御体系，为深入北极圈的俄领土提供可靠安全保障。战备建设方面，俄方在北极方向的系列举动，也促使美陆军加速将俄作为主要对手，促使美国提升自身北极军事能力建设进程。

盟友释放防卫信号，增强盟友信心。

基于上述目的，美国为首的北约不断加强在北极的军事存在，通过一系列方式阻止俄罗斯继续提升在北极的主导地位。美国国内在武器装备与基础设施部署方面投入更多的财力、物力：2021 财年美国的破冰船建造、F－35 战斗机、战略轰炸机等预算明显增加，轰炸机相继被调派至挪威，以挪威为北极的主要立足点，部署军事侦察和监视装备，并发展军民两用基础设施，缩小美及其盟友与俄罗斯的差距。① 截至 2021 年，美国各军种都出台了较为明晰的北极战略，计划为北极地区军事行动创建一个指挥中心，② 紧密结合北极及其他兵种武装部队的发展。此外，以美为首的北约不断增加在北极的活动时间与范围，③ 联合军事行动逐渐机制化、常态化，给俄罗斯带来一定压力。

2. 美国的航道利益：实现北方海航道的航行自由

美国主张的北方海航道航行自由，是美在北极对俄最直观、最明显的利益诉求，也是俄美北极竞合的焦点冲突之一。

俄罗斯主张对北方海航道享有完全控制权，严格监管该航道的安全。④ 美国前海军部长布雷斯韦特说，“美国保留‘在世界这一区域有更多存在’

① 《俄北方舰队司令：美国视挪威为在北极的主要立足点 并部署侦查和监视设备》，俄罗斯卫星通讯社网，2021 年 5 月 14 日，https：//big5. sputniknews. cn/military/202105141033685538/；《美军从北极向俄罗斯发送“信号”》，俄罗斯卫星通讯社网，2021 年 5 月 29 日，https：//big5. sputniknews. cn/military/202105291033790729/。（上网时间：2021 年 12 月 08 日）

② 2021 年美国建立北极安全研究中心（泰德史蒂文森北极安全研究中心）——这是国防部的第六个区域中心，未来美国将加快统一北极指挥行动，应对俄北方舰队的独立压力，提升美国北极军事作战实力。

③ 北约海军力量开始定期进行水面舰艇单舰和联合巡航，这是二战以来几乎没有出现过的情况。此外，美军潜艇和舰艇在巴伦支海和挪威海停留的时间也增加了，莫伊谢耶夫海军上将表示这是挑衅行为。据莫伊谢耶夫介绍，2021 年，北约成员国在北极地区举行了 20 次演习，2021 年美国和挪威等国在北极有 10 次飞行。

④ 2019 年 3 月，俄国防部公布了外国军舰进入北方海航道需提前 45 天通知的规定，同时增加北方海航道沿途驻军；为加强对北方海航道的安全管控，俄罗斯要求外国军舰至少提前 45 天提交航行申请并配备俄籍领航员，限制外国军舰进入北方海航道及邻近海域。详见 Холодная волна：иностранцам создали правила прохода Севморпути//Известия. 6марта 2019г. （上网时间：2021 年 12 月 7 日）

的权利，俄罗斯在北方海航道对别国的部分要求是非法的。”① 北方海航道作为俄罗斯的专属经济区，美国如果进入北方海航道的内水、开展航行自由行动，俄罗斯会强烈反对美国行动。因此，“当北方海航道开通时，美国海军将保证我们的合作伙伴享有航行自由”，美国将研发、完善能够在特殊气候运作的军备，建造防冰加固的水面舰艇、破冰船等，加强各军种之间的合作。②

3. 美国的绿色环保利益：努力与俄罗斯形成利益交集

在美国国内，多数党派人士都偏好在北极地区实施环境保护和减缓气候变化政策，但遇到了共同的困境：尽管制定了丰富的战略，美国未能分配足够的预算资源落实战略，国家北极气候和北极经济政策均未能维持超过四年或八年，增加了北极国际合作的难度和挑战。③ 美国认为，针对气候变化的俄美接触已成为当务之急：俄罗斯和美国都是世界碳排放大国，两国都在努力调整经济模式，缓解气候变化危机。俄罗斯广阔的永久冻土层正在加速融化，极有可能成为全球碳、甲烷排放的定时炸弹。基于此，美国希望借俄罗斯成为北极理事会主席国之际，加强与俄气候合作，在气候方面展开高层对话，共同应对北极气候挑战。④

---

① 2019 年，时任国务卿迈克尔·蓬佩奥批评俄罗斯在北方海航道国际水域的军事化行为，指出“莫斯科已经非法地要求其他国家拥有通过准许，要求俄籍领航员在外国船只，并威胁要使用武力击沉任何不遵守他们要求的人”。详见 U. S. Department of State，“Looking North：Sharpening America's Arctic Focus，” remarks by Secretary of State Michael Pompeo，2019。

② 美国等国家的北极装备落后于俄罗斯，船舰需要在海岸极浅且危险的大陆架上航行。俄罗斯目前已经建造“彼得·莫尔古诺夫”号，是世界上唯一一个在海上使用浮桥设备实施从舰船向没有装备的海岸上不接触式卸载海军陆战队员和设备的两栖登陆舰。

③ Heather A. Conley and Colin Wall，“U. S. – Russian Arctic Relations：A Change in Climate?” March 31，2021，https：//www. csis. org/analysis/us – russian – arctic – relations – change – climate.（上网时间：2021 年 12 月 08 日）

④ 《普京总统：重要的是我们将如何在阿富汗问题上与美国建立关系》，俄罗斯卫星通讯网，2021 年 6 月 17 日，https：//sputniknews. cn/politics/202106171033919237/；《拉夫罗夫在北极理事会与布林肯举行第二次会面》，俄罗斯卫星通讯网，2021 年 5 月 20 日，https：//big5. sputniknews. cn/politics/202105201033730528/。（上网时间：2021 年 12 月 08 日）

三、俄美在北极的竞合特点

（一）呈现竞争为主、合作有限的总基调

综合来看，俄美两国在北极地区时刻保持竞争为主、合作有限的竞合状态。俄美两国在军事、科技、规则制定等领域竞争激烈，在能源开发理念等方面存在较大分歧。但俄美具有一定的合作空间，两国在科学考察、环境保护、渔业资源开发等方面存在合作的必要性。

1. 核心诉求集中于“高政治”领域，且明显对立

正如前文所述，俄美在北极的核心诉求集中在“高政治”领域。在国家安全方面，俄罗斯有意维护国家安全，维持在北极的主导地位，美国则是期望扩大在北极的影响力，应对俄罗斯军事威胁，满足其盟友的安全利益诉求。基于此目标，2021 年俄美两国在北极出于防御目的，采取了一系列军事行动：美国陆军首次发布《夺回北极主导权》的北极战略文件；俄美两国军演行动日趋频繁，截至 2021 年，俄罗斯在北极的军事活动高达 32 次，有美国参与的军事活动高达 20 次；[①] 为持续增强在北极地区的军力建设，俄美都加强部队部署和战略武器升级，其中美国《国防授权法案》中指出，将建设泰德·史蒂文森安全研究中心，俄罗斯也于 2021 年 1 月 1 日将北方舰队升级为第五大军区。由此可见，俄美安全利益诉求高度集中且对立。

除此之外，在经济领域，俄罗斯希望掌握北方海航道的控制权，借航道发展国家经济，但是美国则是秉持“航行自由”的观点，借此攻击俄罗斯，其深层次目的是不希望俄罗斯借此乘上经济发展的快车。显而易见，俄美两国在经济领域的立场也较为对立。

---

① 军事活动包括演习和训练、部署、导弹测试、海军事件、飞越、防空行动和空中警戒。详见“Arctic Military Activity Tracker”，CSIS，https：//arcticmilitarytracker. csis. org/。（上网时间：2021 年 12 月 15 日）

最后，在规则制定领域，俄美都希望夺得该地区的规则制定主导权，两国都不希望被一方规则排除在外，这也是俄罗斯近两年来转变态度、参与气候治理的原因之一。

综上所述，俄美两国核心诉求集中在军事、经济和规则制定等“高政治”领域，并且立场对立，故在这些领域，竞争远大于合作。

2. “低政治”领域合作空间较大，但根本利益诉求难以调和

不同于“高政治”领域，俄美在“低政治”领域合作空间较大。基于北极脆弱的生态环境以及共同应对气候威胁的需求，俄美在科学考察、环境保护、渔业资源开发等“低政治”领域存在利益交汇点，合作空间较大。如俄美举行的南森和阿蒙森盆地观测系统联合科学考察、就气候问题展开的多次对话、在白令海和楚科奇海展开的反污染合作，以及6月份签署的《预防中北冰洋不受管制公海渔业协定》等。

但是，这并不意味着两国在这些领域能够进行深入合作，从而改变俄美关系竞争大于合作的现状。在根本利益诉求上，俄美难以调和。美国一贯倡导环境保护；俄罗斯虽然改变以往态度，开始重视气候治理，但是并没有放弃利用能源开发发展经济的根本立场。从其战略中也可得知，俄罗斯对北极资源开发模式有了更加细致的规定，如从大陆架油气资源开发转向陆地液化天然气和煤炭开发，开发主体将吸纳更多私人投资，更加强调开发技术的升级，[①] 究其本质，俄罗斯对能源开发的优先级并没有改变。

3. 竞争方式逐渐从单一集中转向多元化

俄美在北极地区的竞争不再是通过单一的军事、外交和经济制裁等手段，而是逐渐转向多元化。首先，俄罗斯更倾向于利用科学证明的方式，而非利用武力争夺对大陆架进行划定，最终比拼的是科学技术的先进性；其次，俄罗斯对北方海航道控制权的合法性是根据《联合国海洋法公约》

---

① 朱燕、王树春：《新版俄罗斯北极政策：变化、原因及特点》，《中国海洋大学学报（社会科学版）》2021年第5期，第46—57页。

第234条；[①] 最后，俄美通过在北极理事会中争夺规则制定权来扩大在北极地区的影响力，而非单纯地利用军事和经济手段。由此可见，俄美在北极地区的竞争方式转向多元化，科学技术、法律以及地区规则主导权等方式在竞争中的重要性逐渐凸显。

4. 北极国家内部“一对七”趋势更加明显

在北极地区，随着俄美关系的恶化，丹麦、挪威、芬兰和冰岛等北极国家，纷纷采取措施维护自身安全，比如挪威强化自身军事实力，加大北约在北极的作用；瑞典和芬兰依靠北约，推动北欧国家北极合作等。[②] 在北极地区，以美国为首的北约与俄罗斯的对峙非常明显，虽然瑞典和芬兰没有加入北约，但瑞典、芬兰签署了“和平伙伴计划”，属于北约伙伴国，并且近年来两国与美国、挪威等展开频繁的军事演习，不难推断，北极国家内部组合模式逐渐呈现“一对七”模式，即以美为首的北极七国在军事上集中针对俄罗斯，从而形成以美国为首的七个西方国家与俄罗斯一国的组合形式。

另外，拜登政府强调意识形态并重视盟友伙伴的力量，美国还将联合加拿大、北欧五国、波罗的海三国等在北极构建对俄“包围圈”，[③] 这将进一步加剧俄在北极地区的孤立局面。

四、俄美北极竞合的趋势及展望

（一）未来趋势发展

首先，俄美两国在北极核心诉求多集中于“高政治”领域，明显对

---

① 《联合国海洋法公约》第234条规定：“沿海国有权制定和执行非歧视性的法律和规章，以防止、减少和控制船只在专属经济区范围内冰封区域对海洋的污染，这种区域内的特别严寒气候和一年中大部分时候冰封的情形对航行造成障碍或特别危险。”

② 刘惠荣、陈奕彤、孙凯：《美俄北极安全博弈新态势及未来走向》，《北极蓝皮书：北极地区发展报告（2020）》，社会科学文献出版社2021年版，第161页。

③ 王晨光：《美俄关系跌至冰点，北极博弈愈演愈烈》，国观智库，2021年04月02日，https://brgg.fudan.edu.cn/articleinfo_3304.html。（上网时间：2021年12月16日）

立，故两国未来竞争大于合作的态势不会改变，俄美两国军事上的对抗将会继续。但由于拜登政府以及俄罗斯对环境保护尤其是气候治理态度的转变，未来两国在该领域的合作空间较大，合作项目会更多，但这并不会改变两国间竞争大于合作的总基调。

其次，俄美竞争处于可控“低烈度”状态，不会升级为大规模冲突。由于北极特殊的地理位置，北极国家主观上都希望保持北极的和平与稳定，从而保护自身国土安全，[①] 同时俄、美作为核大国，并不希望在北极爆发大规模的冲突。一方面，双方的北极军事安全联络对话机制建设滞缓，沟通渠道匮乏；另一方面，双方不希望将北极地区有限的合作点转变为对抗点。双方通过高层释放信息来“降温”，保持海岸警卫队、渔业资源管控和科考环保领域合作，希望能借此缓和军事上的紧张局面，从而维持北极地区的稳定。

最后，域外国家的加入可能会促使局面更加复杂化。近年来，由于北极地区丰富的自然资源和地缘优势等，域外国家对北极地区的关注度也大幅提升，纷纷出台北极政策，希望能够借此进入北极地区。但是，域外国家的加入会在一定程度上冲击原有的北极秩序格局。对北极国家而言，会面临如何统筹与域外国家的共同利益，管控分歧，从而推动北极地区的发展与治理等问题。

（二）竞合新态势总结

综上所述，近年来，俄罗斯以维护国家安全，努力维持北极的主导地位，借助北极地区发展经济，应对气候威胁以减少损失并渴望在北极的新兴技术发展中抢占先机等为主要诉求；美则以扩大在北极地区的影响力，应对俄罗斯军事威胁以及巩固同盟网络等为重要利益诉求。两国在北极地区开展军事、经济、治理机制、科学技术和环保领域的竞争与合作。

俄美北极竞合态势呈现出五大特点。第一，总基调是竞争为主，合作

① 郭培清、厉召卿：《对峙与合作：北极安全态势分析》，《中国海洋大学学报（社会科学版）》2021 年第 4 期，第 70—80 页。

有限；第二，两国核心诉求集中于“高政治”领域，且明显对立；第三，两国在“低政治”领域合作空间较大，但根本利益诉求难以调和；第四，竞争方式逐渐从单一集中转向多元化；第五，北极国家内部“一对七”趋势更加明显。

俄罗斯与美国作为全球大国，在北极地区的博弈会影响该地区的稳定乃至全球态势的发展。虽然两国在北极地区有诸多对立的利益诉求，但是两国主观上都希望避免发生大规模冲突，保持北极地区的和平与稳定，未来两国在北极地区的互动将会呈现竞争为主、合作有限的态势。

2021年俄罗斯与西方国家外交战的过程与特点

谭　然　林尚沅*

【摘　要】俄罗斯与西方国家在历史中曾爆发过数次外交战。2021年4月底，俄西新一轮外交战爆发。俄罗斯先后受到了美国、波兰、乌克兰、捷克等国的制裁，且法国、德国、英国也对此持支持态度，俄罗斯则予以了正面回击。西方与俄罗斯的对立源自于冷战时期的传统，双方亦有来自各领域的利益纠葛，纷争不断。本次外交战区别于以往，是北约势力与俄罗斯就乌克兰问题较劲的表现，也是继拜登政府上台后，美国首次作为主导者参与的外交战，其过程具有短暂而激烈、结果清晰而明确等特点，本质上是俄罗斯与美国在利用乌克兰问题，服务彼此的战略目标。

【关键词】俄罗斯　西方　外交战

一、2021年俄罗斯与西方国家外交战的背景

2021年4月，俄罗斯与众多西方国家间爆发了新一轮外交战，“战事”

* 谭然，广东外语外贸大学国际关系学院外交学专业2017级本科生；林尚沅，广东外语外贸大学国际关系学院外交学专业2021级硕士研究生。

由美国挑起，英、法、德等国纷纷表示支持，波兰、乌克兰、捷克作为主要“参战方”，驱逐了多名俄罗斯外交官，事态愈演愈烈，直至6月中旬俄美两国总统举行会谈，两国元首共同探寻了问题的解决方案，外交战才基本得到平息。

实际上，纵观俄罗斯（含苏联时期）与西方外交战的历史，便能得知外交战对于双方而言都是稀松平常之事。西方阵营的主导国多为美国和英国，其他盟国则辅以口头或行动上的支持，这样的外交战案例数不胜数。20世纪80年代中期，苏联克格勃上校奥列格·戈尔季耶夫斯基收集秘密情报逃至英国，造成了俄英关系的急剧恶化。当时英国政府就下令将31名苏联人驱逐出境，苏联政府也毫不示弱，宣布驱逐25名英国人作为反击。

1986年，美国指控苏联物理学家扎哈罗夫利用一名留学生窃取了美方战斗机关键零部件的资料，苏联则认为美国记者丹尼洛夫涉嫌从事间谍工作，遂抓捕此人入狱。同年10月，苏美外交战爆发，里根总统宣布驱逐25名苏联人，并勒令莫斯科驻旧金山和华盛顿的50多名苏联外交人员离开美国，苏联以宣布驱逐5名外交官和调离260名苏联籍人员作为回应，并将美国驻苏外交人员人数降至251，美方则回以同样的人数上限。

进入21世纪后，美俄也曾多次爆发类似的外交战，多以对方国家有人员涉嫌从事间谍活动为由，以互驱外交官、关闭使馆和解聘驻外人员等方式为手段，转移政治视线或国内矛盾，令国际舆论发酵后再收网，一定程度上互表改善关系的诚意，从而平息冲突。

英国作为美国反俄的主要帮手，在21世纪也与俄罗斯爆发了两次较大规模的外交战，并获得许多西方国家支持，几乎是“围攻”俄罗斯。例如，2007年7月16日，英国政府下令驱逐4名俄罗斯外交人员，原因是2006年俄罗斯前情报人员利特维年科因喝了含钋-210的茶后身亡，英方在调查后表示此事与俄罗斯相关，且该类放射性毒剂一般出自专业的国家实验室，绝对不会市售或在犯罪团伙中流通。利特维年科曾在俄罗斯联邦安全局工作，于2000年到伦敦寻求政治庇护，英方表示俄罗斯“有理由”将其置于死地。俄罗斯方面则认为这是一场英国“精心策划的”反俄行动，因为利特维年科已留英6年，俄罗斯若想除此后患，早应该将其暗杀，“俄罗斯有的是手段，但俄不会这么做”。3天后，俄罗斯勒令4名英国外交人员在限期内离境，俄英外交战就此爆发。

2018 年 3 月 4 日，同样的“戏码”再次上演。俄前间谍斯克里帕尔和他的女儿尤丽娅在英国一公园因放射性神经毒剂昏迷不醒，英国警方经调查后发现此神经毒剂正是 2006 年利特维年科事件中的苏联时期军用毒剂“诺维乔克”，当时在任首相特雷莎·梅表示这是“俄罗斯政府对英国非法使用武力”,[①] 俄方则表示这是又一册“反俄剧本”。随后英国联合美国、法国、荷兰、德国等一众西方国家，先后将 120 位俄外交人员驱逐出境，俄罗斯则驱逐了 150 名来自这些国家的外交人员，并宣布关闭美国驻俄圣彼得堡的领事馆。

然而，外交战实际上是伤敌一千自损八百的做法，对一些国家而言自己的损失甚至会更大，例如 21 世纪以来的两次英俄外交战，许多英国专家就曾表示“英方会损失更多利益”。而根据历次外交战的结果分析，双方基本都愿意进行对话，并鼓励关系正常化，因为谁也承担不了关系真正恶化的损失。那么既然如此，西方为何还要频繁发起外交战呢？

二、2021 年俄罗斯与西方国家外交战的过程

本次外交战由美国发起和主导，伊始于 2021 年 4 月，随后波兰、乌克兰与捷克也纷纷参战，过程短暂但较为激烈。

2021 年 4 月 15 日，美国总统拜登签署了行政令，以俄罗斯干预美国总统大选和向美国发起网络袭击为由，向俄罗斯发动大规模制裁行动，宣布驱逐 10 名俄罗斯驻美国外交官。4 月 16 日，俄罗斯对此事作出回应，下令将 10 名美国驻俄外交官驱逐出境，并将 8 名美国官员列进俄罗斯的黑名单，这其中甚至包括美国的司法部部长和联邦调查局局长。此外，俄罗斯外交部长拉夫罗夫还“建议”美国驻俄大使沙利文返回美国，这也是自

---

① 叶强：《英俄“外交战”：复杂的政治背景和被滥用的国际机制》，《世界知识》2018 第 8 期，第 38—39 页。

1952 年来美国大使第一次被俄罗斯建议返回其国家。

自美国制裁俄罗斯后，美国的盟友也纷纷加入。最早发起制裁的是波兰，宣布将 3 名外交官驱逐出境，原因是波兰认为他们的部分活动违反了其外交身份，对波兰不利。俄罗斯即刻对此进行反击，执行“+2 政策”，下令将 5 名波兰驻俄罗斯外交官驱逐出境。俄外交部发言人扎哈罗娃认为波兰此举“不是团结”，而是根据美国命令所作出的、罔顾事实的行为，波兰的“大西洋路线”离不开美国的反俄行动，波兰已沦为美国“21 世纪的附庸”。4 月 17 日，俄罗斯指控一名乌克兰外交官在圣彼得堡与俄罗斯公民进行非法获取情报的交易，遂勒令其于限期内离境。乌克兰立即对此作出回应，要求 1 名俄罗斯驻乌外交官也于限期内离境。

2021 年 4 月 17 日，俄罗斯与西方外交战愈演愈烈。捷克共和国下令将 18 名俄罗斯外交官驱逐出境，同时发布了对 2 名俄罗斯公民的通缉令。捷克这样做是因为其政府称有充分证据怀疑俄罗斯的情报部门涉嫌参与 2014 年捷克军火库爆炸事件。美国驻捷大使馆对此表达了支持，并表示美国将坚定地与其盟友站在一起，“欣赏他们让俄罗斯为其行为付出代价的巨大行动”。①

俄罗斯随即作出回击。4 月 18 日，俄宣布将捷克驻俄罗斯大使馆的 20 名人员列为“不受欢迎人士”并令其于 4 月 20 日前离开俄罗斯境内。俄罗斯外交部严厉批评了布拉格的荒谬做法，认为捷克的行为延续了近年来的反俄行动，因为早在 2014 年捷克就已经将军火库爆炸事件调查清楚，并将其责任归结于仓库公司管理不当。时隔 7 年，捷克政府却突然将这件事拿出来制裁俄罗斯，这让俄罗斯认为“捷克正在努力取悦美国”。

4 月 19 日，捷克外交部长哈马切克称捷克驻俄使馆已经陷入瘫痪，需向其他驻俄领馆调动人手确保使馆能够继续正常运行。捷克首都布拉格第七区负责人扬·契基斯基呼吁政府，令俄罗斯大使馆归还 1968 年被侵占的特罗莫夫卡公园的部分领土，俄罗斯回应称该土地是 20 世纪苏联与捷克斯洛伐克根据协议合法得到的，不存在“归还”一说。

---

① 张光政、柳玉鹏等：《美欧多国扎堆行动，俄方报复毫不手软》，环球网，2021 年 4 月 19 日，https://m.huanqiu.com/article/42mGIbw4M56。（上网时间：2021 年 12 月 21 日）

俄捷冲突持续发酵，至 4 月 23 日，捷克前总统瓦茨拉夫·克劳斯发表了对此事的评论，他认为点燃冲突的首先是捷克人自己，捷克与俄罗斯的交恶就像“小狗对大狗的咆哮”，与俄罗斯爆发外交冲突并不符合捷克自身的利益，除了获得美国的口头支持以外别无他用，驱逐俄罗斯外交官的做法也十分不当，捷克应在调查后拿出有力证据再做判断，俄捷冲突就此出现反转。4 月 25 日，捷克总统泽曼评论表示 2014 年捷克军火库爆炸事件还可能与工作人员操作不当有关，虽不排除受到他国情报部门的影响，但目前为止没有明确证据表明此事与俄罗斯情报部门有关。此评论一出便引发数千名市民于 29 日在布拉格广场进行抗议和游行，他们认为总统泽曼叛国通俄，应受到弹劾。捷克议长维斯特奇尔表示，泽曼总统维护俄罗斯利益，损害本国利益，参议院正在收集信息，考虑以“叛国罪”对泽曼进行指控。由此可见捷克政府内部意见的分裂性，俄捷外交争端也就从此告一段落。

除了美国与其直接“参战”的盟友以外，欧洲其他大国也纷纷在这场外交争端中表达了立场。早在 4 月 17 日，德国防长卡伦鲍尔就在讲话中认为俄罗斯已经“直接而具体地”对整个欧洲的安全造成了威胁。多次与俄罗斯发生外交战的英国更是表示将用行动表达“对乌克兰的支持”。美国取消在黑海部署军舰之后，英国立刻补上了空档，表示其将在 5 月时派遣驱逐舰与护卫舰至黑海，俄罗斯闻此当即增派 15 艘小型舰和 2 艘军舰，增强其在黑海的武装力量。

2021 年 18 日，法国总统马克龙针对俄罗斯与西方的外交战表示，俄罗斯与西方之间仅制裁还不够，需要既采取制裁方式又同时保持对话状态，西方也有必要与俄罗斯划定明晰的界线。同日，面对外交战，俄罗斯媒体采访了俄罗斯国家杜马国际事务委员会的主席斯卢茨基，他认为由于近段时间西方各国反俄行动频率很高，俄罗斯将有可能考虑退出欧委会。

俄罗斯与西方的本次外交战看似为突发争端，实际上是以美国为首的北约势力蓄谋已久的产物。2021 年 4 月初，顿巴斯地区形势就持续紧张，基辅显然对《明斯克协议》的结果耿耿于怀，仍认为顿涅茨克、卢甘斯克是乌克兰的领土，俄罗斯增兵此地，乌克兰也一直向美国与其他西方国家请求援助，该地区战云密布。除此之外，北约势力东扩也令俄罗斯倍感威胁，俄罗斯防长绍伊古就指出，美国领导的北约正不断派遣部队至黑海地区，军演频率升高、规模扩大，并增强了在俄罗斯边境的军备力量，俄罗斯与西方矛盾逐步加深。除此之外，在这场外交战中表面上看起来和俄罗斯较劲最狠的捷克，与当初英俄外交战的原因之一可谓异曲同工，都有转移国内矛盾的嫌疑。西方国家与俄罗斯的外交战实际可看作以美国为首的北约势力与俄罗斯联邦矛盾纠缠、激化或者制衡的一种表现形式，爆发的目的不在于对峙，而在于试探对方阵营的底线，扰乱对方政治视线，消耗对方政治信任以及从中获得某种利益的最大化。

表 8－1　2021 俄罗斯与西方外交战战事表（仅为主要内容）

西方国家	西方国家的参战理由	西方国家的参战行为	俄罗斯的应对
美国	俄对美发起网络攻击 俄干预美国总统大选	发起大规模制裁 驱逐 10 名俄外交官	驱逐 10 名美外交官 拉黑 8 名美国官员
波兰	俄外交官从事违反外交身份和不利于波兰的活动	驱逐 3 名俄外交官	驱逐 5 名波外交官
乌克兰	顿巴斯地区局势持续紧张 被俄指控在驻俄领馆中有间谍	驱逐 1 名俄外交官	驱逐 1 名乌外交官 （即被指控的那名间谍）
捷克	指控俄情报部门参与 2014 捷克军火库爆炸事件	驱逐 18 名俄外交官 通缉 2 名俄公民	驱逐 20 名捷外交官
德国	俄对欧洲安全构成威胁	表达支持	考虑退出欧洲委员会
英国	表达对盟友的支持	表达支持并于 5 月增派驱逐舰与护卫舰至黑海	考虑退出欧洲委员会
法国	要与俄罗斯既制裁又对话	表达支持	考虑退出欧洲委员会

三、2021年俄罗斯与西方国家外交战的成因

（一）西方国家发起对俄外交战的原因

西方国家发起对俄外交战的原因主要包括三点。

1. 源自冷战时期东西两大阵营对立的传统

冷战虽早已结束，但冷战时期遗留下来的对抗思维却一直根植于俄罗斯与西方国家之中，俄罗斯与西方之间的政治互信程度本身就处于较低水平，双方一直将彼此视作“威胁”。尽管西方国家和俄罗斯都明白合作的重要性，但彼此总是无法放下身段，真正走向全方位合作。而一些欧洲国家对俄罗斯也是爱恨交加、摇摆不定，有时它们为获得其所谓的军事或经济支援，表达对同阵营盟友特别是美国的支持，抑或是为了突出自身的地缘政治作用，也会进行反俄行动，尽管有时他们并不真正想要这么做。

2. 源自西方国家惯用的舆论置换法

无论是哪一场外交战，挑起者无外乎都是西方，且主要发起国的政府大多面临较大的国内政治压力，外交战是“醉翁之意不在酒”，发起者并不看重理由甚至“编造”理由，令舆论不断发酵，从而达到转移政治焦点的目的。如2016年奥巴马面临美国总统大选；2018年英国深陷脱欧政治危机和党派利益争夺；2021年捷克执政联盟分裂且应对疫情措施不当，人民不满情绪高涨。政府此时便运用部分民众的反俄情绪，适当“制造”舆论从而引发外交战，能够成功转移民众的视线，以便于政府处理其他危机，提高支持率。

3. 源自其他利益分歧

西方众多国家与俄罗斯历来有数不清的利益纷争，范围覆盖领土、自

然资源、历史文化等多个领域，盘根错节的利益容易积累宿怨，导致双方合作艰难进行。如俄英中东问题分歧、俄乌领土纠纷、俄与波罗的海国家的历史问题、俄美传统势力范围纷争等。另外，西方国家也会通过制裁俄罗斯、保持对俄压力的方法以期换得俄在某些问题上的让步。

本次外交战实际上是美俄博弈的一种方式，是以美国为首的北约势力就乌克兰问题对俄罗斯进行施压，促使俄罗斯让步，以使西方利益最大化的一种手段。美国的盟友们通过配合美国的步调制裁俄罗斯，既可以充当“马前卒”，表达对美国的支持，也可通过参与大国政治博弈来强调自己在其中的地缘政治地位，还希望能从俄美对抗中通过支持美国来博得其在经济和军事上的支援。如捷克本次对俄的宣战，就符合上述原因，而乌克兰、波兰则满足原因 1 和原因 3。

而美国，即本次外交战的发起者和主导者，不仅能够展现其对西方国家的领导力，维护欧美传统价值观和冷战后建立起来的国际秩序，还能够通过外交战向俄罗斯施压，迫使其让渡部分利益，作为 2021 年 6 月俄美总统会晤的筹码，符合上述原因 3。

（二）俄罗斯迎击西方外交战的措施

对于历次外交战中处于被动迎击状态的俄罗斯而言，西俄外交战虽不是俄罗斯所期望发生的，但其依旧能化被动为主动，将伤敌一千的西方国家自损八百。俄罗斯迎击西方外交战措施往往分为三个方面。

1. 对西方国家的制裁进行强硬反击

针对西方国家对俄罗斯的制裁，俄从不畏惧，在大多数情况下都会用十分强硬的态度予以回击。如本次外交战中，俄罗斯对于参与外交战、驱逐俄外交官的捷克和波兰都实行了“ +2”政策。就一般情况而言，外交报复往往遵循对等原则，即双方驱逐外交官的数目应保持相同，不到断交的地步均会留有回旋的余地，不会对对方进行过度打击。然而在本次外交战中，捷克和波兰分别驱逐了 18 名和 3 名俄外交官，俄罗斯却在这个数目上再加了 2 名，分别驱逐了 20 名捷克外交官和 5 名波兰外交官，捷克还对此结果表达了强烈的不满。由此可见。俄罗斯对西方发起的外交战的态度，是非常强硬的。

2. 积极寻求问题的解决方案

俄罗斯对于外交战的回击虽然强硬，却依旧用积极的态度面对问题，以获得解决办法。俄罗斯这样做，实际上是化被动为主动。处于迎击状态的俄罗斯，面对西方的制裁，显然是被动的，然而，如果任由俄与各国的外交关系持续恶化，也不是俄罗斯希望看到的。俄罗斯与西方国家的利益纠缠不清，盘根错节，双方的外交战持续时间越长，对双方的利益损失就越大。因此，俄罗斯除了强硬反击那些“应该”反击的，也会在各类发言中释放善意的信号，希望与西方对话、沟通，求得平息外交战的方案。

3. 利用国际舆论获得第三方国家的支持

对于西方国家对俄发起外交战的蹩脚理由，俄罗斯除了严正辨明以外，往往还会抓住这些经不起考量的理由，利用国际舆论，争取获得第三方国家的同情，以使得本国能在危机中获得国际社会其他声音的支持。这不仅有利于博得同情，更能让国际舆论迅速发酵，让第三方势力参与进来，阻止外交战向更严重的方向发展。

四、2021 年俄罗斯与西方国家外交战的特点

本此外交战在方式上虽然秉承以往，采用驱逐外交官、关闭使馆等方法，然而在原因、主导者、结果上相较于以往的外交战还是有所不同。

（一）地缘战略竞争的外溢

与以往外交战目的在于转移国内政治矛盾等目的不同，西方各国对俄

罗斯发起本轮外交战的原因可谓是各有千秋，但根本原因还是以美国为首的北约在乌克兰问题上对俄罗斯进行施压，是北约势力和俄罗斯较劲的表现。捷克共和国以俄罗斯特工涉嫌参与军火弹药库爆炸事件来作说辞，美国也摆出老生常谈的“俄罗斯干涉美国大选”“对美国进行网络袭击”对俄罗斯进行制裁，然而实际上西方国家突然制裁俄罗斯的根源在于乌东局势的紧张。

乌克兰自《明斯克协议》签订以来就一直对其不满，其矛盾在于《明斯克协议》中规定的“永久立法同意顿涅茨克和卢甘斯克州的特殊自治州地位”这一条，让顿巴斯地区享有了特殊自治地位，这使得当地议会几乎完全独立，可以自命法官、议员和检察官，官方语言也不再受限制，甚至可以自己组建军队，这就让该地区成为了乌克兰名义上的地盘，而实际控制此地的却是俄罗斯。顿巴斯地区从地缘政治地位和资源地位来看无疑都十分重要。地缘政治上，他是俄罗斯与北约势力对抗的天然缓冲区；资源地位上，该地区富含优质煤矿，重工业十分发达，土地肥沃，盛产许多优质农产品。因此，乌克兰一直为签订《明斯克协议》而感到不甘，且这样的特殊地位也助长了乌克兰亲俄地区的气焰，让乌克兰面临领土威胁。乌克兰于是希望借助美国之力增兵顿巴斯地区，对此地进行施压。而在2021年3月，俄罗斯国防部在完成演习后未将军队撤离顿巴斯，俄乌边境的俄罗斯营战术群提升至28个，乌克兰认为俄罗斯具备了向乌腹地发动军事突击的能力，俄乌矛盾升级，在边境互增军队。而以美国为首的北约国家则支持乌克兰，指责俄罗斯对欧洲安全构成严重威胁，为的就是趁此危机向俄进行施压，在即将到来的美俄元首会晤中，获取更多谈判的筹码。这充分体现了本次外交战醉翁之意不在酒，反而是具有利用外交战来解决其他实际问题的特点。

（二）美国重新变为俄西外交战的主导者

在这场外交战中，看似与俄罗斯闹得最僵的是捷克，但真正的主导者却是美国。不同于冷战时期美国与苏联的激烈对抗，在21世纪的多次外交战中，美国多数时间都作为参与者表达对盟友的支持，象征性地制裁俄罗斯。然而在本次外交战中，美国却重新变为外交战的发起者和主导者。

这种变化源于美国政府机构的更迭。在21世纪导致美俄对立的直接原因实际上是2014年的乌克兰危机，克里米亚“脱乌入俄”，且顿巴斯地区也“蠢蠢欲动”。此举震惊了整个欧洲，冲击了欧洲安全格局，不少欧洲国家开始惶恐不安，害怕俄罗斯会再以武力“收复其他失地”，这加剧了欧洲的反俄情绪。克里米亚事件亦冲击了美国冷战后建立起来的国际秩序，令美国倍感威胁。因此，在2014年后，美国等一众西方国家加强了对俄罗斯的制裁，俄罗斯经济也因此大受打击。直到2017年，特朗普总统上台，奉行“美国优先”政策，将美国从“国际警察”的繁忙业务中“摆脱”出来，优先发展经济，不仅放松了对俄罗斯的制裁，甚至“暗送秋波”，期望和俄罗斯达成一些合作。

然而，特朗普此举受到了美国国内一些政治家的强烈反对，最终没能兑现对俄罗斯的承诺。尽管如此，美国的举动还是造成了北约分裂，北约内部乱作一团，这给了俄罗斯发展的机会。可自拜登总统上台后，美国对俄政策又回到了以前，不同于特朗普时期对外交战的反应，美国不再只是象征性地制裁，而是承袭西方传统价值观，在反俄行动中重新变为主导者。本次外交战前，拜登曾与普京通话，希望俄美关系能够正常化，俄美也即将迎来总统会晤，但美国却出尔反尔，主导西方与俄罗斯进行了一场外交战，其目的实际上就是运用“极限遏制+有限合作”的做法对俄罗斯进行施压，以换取6月美俄总统会谈的筹码，让俄罗斯在乌东局势等问题上进行最大的让步。美国重新变为反俄行动的主导者是这场外交战给国际社会传递的重要讯号，这意味着美国将延续奥巴马政府的对俄政策，对俄进行遏制、施压和制裁，在对抗中进行有限的合作。

（三）过程激烈且短暂，结果清晰而明确

历年来，俄罗斯与西方外交战大多持续数月至数年不等，一些随时间的流逝而不了了之，一些则随着双方的缓和与妥协慢慢淡化。但此次外交战虽然过程较为激烈，却只持续了一个多月，便在俄美总统会晤后迎来了平息。

1985 年里根总统在任时期，俄美曾爆发过一场大型外交战，双方互驱外交官，并规定了大使馆外交人员的上限为 251 人，这一规定直到 1992 年才废除。2001 年俄美爆发了 21 世纪以来第一次外交战，外交战持续将近 5 个月最终才渐渐平息。2006 年俄英因利特维年科事件爆发的外交战，直到 2018 年双方再次爆发外交战时仍被人提起。

而此次外交战却在 6 月 11 日的七国峰会被平息下来，在俄美总统会谈后基本和平结束。6 月 11 日至 13 日，七国集团召开峰会，与会者虽然仍将俄罗斯作为声讨对象，但注意力已转移至其他国家。6 月 16 日，俄美总统会晤顺利举行，普京表示“俄罗斯和美国同意让彼此的大使都返回对方国家”。[①] 美国在纳瓦利内问题上作出让步，而俄罗斯则答应美国给予其有关网络攻击的信息，两国总统谈到了乌克兰问题，但没有将具体信息公开。俄罗斯与西方外交战在此次会晤后迎来了“圆满”的结束。

结　语

本次外交战由美国发起，捷克升级，波兰与乌克兰辅助，联合对俄罗斯进行制裁，俄罗斯也进行了对等或不对等的反击。针对本次外交战，俄罗斯与美国实际上是在利用乌克兰问题，服务彼此的战略目标。美国作为外交战的发起者，利用乌克兰等国的反俄情绪和对美支援的渴望，拉拢乌克兰，达到制衡俄罗斯、强化欧洲同盟关系的目的；而俄罗斯虽为被动反击，却也化被动为主动，除了对西方国家的外交驱逐手段强硬回击，俄实际上并未主动再生事端，从俄罗斯外交部发言来看，俄一直在释放一些善意，并且将俄罗斯置于受压迫者的位置，来博取国际社会的同情和关注。无论是对美国还是俄罗斯而言，此次外交战都不是最终目的，而只是俄美会晤前的铺垫，服务于双方战略目标的手段。

---

① 谢莲：《普京召开记者会，称俄美双方同意大使应回归岗位》，新京报，2021 年 6 月 17 日，https://www.bjnews.com.cn/detail/162385976214404.html。（上网时间：2021 年 12 月 21 日）

而在这场博弈下做足表面功夫的欧洲国家，也不仅仅是因为单一问题才采取反俄行动。欧洲与俄罗斯之间渊源颇深，他们来自相似的文明，又处于不同的分支，相互对抗的状态不仅源自当下利益错节的纠纷或政治角力，也来自其历史宿怨。俄罗斯自苏联解体以来，实际上一直都在积极“融入”欧洲，无论是控制欧洲能源命脉，令许多欧洲国家越来越依赖俄罗斯的能源，还是不断增强军事演练，向欧洲国家展示其在反恐议题上的可靠度，抑或是与许多国家不断深化的经济合作，都展现了俄罗斯希望融入欧洲的决心。欧洲国家虽时常联合美国制裁俄罗斯，却也是“拉遏交加，以拉为主”，面临多极化的世界，欧盟在政治上需要借助俄罗斯的力量来成为“全球作用者”，甚至制衡美国，在经济上也需要不断和俄罗斯深化合作。然而，双方在结构上的矛盾和传统价值观等方面的“对立”，甚至俄欧关系中的美国因素，都使双方无法完全接受对方。这也成为双方外交战频发的根本原因，不出所料，在结构性问题得不到真正解决前，外交战的戏码仍会在俄罗斯与西方的博弈过程中上演。

2021 年欧洲天然气危机与俄欧天然气的博弈

陈梓源　甘佳运　龙健欢　尹筱琳*

【摘　要】由于天然气供需失衡，2021 年 3 月与 11 月，欧盟接连爆发两次天然气危机。两轮天然气危机反映为能源价格上涨，对各国社会造成重大影响。能源危机体现出欧盟在天然气生产、交易、分配等机制上存在的缺陷，折射出俄欧在天然气议题上的博弈。从长期看，俄欧仍将在天然气合作领域保持合作，并就市场份额、交易机制、天然气企业运营管理等议题展开激烈竞争。

【关键词】俄罗斯　欧盟　天然气　能源

一、欧洲天然气危机

（一）事件概述

1. 2021 年欧盟天然气危机的过程

此次天然气危机是指 2021 年 3 月至 2022 年 8 月由于天然气供需失衡造成的危机，其表现为天然气价格持续上涨、储气库缺气等。

* 陈梓源、甘佳运、龙健欢、尹筱琳，广东外语外贸大学国际关系学院外交学专业 2019 级本科生。

（1）危机期间天然气供需变化。2021年第一季度至第三季度，欧洲天然气消费量同比增长近10%。这一增长集中在2021年上半年。供暖季节延长、电力行业燃气消耗量增加以及经济活动逐步复苏，带动了强劲的需求。第二季度的增长尤其强劲，欧洲需求飙升近25%——这是历史上同比增幅最高的一年。①

总的来说，欧洲天然气需求同比2020年增长5.7%，大部分需求增长集中在上半年，供暖季节的天然气价格高涨，对电力部门的天然气燃烧和工业的天然气需求造成压力。②

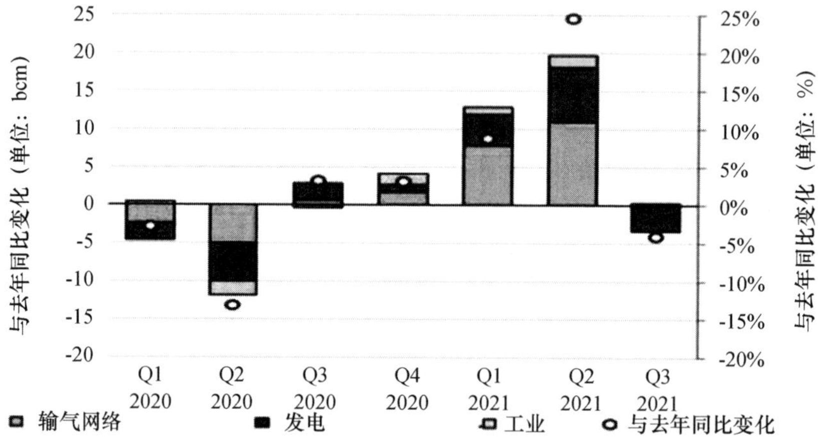

图9-1　2020年第一季度至2021年第三季度欧盟季度性天然气消耗变化

资料来源："Quarterly Report on European Gas Market", European Commission, 2021, https://energy.ec.europa.eu/system/files/2022-01/Quarterly%20report%20on%20European%20gas%20markets%20Q3_2021_FINAL.pdf.

从内部供给上看，近年来欧洲天然气产量逐年下降。从现有欧洲天然

① IEA analysis based on Enagas (2021), Natural Gas Demand; ENTSOG (2021), Transparency Platform; Gaspool (2021), Consumption Data; NCG (2021), Consumption Data; EPIAS (2021), Transparency Platform.

② "Gas Market Report Q4-2021", IEA, October 2021, https://www.iea.org/reports/gas-market-report-q4-2021.（上网时间：2022年6月9日）

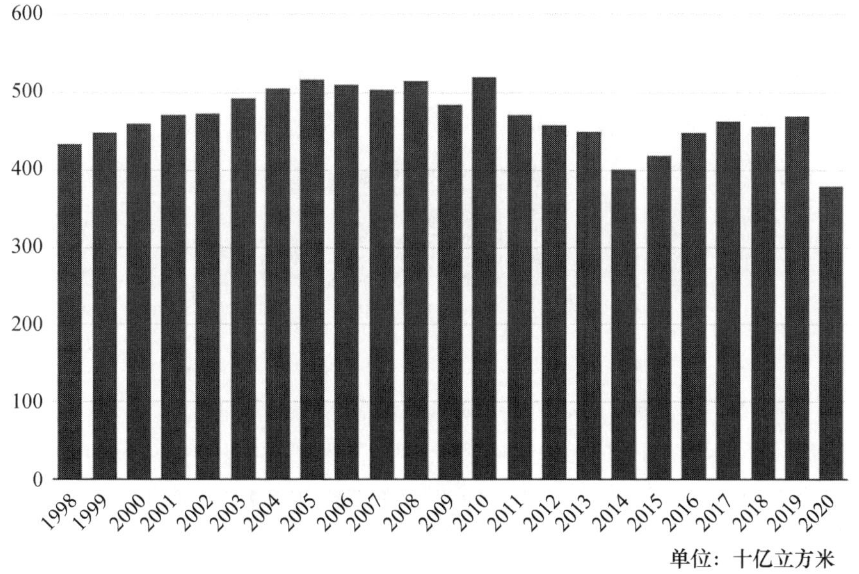

图9－2 欧盟历年天然气消费量

资料来源：N. Sönnichsen，"Natural gas consumption in the EU in cubic meters 1998－2020"，Statista，August 26，2021，https：//www. statista. com/statistics/265406/natural－gas－consumption－in－the－eu－in－cubic－meters/.

气消费来看，自2016年起，欧洲自身的天然气产量逐步下降，能源自给困境愈发明显。

2020年冬季社会供暖需求上升，欧盟各国天然气储备下降明显。此外，由于欧盟自身天然气产能收缩，进一步冲击了欧盟天然气储备结构。欧盟天然气储备规模有所下滑，致使2019年欧洲天然气基础设施负荷水平远低于往年，仅为74.7%。

在外部供给上，新冠肺炎疫情以来，欧盟明显减少进口俄罗斯的天然气。2020年后，经由白俄罗斯和乌克兰的传统输气管道输气量明显下降，个别管道还因技术故障和设施老旧等原因发生事故，进一步恶化了外部供给情况。

目前，欧洲获得额外液化天然气供应的机会越来越渺茫。中国中石化

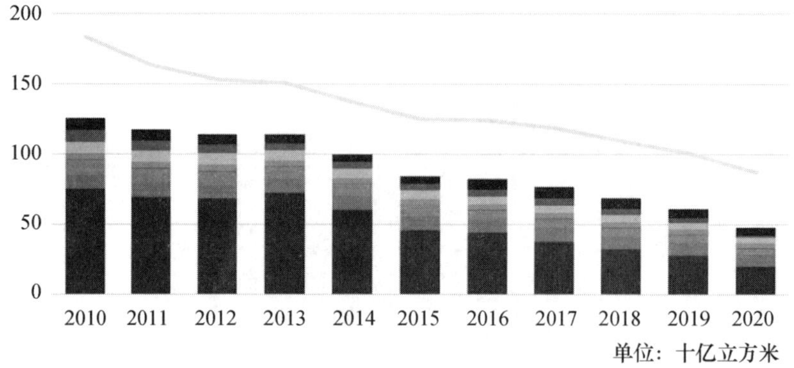

图9－3　2010—2020年欧盟天然气生产量

资料来源："Statisitical Review of World Energy 2021", BP Plc, 2021, https://www.bp.com/content/dam/bp/business－sites/en/global/corporate/pdfs/energy－economics/statistical－review/bp－stats－review－2021－full－report.pdf.

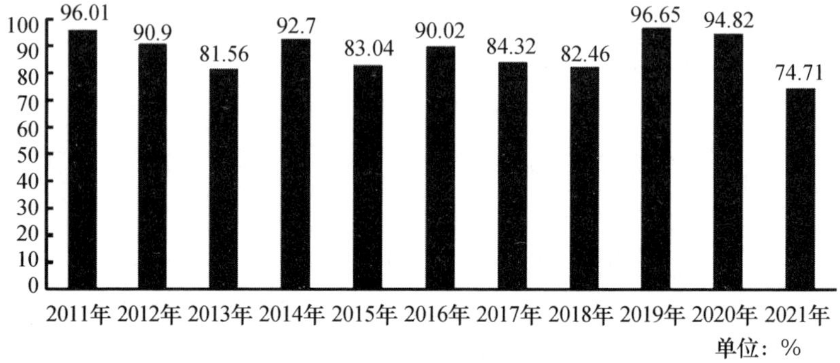

图9－4　2011—2021年各年9月底欧洲天然气储存设施负荷水平

资料来源："The Storage Database", Gas Infrastructure Europe, July 14, 2021, https://www.gie.eu/transparency/databases/storage－database/.

和土耳其博塔斯的冬季交货新招标加上孟加拉国达成的最高价格现货交易表明，全球液化天然气需求依然强劲。2021年第四季度西北欧液化天然气

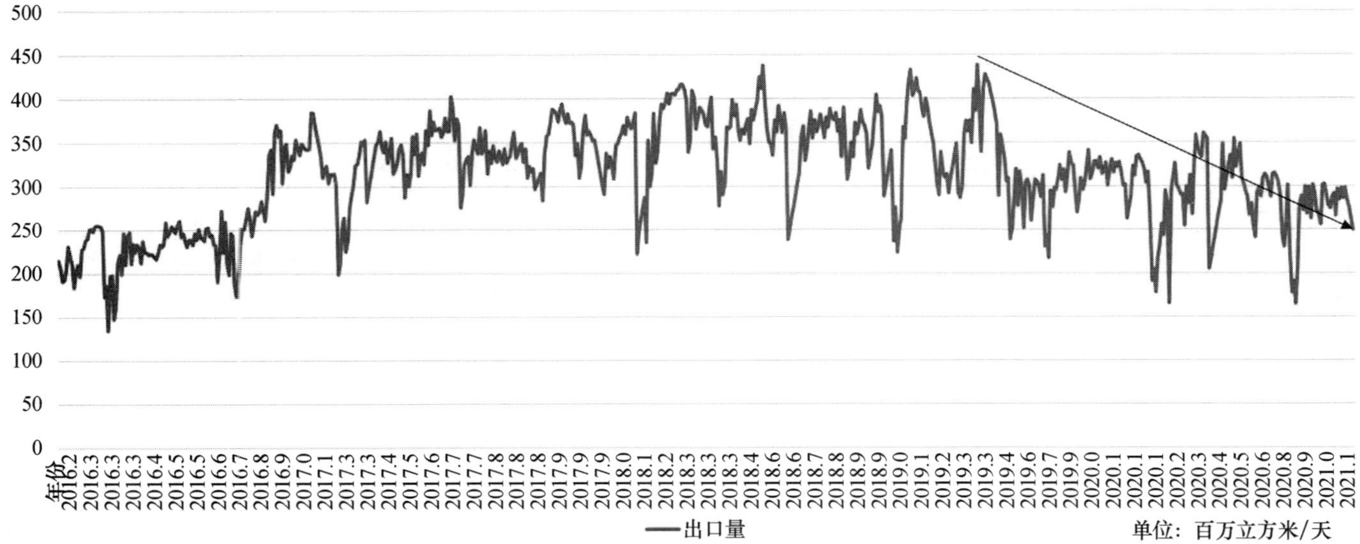

图 9－5　2016—2021 年俄罗斯—欧洲三条主要管道输气量

资料来源：“Russian Main Gas Pipeline Towards to EU”，Bloomberge，2021，https：//www. bloomberg. com/search？ query = Russian% 20main% 20gas% 20pipeline.

进口量仅为670万吨，较前三年第四季度的平均水平下降25%。

俄罗斯天然气工业股份公司的国内天然气储量需要在2021年11月初达到726亿立方米的目标，此后俄罗斯应该有更多的天然气可供出口。但是，由于供应方面存在如此多的不确定性，2021年冬季的前几个月是自欧洲天然气市场自由化以来最严峻的局面。预计，欧洲液化天然气市场供不应求局面至少将持续到2023年夏季。

（2）危机期间天然气价格波动。2021年以来欧洲天然气价格的高位震荡引起各国普遍的能源担忧情绪。天然气供给短缺的基本面推动欧洲天然气价格迅速上行，2021年夏季末，欧洲天然气平均价格相较2021年年初上涨500%。能源供应不足的问题在短期内难以解决，进一步恶化了欧洲天然气危机。此外，天然气价格上涨带来的负面效果外溢至其他能源领域，导致2021年10月更大规模的能源危机。

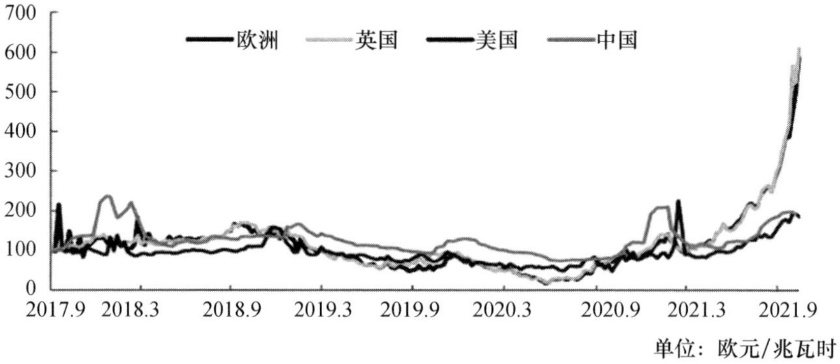

图9－6　欧洲天然气价格指数变化

资料来源："ICE Endex：Dutch TTF Gas Futures"，ICE，December 22，2021，https：//www.theice.com/products/27996665/Dutch－TTF－Gas－Futures/data？marketId＝5396828&span＝3.

欧洲主流的天然气交易中心为：英国国家平衡点交易中心、荷兰天然气期贷交易所（TTF）、德国天然气交易中心（NCG GPL）、比利时泽布吕赫天然气交易中心等。荷兰2021年3月以来，欧洲天然气价格指数持续上升，在2021年9月中旬突破了2020年的峰值。以往欧盟天然气价格在200—450美元/千立方米范围波动，俄罗斯国内天然气价格大多在60—150

美元/千立方米范围波动。但2021年9月与10月以来，欧洲天然气多次突破历史峰值，10月5日，荷兰天然气期货交易所天然气价格突破1200美元/千立方米，10月7日，天然气价格已经突破1600美元/千立方米。11月，欧洲天然气价格有所回调，依旧在500—700美元/千立方米波动，处于较高水平。以德国为例，2021年9月天然气价格相比8月上涨33%，11月天然气价格相比9月上涨19%，电费上涨4%。其他欧洲国家天然气价格也有不同程度的上涨。

2. 天然气危机的影响

（1）欧盟方面。在经济方面，能源价格升高将加剧欧洲通胀风险。在供给下降、需求提升的状况下，未来天然气价格将保持在较高水平，从而带动能源价格上涨，增加金融行业通货膨胀的压力。

影响居民消费和企业经营。天然气价格的上涨使得居民在生活方面支出增大，导致消费水平下降，影响居民生活水平。另外，天然气在发电、工业生产等方面发挥着重要作用。天然气价格的上涨会冲击能源产业链，恶化能源企业的生存环境。

影响经济复苏进程。欧洲经济正处于恢复阶段，有关行业对天然气需求持续上升，而由于天然气供给的紧缺，或给金融、货币领域带来进一步危机，影响疫情后缓慢恢复的欧洲经济。

天然气危机将进一步推动欧洲能源结构转型。碳排价格并非欧洲能源价格上涨的主要因素。传统能源价格的现状将提高欧盟国家进行能源转型的动力。同时欧盟将进一步推动能源进口多元化战略的实施，以优化自身能源结构，减轻天然气危机带来的影响。

（2）俄罗斯方面。此次天然气危机中，俄罗斯国内天然气需求也呈现上升态势，但总体供需关系稳定。天然气价格暴涨对俄罗斯国内产生一定冲击，一方面，天然气价格上涨导致俄罗斯国内通货膨胀压力上升，另一方面，过高的价格抑制了欧洲市场的需求，限制了俄罗斯以现货交易机制向欧洲出口天然气，不利于俄罗斯经济的恢复。

（二）俄欧有关天然气危机之互动

1. 外交层面俄欧的互动

以乌克兰和波兰为首的中东欧国家在天然气危机爆发后谴责俄罗斯，并将天然气危机归因于俄罗斯的“能源外交”。欧盟也有谴责俄罗斯的声音。[①] 另外，欧洲一些国家认为，俄罗斯政府控股俄罗斯天然气工业股份公司控制向欧洲出口的天然气量，从而加剧了欧洲的能源危机。[②]

面对指责，俄罗斯也有回应。拉夫罗夫在 2021 年 10 月 8 日表示，当前欧洲天然气危机与欧盟委员会和美国阻挠北溪管道项目等做法有关。普京出席俄罗斯能源周全体会议时也批驳了外界的批评，表示其天然气价格暴涨应归咎于自身的政策。[③]

欧盟委员会在经过调查后表示，俄罗斯天然气工业股份公司已经“履行了与欧洲客户的长期合同”，但“没有提供额外天然气出口以缓解欧盟天然气市场的压力”。

2. 欧洲如何应对此次危机

（1）欧盟层面。面对近期的天然气危机，欧盟打算拟订最新措施，包括联合采购天然气提升该区域策略储量、提供弱势家庭能源补助等，希望避免未来再次发生类似情况。面对成员国要求遏制涨价走势的政治压力，欧盟委员会于 2021 年 10 月中旬规划了多项措施，提出了所谓的“政策工

---

① 欧盟外交与安全政策高级代表博雷利表示，俄罗斯正试图将欧洲天然气危机“转化为自身优势”，并以此施压欧盟尽快放行“北溪—2”天然气管道项目。一些欧洲议会议员支持对俄罗斯实施新制裁，包括对俄气公司处以罚款。

② 《供应短缺、价格飙升！欧洲拉响能源危机警报》，央视新闻，2021 年 10 月 14 日 http：//m. news. cctv. com/2021/10/13/ARTIABzJrf4D1uaApOdvPduK211013. shtml。（上网时间：2021 年 12 月 18 日）

③ 《普京指出欧洲天然气价格上涨原因》，俄罗斯卫星通讯社，2021 年 10 月 13 日 https：//sputniknews. cn/russia/202110131034634573/。（上网时间：2021 年 11 月 27 日）

具箱”以减缓能源价格飙涨的冲击。[①] 欧盟同时还支持约 20 个成员国正在实施或规划的短期措施，同时加强与产气国（挪威等国）的协调。

欧盟能源官员辛森指出，欧盟已加紧对成员国的监管，禁止天然气市场任何可能的操纵或炒作。辛森表示，欧盟会寻求自愿的天然气联合采购计划，建立天然气储备。欧盟的其他措施包括加速再生能源投资、允许成员国之间的能源流动、共同建立一个洁净能源社会转型基金等。

但在 2021 年 10 月 21 日的欧盟峰会上，欧盟并未达成有效的共识来应对此次危机并出台进一步的应对措施。在此次峰会上，西班牙、法国、意大利、希腊、捷克和罗马尼亚提出，欧盟应当建立一个联合天然气采购系统，建立天然气战略储备。但是，德国、荷兰等多国不愿意仅仅为了应对短期危机就大幅修改欧盟市场机制。此外，波兰、捷克和西班牙还要求欧盟限制碳排放交易市场中的投机行为。

能源问题也再次引起欧盟内部针对气候政策和能源转型的争议。匈牙利、波兰、马耳他、斯洛伐克等国希望欧盟减缓能源转型的进程。欧盟各国对于俄罗斯天然气也存在较大分歧。[②] 虽然目前的能源危机亟待解决，但是欧盟各国由于能源构成和政策取向的不同，提出的解决办法也大相径庭，仍难达成共识。

（2）成员国层面。欧洲各国受天然气危机的影响不同，应对方式也各有不同。[③] 据开普勒数据公司估计，欧盟各国在 2021 年 11 月增加进口 600 万吨液化天然气，以弥补供给空缺。[④] 法国等 11 国向欧盟提议，计划再次重用核电，以在减排前提下缓解天然气危机带来的电价上涨问题。[⑤]

---

① 陈怡均：《应对天然气危机欧盟将出招》，中时新闻网，2021 年 10 月 15 日，https：//www－chinatimes－com. translate. goog/newspapers。（上网时间：2021 年 11 月 27 日）

② 闫颂阳：《如何应对能源价格飞涨？欧盟峰会各国争论不休》，澎湃新闻，2021 年 10 月 22 日，https：//www. thepaper. cn/newsDetail_forward_15022746。（上网时间：2021 年 11 月 27 日）

③ 《欧洲天然气短缺危机：BBC 记者分析各国如何应对》，BBC 中文网，2021 年 10 月 1 日，https：//www. bbc. com/zhongwen/simp/world－58762439。（上网时间：2021 年 11 月 27 日）

④ Clyde Russell：《〈RUSSELL 专栏〉亚洲 LNG 买家“三巨头”加大 11 月进口 欧洲苦苦挣扎》，路透社，2021 年 11 月 22 日，https：//www. reuters. com/article/column－russell－asia－lng－import－eu－1122－idCNKBS2I70M2。（上网时间：2021 年 11 月 28 日）

⑤ 李丽旻：《法国重启核电解能源之困》，北极星核电网，2021 年 11 月 24 日，https：//news. bjx. com. cn/html/20211124/1189775. shtml。（上网时间：2021 年 11 月 28 日）

一些国家还采取降税、发放补贴等方式弥补民众损失。法国向低收入家庭提供100欧元的补贴；西班牙政府以降低电费为目标，发布了包括减税和缩减能源公司利润在内的一系列措施。波兰在2022年以补偿形式发放3.3亿欧元，后续补偿可以增加至11亿欧元，援助金额最高将达到每人每月241欧元。英国与意大利也都采取了类似的做法。

3. 俄罗斯如何对待此次危机

国际层面，俄罗斯认为天然气长期涨价对俄不利。一方面会遏制欧洲市场对俄罗斯天然气的需求，影响收入；另一方面会加快欧盟的能源改革步伐，从长期来看，不利于俄罗斯保持其天然气在欧洲市场的优势地位。① 为此，普京在俄罗斯能源周上高调宣布将增加对欧天然气出口，以缓解欧洲自2021年1月份以来的天然气危机。但事实上，俄罗斯并没有大规模增加对欧天然气出口。② 一方面，俄罗斯没有通过途经乌克兰的管道增加供气；另一方面，俄罗斯通过白俄罗斯“亚马尔—欧洲”管道增加的供气也仅为该管道极限运力的35%，约为120亿立方米。同时，俄罗斯借此契机，加快了与匈牙利、摩尔多瓦等国的天然气谈判，并以长期交易合同的机制赢下两笔天然气大单。

俄罗斯加大对欧天然气供应的宣传力度，并配合有限的实际供应，形成一套“组合拳”，一方面树立了“负责任”的国家形象，另一方面兼顾短期和长期利益。

国内层面，普京宣布向俄罗斯家庭再支付4.2亿美元的社会保障金，以帮助应对不断上涨的天然气价格。他还命令政府采取措施保护当地农业生产者，这将有助于抑制食品价格。由于通胀率远高于4%的目标，俄罗斯央行于2021年10月22日再次上调关键利率，以遏制天然气价格上涨带

---

① 《俄总统普京称欧洲天然气危机或殃及该国 对能源价格无休止上涨不感兴趣》，路透社，2021年10月21日，https://www.reuters.com/article/russia-putin-eu-natural-gas-1021-idCNKBS2HB030。（上网时间：2021年11月28日）

② 《欧洲天然气价格飙涨600%，普京：我们不会把能源当武器》，观察者网，2021年10月14日，https://m.guancha.cn/internation/2021_10_14_610763.shtml。（上网时间：2021年12月5日）

来的通货膨胀。①

（三）欧洲天然气危机的原因

此次欧洲天然气危机是多因素共同作用下导致的供需严重失衡。从供给端上看，俄罗斯没有违反其对天然气购买国的合同义务，② 而是一直按已签订合同输送天然气。从需求端上看，欧盟与欧盟各国对于天然气需求的错误判断在交易机制、长期能源改革进程、经济恢复和寒冷气候的催化下，演变成了此次危机。因此，本部分将主要从欧盟角度分析天然气危机的原因。

1. 枢纽定价机制（液化天然气交易机制）

俄罗斯凭借其出口和管道优势，在管道天然气出口中处于优势地位。欧洲为了改变被动地位，需要发挥市场优势，利用枢纽定价机制减轻在管道天然气方面对俄罗斯的依赖。因此，近年来欧洲逐渐提高了短期天然气的交易比重，利用市场定价的短期合同来制衡管道天然气的消极影响。

但是目前液化天然气的价格不稳，交易量也不如长期合同稳定，在面对能源危机时很难保证社会的需求。因此，市场交易制度的缺陷成为本次能源危机的重要原因。

（1）欧陆天然气定价机制冲突。目前欧洲大陆的天然气定价存在着两种机制，一种是油气挂钩机制，主要和成品油挂钩，再去除相关税费之后得出，大致公式为天然气价格 = 斜率 × 油价 + 常数。③ 目前俄欧天然气交易主要采取这种油气挂钩机制。根据“照付不议”的原则，欧洲可以长期以较为稳定的价格获取来自俄罗斯的管道天然气。另一种是将天然气高度

---

① 《俄总统普京称欧洲天然气危机或殃及该国对能源价格无休止上涨不感兴趣》，路透社，2021 年 10 月 21 日，http：//www. renters. com/article/russia – putin – eu – natural – gas – 1021 – idCИKBS2HB030.（上网时间：2021 年 11 月 27 日）

② “Statement on recent developments in natural gas and electricity markets”, IEA, September 21, 2021, https：//www. iea. org/news/statement – on – recent – developments – in – natural – gas – and – electricity – markets.（上网时间：2021 年 11 月 28 日）

③ 斜率与常数由天然气买卖双方经谈判确定。

商品化的枢纽定价机制（短期交易机制），天然气价由期货市场供需决定。

油气挂钩机制主导下的欧洲能源市场存在来源单一、价格变动小等特点。无论是石油还是天然气进口，欧洲都高度依赖俄罗斯，实行油气挂钩机制导致欧洲在定价时往往处于被动。因此，欧洲需要在定价机制上作出改变，加强欧洲在天然气定价上的优势，提高进口来源的多样性。

2009 年以来，欧美之间的液化天然气贸易量逐渐增加。美英的天然气交易所主要采取市场定价的制度，如美国的亨利交易中心和英国的北海布伦特交易中心。这些天然气交易中心金融发展条件较好，因此采用了由供需关系决定、高度市场化的贸易机制。采取市场定价机制有利于减少不必要的能源开支。另外，市场化机制有利于欧盟提升天然气来源的多样性，降低对俄罗斯能源的依赖程度。

短期交易机制存在弊端。由市场供需关系决定的天然气价格受国际能源市场波动的影响，容易出现供需失衡的现象。欧盟对外能源依赖程度较大，受能源市场波动的影响大。新冠肺炎疫情以来，世界能源市场受到强烈冲击，多次发生能源供需失衡的现象，国际能源市场的不稳定性相比起疫情之前大大增加了。另外，欧盟并没有形成自己的天然气交易机制，在欧洲市场上同时存在俄罗斯的油气挂钩机制和英美的市场定价机制。欧盟的油气公司往往需要用长期合同从俄罗斯购买天然气，然后以市场定价卖到欧洲市场。市场定价机制下的天然气价格要低于长期合同价格，欧洲天然气公司往往需要以高价买入，低价卖出，不得不承担一定程度的亏损。

（2）欧洲天然气交易所分散。短期交易机制下，欧盟成员国依靠分布在各国的各大交易所进行天然气商品的交易。无论是俄罗斯的管道天然气和其他的天然气现货期货交易都需通过这些交易所进行交易，然后再由其他公司分销到各个消费市场。这种分散的交易所机制主要服务于本国的能源市场，某种程度上反映了能源市场供需关系的变化，促进了天然气资源的合理流通。但是分散的能源市场也导致欧洲能源问题治理的碎片化。

欧盟的天然气交易所主要分布在德国、荷兰、法国等较发达的国家，如荷兰天然气期货交易所、德国天然气交易中心等。荷兰天然气期货交易所是欧洲大陆发展较好的天然气交易中心，主要负责天然气短期实物交易和期货交易。而其他中心仍处于向交易中心过渡的阶段，如德国天然气交易中心和法国虚拟天然气交易点（PEG Nord）等。[①] 这些交易所承接了俄罗斯的天然气管道，发挥天然气输送枢纽的作用。

欧洲天然气市场采取销售、运输、消费分离的政策，每个阶段都由不同的公司负责。通过能源市场产业链的分工，欧洲能源市场极大地降低了横向联合以及寡头竞争的可能性，给予不同企业参与欧洲天然气产业链分工的可能性。同时，产业分工也鼓励不同的主体参与天然气产业，提高市场化程度，可以减轻俄欧长期交易合同带来的负面影响，以利于对接英美天然气市场，促进天然气期货交易。

但是在面对天然气出现供需失衡的情况时，欧洲天然气市场机制则无法发挥较好的调节作用。由于欧盟本身生产天然气较少，欧洲市场对外依赖程度较高、脆弱性较强，因此，在市场机制影响下，天然气供需失衡的情况非但没有得到缓解，价格还因此不断升高，造成能源市场价格的剧烈波动。

分散的天然气交易机制是能源危机的重要推手。欧盟缺少统一的能源管理和调配机制，能源分配主要依靠各国的交易站。欧洲的能源市场目前仍处于分散状态，在面对大规模能源危机时缺乏凝聚力和快速反应能力。因此面对本次大型能源危机的爆发，欧盟难以出台集体政策，只能依靠各国政府自行应对，行动能力和效率皆有所欠缺。

总而言之，本次欧洲天然气危机爆发的根本原因是欧洲天然气对外依赖程度过高以及天然气市场机制失灵导致的供需失衡，反映出欧洲能源市场的不稳定性。

2. 欧洲能源改革

（1）统一能源政策。自《里斯本条约》签署以来，欧盟内部就有构建统一能源政策的呼声。统一能源政策的目的在于最大限度协调各成员国能源政策，以优化成员国之间的能源配置，避免欧盟内部恶性能源竞争，同

① 黄绪春、张军、夏启明、王忠民、柏锁柱：《欧洲天然气现货贸易发展及其对俄欧天然气合作的影响》，《国际石油经济》2012 年第 12 期，第 36—43 页。

时提高欧盟整体应对能源危机的水平。①

但目前欧盟统一能源政策制定的进程陷入停滞。欧洲议会方面，欧洲人民党团与欧洲绿党党团就是否扩大与俄罗斯的天然气合作产生分歧，虽然目前与俄合作为主流观点，但未能出台具体的政策文件。欧盟委员会则希望从治理层面推动欧洲能源统一市场改革、能源政策一体化的进程，但目前只在监督内部成员国与非欧盟国家能源合作这一议题上形成了统一政策，其他领域的政策仍为空白，远称不上统一能源政策。

由于缺少统一的能源政策，欧盟各国不仅在应对天然气危机时缺少必要的合作配合，而且相互争夺天然气，间接抬高了物价。

（2）天然气进口多元化。2006 年俄白天然气争端后，欧盟愈发重视俄罗斯的“能源武器”，并强调在维护自身能源安全的前提下，开展与俄罗斯的天然气合作。为此，欧盟成员国大多减少从俄罗斯进口天然气，转而增加进口美国、挪威、阿尔及利亚、卡塔尔等国的天然气。

俄罗斯目前是世界上第一大天然气出口国，在天然气价格和供应稳定性方面，俄罗斯具有无可替代的优势。在世界能源市场稳定态势下，进口多元化政策收益明显。但当世界能源市场呈波动态势时，进口多元化政策会带来供应波动，并最终引发危机。此次欧洲天然气危机的一大导火索就在于，欧盟各国通过短期合同向俄罗斯采购的天然气总量不足，而替代进口渠道也因全球能源紧缺而出现供应不足或价格上涨的现象。② 欧盟各国在传统卖家（俄罗斯）和替代卖家（非俄罗斯）中间“两头空”，催生了此次天然气危机。

（3）能源结构转型与环保目标。由于欧盟成员国能源禀赋缺陷，各国长期通过开发新能源、减少化石能源进口的方式优化能源结构，以期减少对外部的能源依赖，从而维护自身的能源安全。同时，出于环境保护和气候治理因素的考量，欧盟借助能源转型路径来实现 2050 年“碳中和”目标。在开发新能源方面，自 2006 年的《欧洲可持续的、竞争的和安全的电

---

① 董一凡：《从“北溪—2”看欧盟能源政策分化》，《世界知识》2021 年第 17 期，第 36—37 页。

② 《全球能源危机：其起因与影响有哪些?》，半岛电视台，2021 年 10 月 20 日，https://chinese. aljazeera. net/economy。（上网时间：2021 年 11 月 27 日）

能策略》起，一直到2021年7月的“适应55”气候一揽子政策框架，欧盟一直出台各类政策积极推动自身新能源建设发展。截至2020年12月，欧盟可再生能源占总能源消费的19.7%，基本实现其2007年提出的目标。①

欧盟能源结构转型的快速发展和过度强调环保目标，导致其对化石能源的重视下降。据国际能源署数据显示，② 欧盟2021年前三季度天然气进口量远低于近5年平均水平，各国并没有做好足够的天然气购置储备工作。欧盟委员会公布数据显示，2021年第二季度，欧盟天然气需求相比2020年同期上涨19%，而进口天然气总量仅上涨8%。③ 从欧洲天然气基础设施负荷情况看，2021年9月底，欧洲天然气储存设施的负荷水平仅为74.7%，为过去10年最低水平，且远低于2000年来平均水平。④ 除此以外，个别欧盟国家增加了对外天然气出口，进一步增加了欧盟内部天然气供应压力。

同时，欧盟自身天然气生产逐年下降。2021年前三季度，欧盟（除挪威外）天然气生产同比下降23%，约为410亿立方米。除此以外，以法国、比利时为代表的部分国家，计划减少对化石能源项目的融资，这将在未来进一步缩减欧盟自身天然气生产规模。

能源结构转型和新能源快速发展背景下，欧盟缩减外部和内部供应规模的行为是造成此次天然气危机的关键原因之一。

3. 经济复苏与寒冷气候

本次能源危机爆发的直接原因是后疫情时代欧洲经济复苏，以及寒冷气候导致能源需求量迅速增加。

---

① “An energy policy for Europe 2007”, European Commission, October 1, 2007, https://eur lex. europa. eu/legal – content/EN/TXT/PDF/? uri = CELEX: 52007DC0001&from = en. （上网时间：2021年11月28日）

② “European natural gas consumption”, IEA, October 10, 2021, https://www. iea. org/fuels – and – technologies/gas. （上网时间：2021年11月28日）

③ “Quarterly market reports confirm globalised nature of gas market imbalance”, European Commission, October 13, 2021, https://ec. europa. eu/info/news/quarterly – market – reports – confirm – globalised – nature – gas – market – imbalance – 2021 – oct – 13_en. （上网时间：2021年11月28日）

④ Gas infrastructure Europe 有关欧盟天然气库存的数据，兴业证券经济与金融研究院整理。

2021年以来欧盟实现了经济的持续增长，国民生产总值由第一季度的约33670亿欧元上升到第三季度的约36480亿欧元，增长率达8.3%。2021年第二季度，欧盟经济增速达14%，超越历史最高纪录。欧盟内需与消费支出也出现了不同程度的增长，总体上，经济快速增长，需求快速增加，欧盟各国经济呈现出复苏状态。

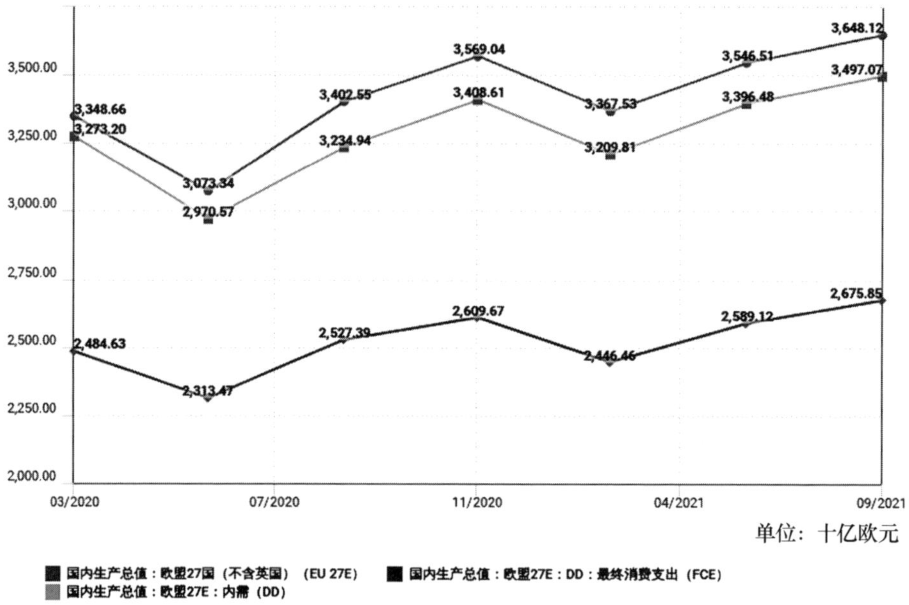

图9-7　欧盟域内生产总值

资料来源：《欧盟域内生产总值》，CEIC数据库，2022年4月19日，https：//insights. ceic-data. com/Untitled - insight/views。

进入2021年11月以来，欧洲遭受了强烈的寒潮冲击，西欧许多国家平均气温降到了-10℃左右，部分地区最低气温达到了-20℃。寒潮的影响提高了欧洲的能源需求，加剧了能源市场供需关系的进一步变化。

在经济复苏和寒潮的共同影响下，欧洲的能源需求逐步增加。根据欧洲能源部预测数据，2021年11月以后欧洲的电路负荷将持续上升，德法等发达国家的电路负荷长期保持在40000兆瓦上，最高时可能达到60000兆瓦以上，能源需求呈现大幅上升的状态。

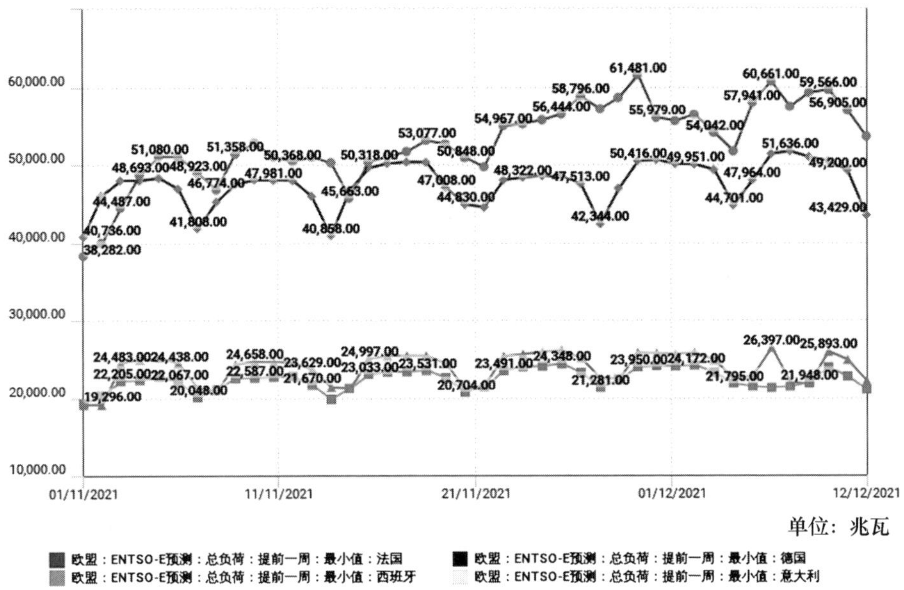

图9－8　法国、德国、西班牙和意大利四国电力需求预测

资料来源：《欧盟域内各国电力需求预测》，CEIC 数据库，2022 年 6 月 7 日，https：//insights. ceicdata. com/Untitled－insight/views。

总而言之，欧洲经济复苏和寒潮的影响提高了市场对于能源的需求，导致能源市场供需进一步失衡。天然气作为欧洲最重要的能源之一，受供需关系波动影响较大，导致价格的剧烈波动和能源供需的进一步失衡。反映出欧盟在能源问题上的脆弱性。

二、俄欧天然气博弈历史与特点

俄欧天然气博弈的本质是俄罗斯希望维持并扩大其天然气在欧洲市场的地位，与欧盟希望减少对俄天然气依赖之间的矛盾。两者的博弈在动机上反映为能源安全内涵的矛盾，在政策领域上反映为俄罗斯能源出口战略与欧盟能源市场自由化改革的博弈。俄欧为能在双方能源关系中占据优势，进一步围绕市场份额、交易机制、运输管理三个领域展开博弈。

（一）俄欧天然气市场份额博弈

1. 俄欧在份额上的诉求和考量

俄罗斯是欧洲天然气第一进口来源国，从俄罗斯进口的天然气占欧洲天然气需求的40%，而欧洲是世界天然气消费的主要市场，2019年欧洲市场天然气消费总量占世界天然气消费总量的14%—15%。[①] 因此，欧洲市场是世界主要天然气公司的必争之地。同时，2011年“北溪—1”投入使用后，每年向欧洲输送的天然气量总体递增。“北溪—2”项目的完工将进一步扩大俄罗斯在欧洲的市场，强化欧洲对俄罗斯的依赖，同时挤压一直与俄罗斯较量的美国、挪威的市场份额。鉴于此，俄罗斯必然会持续扩大其在欧洲天然气市场的份额，以维护自身利益。

欧洲与俄罗斯的考量完全相反。欧洲不希望俄罗斯企业长期垄断欧洲天然气供应，几次天然气供应危机已经让欧洲意识到依赖单一的天然气来源极大程度上威胁着欧洲能源安全，因此，欧盟出台了一系列新能源改革、天然气市场化政策，希望改变天然气市场被垄断的现状，保证能源安全，建设具有竞争力的能源市场。

2. 欧洲新能源改革和天然气进口多元化战略

（1）新能源改革。欧盟能源政策包括能源供应安全、能源市场建设和可持续发展三个目标。其主要依托能源市场化改革来实现。

欧盟天然气市场化实践由包括欧盟内部市场改革和外部的能源外交实践所组成。在内部，欧盟在市场拆分、准入机制和监管机构三方面进行改革。在外部，通过与欧盟周边国家建立能源共同体，签署《能源宪章条约》，以及发展能源伙伴关系等方式开展能源外交。

① 寇佳丽：《“北溪2号”：天然气市场之争》，《经济》2021年第6期，第94—97页。

其改革的核心文件是《欧盟第三次能源改革方案》，围绕该方案，欧盟力求打破内部市场竞争障碍，并推动欧盟排放交易机制发展。此外，欧盟希望能依托该文件推动各成员国国内的新能源发展。

（2）天然气进口多元化战略。俄欧之间多次天然气危机使得欧盟怀疑俄罗斯是否仍是“可靠的能源供应者”，出于能源安全考量，欧盟加速推进天然气进口多元化政策。其一，鼓励欧洲各国积极开发替代能源，以降低对液化天然气的依赖；其二，鉴于液化天然气价格比管道气具有更强大的竞争力，欧盟各国加大了液化天然气的进口规模；其三，欧洲积极推进包括“纳布科”项目在内的“南方天然气走廊”计划，以求减少欧盟对俄罗斯的依赖，进一步保证欧洲能源安全。

3. 俄罗斯天然气出口战略

为了应对欧盟能源改革的冲击，以及出于拓展其天然气在欧洲市场份额的需求，俄罗斯相应的出台自身的天然气出口战略。由于俄罗斯政府官方对俄气公司持股超过50%，所以俄气公司的战略直接反映出俄罗斯政府意图。

俄罗斯天然气公司的出口战略即是俄罗斯的天然气出口战略。俄罗斯天然气公司出口战略目的是确保长期稳定增加天然气的出口收入，其原则主要包括以下方面。

（1）出口依旧以欧洲市场为基础。欧盟长期以来是俄罗斯天然气公司最重要的海外市场。俄罗斯已分别与德国、法国、奥地利等多个欧洲国家签订了长期合同。同时，俄罗斯天然气公司深入欧洲能源企业下游，展开能源经营合作，从而规避欧盟审查。

（2）市场多元化。考虑到远东地区的经济发展以及稳定能源出口的需求，俄罗斯积极开拓亚洲新兴市场，以减少对欧洲的市场依赖。

（3）出口净价统一与过境最小化。苏联解体后，俄罗斯天然气公司拟将出口至独联体国家的天然气价格提高至西欧国家的水平，即确保一定的基础净价，在此基础上再根据相应运输成本不同程度增减。目前，出口欧亚联盟国家的天然气正在实施这项原则。同时，俄罗斯西向的天然气输气管道大多过境乌克兰。两国曾在天然气抽取和气价等问题上爆发过争端。

为此，俄罗斯正借助海上管道以确保出口稳定。

（4）进入中亚天然气领域。目前，由于传统气田资源趋于枯竭，俄罗斯寄希望于亚马尔半岛等地的新气田，但其能否适时增加产量还是未知数。为确保供应能力，俄气公司未来仍将增加进口更廉价的中亚天然气。同时，为避开与俄罗斯产天然气的潜在竞争，俄罗斯强化与中亚产气国的关系，维护其在中亚地区油气外运的优势地位。如 2007 年 5 月俄罗斯政府与哈萨克斯坦等中亚国家签订了出口俄罗斯的沿里海输气管道改造和建设沿里海的管道框架协议。

（5）强化与其他天然气生产国的合作关系。为提高俄罗斯对消费国的能源话语权，俄与非洲、中东、中南美等地区的一些天然气生产国签订了双边合作协议，在勘探、开发、生产运输等领域进行合作。俄气公司计划向尼日利亚投资 25 亿以开发其天然气。同时，俄气还将参加玻利维亚天然气工业 2030 年前发展总体规划的起草工作，并与玻利维亚国家石油公司签署谅解备忘录。此外，根据俄古两国政府达成的有关油气合作谅解备忘录，俄罗斯天然气公司等俄罗斯能源公司与古巴国家石油公司分别就油气开发环节签署合作协议。进入国外上游领域已是俄罗斯天然气公司的新兴业务。

（二）俄欧天然气交易机制博弈

目前俄欧天然气交易主要存在两种机制。一种是由两国公司签订的长期供应合同交易机制，双方确定固定的天然气价格，长期稳定交付，期限为 5—30 年不等。另一种是短期交易机制，通过天然气交易中心来确定交易价格和数量，以短期订单交付，期限为 15—90 天。

1. 长期供应合同机制

俄欧天然气交易目前以长期供应合同机制为主。天然气交易合同由俄罗斯天然气公司和欧盟各国的能源公司直接达成，确立了长期稳定的供气，并且按照“油气挂钩”的机制确定价格。根据“照付不议”的原则签订合同之后，俄气需要按照合同规定的数量和价格向欧洲持续供气，超出合同规定数量的天然气则以另外的价格计算。

长期供应合同机制保证了天然气交易的长期稳定进行，确保了俄罗斯外贸收入和欧盟能源获取的稳定。对外能源出口收入大约占据俄罗斯外贸收入的50%，是俄罗斯经济增长的重要动力。欧洲是俄罗斯天然气出口最重要的市场，2021 年以来俄罗斯对欧洲天然气出口月度平均规模在 125 亿立方米以上，占俄对外天然气出口的大部。[①] 对于俄罗斯而言，长期供应合同保证了俄罗斯外贸收入的稳定，促进了俄罗斯经济发展。

由于欧洲自身生产的天然气数量不多，主要依靠天然气进口以满足需求。对于欧洲而言，长期合同交易也保障了天然气资源的充足供应。俄罗斯作为欧洲天然气的主要进口来源国，通过各个天然气管道，欧洲可以快捷地获得大量来自俄罗斯的管道天然气，有效满足了其能源需求。

尽管长期合同交易较为稳定，但其价格往往高于短期合同交易机制下天然气价格。同时，在长期合同交易机制下，欧洲的能源进口高度依赖俄罗斯，因此常常处于能源博弈的劣势。俄罗斯向欧洲提供的天然气约占欧洲天然气消费总量的32%，如果“北溪—2”开始运转，俄罗斯天然气在欧盟市场的占有份额将超过40%。[②] 高度的能源依赖迫使欧洲提高能源进口的多元化，降低俄欧博弈期间俄罗斯的话语权，抵消俄罗斯在能源以至其他议题上对欧洲的消极影响。

长期合同交易对于俄罗斯而言也不是百试百灵。欧洲加快建设完善能源市场机制、提高能源多元化，美国发动页岩气革命并加大对欧天然气出口，这些都挑战了俄罗斯天然气在欧洲的稳固地位。因此俄罗斯也试图采取措施以减轻长期交易机制的弊端，保持其优势地位。

2. 短期交易机制

短期交易机制是指通过天然气交易所进行现货或者期货交易。短期交易主要根据市场需求进行订单交易，而不是长期的合同交易。短期交易主

---

① 《俄罗斯天然气出口，年度：地区》，CEIC 数据库，https：//insights. ceicdata. com/Untitled - insight/views。(上网时间：2022 年 8 月 31 日)

② 童珊、苟利武：《“北溪—2”管道建设与俄美欧能源博弈》，《现代国际关系》2020 年第 5 期，第 23—30 页。

要依靠市场定价，根据供需关系调整价格，因此能够较好地反映市场的供需关系变化。由于长期合同下的天然气价格稳定、变化小，不能较好地反映市场需求，因此近年来欧盟逐步提高了短期交易机制的比重。

短期交易机制的发展得益于欧洲天然气市场机制的完善。依托欧洲各国的天然气交易所，欧洲成功建立起了和英美以及俄罗斯对接的天然气市场。通过基础设施和管道建设，欧盟实现了天然气在整个欧洲市场内部的自由流通。另外，美国页岩气革命大大降低了天然气的生产成本。为了与俄罗斯争夺欧洲的天然气市场，美国大力推动欧洲的天然气期货交易，提高天然气市场化。期货交易制度下的天然气价格往往比长期合同要便宜，且页岩气比起传统天然气要更加清洁，逐渐受到欧洲市场的青睐。

不过，短期交易机制下的低价格是以价格波动、供应不稳定为代价的，并非完美的交易机制。

对俄罗斯而言，天然气长期合同机制更符合其利益。而短期交易机制是美国抢占欧洲市场的手段。美欧计划在之后的 4 年里将液化天然气贸易量翻一番。[①] 美国天然气是对俄罗斯天然气地位的一大挑战。因此俄罗斯需要进一步优化和欧洲在能源问题上的合作，发挥距离和成本优势，稳固自身地位。

对欧洲而言，天然气短期交易机制更符合其利益。该机制是提高欧洲能源自主性的有效手段。通过进行短期交易，欧洲可以利用其在市场和定价方面的优势，以较低的价格买入天然气。另外，短期交易机制可以促进欧洲能源市场的多元化，接受来自美国和俄罗斯的天然气，优化能源进口结构，减少对俄天然气依赖，是争取战略自主的重要手段。

此次天然气危机中，俄方多次暗示欧盟可以通过与俄罗斯签订长期合同来获取额外天然气供应，在通过乌克兰输气问题上，俄罗斯只接受长期合同框架下增加输气的谈判。欧盟主要国家尚未与俄罗斯增订天然气长期合同，但部分国家和俄罗斯在长期合同机制下达成了一定进展，匈牙利签

---

① 陈小沁、王璐：《从“北溪－2”项目看德俄关系及俄美欧三方博弈》，《俄罗斯学刊》2021 年第 2 期，第 92—109 页。

订了长期天然气合同，塞尔维亚有意与俄扩大天然气合作。

综上所述，在天然气交易机制的博弈中，俄欧有各自的立场偏好。交易机制转型是俄欧能源博弈的重要转折，双方的能源话语权会因为交易机制的变化而趋向接近，现有俄强欧弱的不对称关系会逐步改变。

（三）俄欧天然气运输与管理博弈

1. 俄欧天然气管道博弈

（1）现有天然气管道及运力。俄欧天然气管道经过数十年的发展，已较为成熟。目前连接俄罗斯和欧洲的有四条管道，自北向南分别为：北溪系列管道（“北溪—1”“北溪—2”）、亚马尔—欧洲管道、乌克兰境内管道、黑海土耳其管道（“蓝溪”“土耳其溪”）。

北溪系列管道由“北溪—1”和“北溪—2”两条平行管道组成，经波罗的海到德国。其中，“北溪—1”项目于2000年提出，2012年10月正式通气，其设计运输量为550亿立方米/年，[①] 但实际运输量约为600亿立方米/年，超出设计量10%。[②]“北溪—2”于2015年立项，2021年9月该项目全部完工，待欧盟认证进程完成后即可输气，运气量为550亿立方米/年。[③]

亚马尔—欧洲管道经过白俄罗斯境内输往欧盟。该项目于1994年动工，在2006年完成全部认证后开始输送天然气。该天然气管道运力为330亿立方米/年，除去白俄罗斯年均向俄罗斯购买190亿立方米/年，[④] 该管道实际承担对欧天然气输送不超过140亿立方米/年，约占欧盟购买俄罗斯天然气总额的12%。

---

① 《有关北溪—1的介绍》，俄罗斯大然气工业股份公司官网，https：//www. gazprom. com/projects/nord－stream/。（上网时间：2021年12月1日）

② 董一凡：《欧俄能源合作中的大国博弈》，《国际问题研究》2020年第1期，第89—107页。

③ 《有关北溪—2的介绍》，俄罗斯天然气工业股份公司官网，https：//www. gazprom. com/projects/nord－stream/。（上网时间：2021年12月1日）

④ 《1996—2020白俄罗斯进口天然气总额》，CEIC，2021年12月1日，https：//insights. ceicdata. com/Untitled－insight/myseries。（上网时间：2021年12月1日）

乌克兰境内管道[①]由 12 条管道组成，完成于 1970—1980 年间，至今有较长历史。乌克兰境内管道向欧洲输送天然气总运力为 1460 亿立方米/年，其中最重要的三条管道为“联盟”管道、“兄弟”管道和“进步”管道，总运力为 800 亿立方米/年。[②] 由于俄乌关系的恶化，俄罗斯有意降低通过乌克兰境内管道运输比例。

黑海土耳其管道由“蓝溪”与“土耳其溪”两条管道共同组成，经由黑海和土耳其境内连接俄罗斯与欧盟（保加利亚、罗马尼亚）。“蓝溪”于 2005 年正式建成输气，由于该项目采用技术有限，管道运力为 160 亿立方米/年，俄罗斯有提升其运力的考量，目前俄罗斯正与匈牙利探讨建设“蓝溪—2”的可行性。“土耳其溪”是俄罗斯为了代替停滞的“南溪”与土耳其合作的管道，2020 年正式开通，运力约为 315 立方米/年。[③]

（2）俄欧对于天然气管道设置的考量。在管道设置领域，俄罗斯吸取了前几次与白俄罗斯、乌克兰天然气争端的经验。由于陆上管道所处地位关键且脆弱，跨境运输问题常被“政治化”，对能源运输安全产生极大影响。为了减少天然气运输对个别国家的过度依赖，俄罗斯实施了天然气运输多元化战略，依托增修海上天然气管道，减少他国干预风险，增加对欧天然气出口。对欧盟来说，管道数量的多少并不能改变其受俄罗斯“控制”的性质，管道的增加继续提高了俄罗斯影响欧盟市场的能力。欧盟曾采取应对措施，提出了“南方天然气走廊”计划，但成效十分有限，并不能实质性改变俄罗斯天然气在欧洲市场中的地位。[④] 其中作为重点项目的“纳布科”管道由于成本过高、欧盟内部资金紧张、气源地供气量较少、俄罗斯“南溪”天然气管道的竞争等原因，最终在 2013 年终止。2014 年以来，由于俄乌关系长期恶化，俄罗斯有意减少了通过乌克兰向欧输送带天然气数量，并筹备建设了“北溪—2”和“土耳其溪”管道。

---

① 指俄气过境管道。

② 梁萌、张奇、白福高等：《乌克兰油气储运系统与过境运输启示》，《油气储运》2021 年第 6 期，第 609—618 页。

③ 《有关土耳其溪的介绍》，俄罗斯天然气工业股份公司官网，https：//www.gazprom.com/projects/turk－stream/。（上网时间：2021 年 12 月 1 日）

④ 连波：《欧盟能源安全战略一体化的困境分析》，《德国研究》2020 年第 1 期，第 55—75 页。

此次天然气危机中，俄欧围绕“北溪—2”的建设与认证进行了激烈的博弈。此次博弈背后是能源生产国与能源运输国和能源进口国之间的矛盾，由于各方能源安全含义不同，对管道的设置也有不同的考量。俄罗斯极力推动该项目，以摆脱对天然气过境国的依赖。欧盟内部对该项目产生分歧，以德国、法国为代表的大国希望加速管道建设，从而获得经济收益、保障能源安全、提高自身能源地位①。以乌克兰、波兰、立陶宛为代表的中东欧国家则反对该项目，并担心自身失去对俄政治筹码和天然气过境收益。

欧盟内反对势力与美国从欧洲议会和国际层面向支持派施压。一方面，自 2017 年以来，美国通过外交施压和对俄制裁的方式，希望逼迫德国停止项目建设。另一方面，自 2021 年 6 月份以来，波兰和乌克兰频繁在欧洲议会上抨击“北溪—2”项目，并发起动议将该问题引入欧盟层面进行探讨。

为了推动“北溪—2”的建设，俄罗斯采取逐个击破的策略。首先，俄罗斯通过 2021 年 6 月的元首峰会缓和了对美关系，间接地推动了美德在 7 月关于“北溪—2”的谈判。其次，俄罗斯加强与德合作，配合其对美谈判，最终有条件地移除了美国对该项目的制裁，扫清了阻碍“北溪—2”建设的最大障碍。再次，俄罗斯还多次公开阐述“北溪—2”对于欧盟的经济价值、安全价值，并保证该项目无政治目的，以期获得有关欧盟成员国的支持。最后，俄罗斯主动缓和与乌克兰的关系，通过续签天然气运输协议和减少边境军事部署等方式改善俄乌关系，一定程度上缓解了欧盟各成员国对俄罗斯的敌视态度，助推了项目的建设。在俄罗斯的推动下，“北溪—2”于 2021 年 9 月 15 日完工，进入认证阶段。俄罗斯赢得了在此次危机中管道建设的博弈。

2021 年 10 月以来，欧洲遭受了新一轮更严重的天然气危机的冲击，俄罗斯利用此契机，采取微妙策略推动管道认证工作。一方面，普京公开

---

① 董志敏：《俄美欧博弈下的北溪—2 号项目》，《西伯利亚研究》2018 年第 5 期，第 55—59 页。

表态[①]将增加对欧天然气出口，但副总理诺瓦克却强调俄政府会首先满足国内需求。事实上，俄罗斯天然气完全能够满足其自身需求。此举是为了向外释放信号：俄罗斯将在满足国内需求后，愿意承担国际责任，与欧盟共同应对危机。该表态为俄罗斯树立了良好的国际形象，即便未来取消对欧输气，也能以“国内供给不足”为由推脱。另一方面，俄罗斯以现有俄欧天然气管道设备老化、运力有限为由，并没有大规模增加对欧天然气出口。[②]俄罗斯一系列行动的目的在于向欧盟施压，暗示其应加速“北溪—2”认证工作，从根本上解决此次危机。

面对俄罗斯的表态，欧盟依旧在能源安全议题上对俄抱有疑惧。一方面，欧盟急需天然气缓解当下危机，另一方面，欧盟担心过快认证“北溪—2”将使其在能源问题上丧失更多自主权，增强俄罗斯对欧盟的影响力。因此，德国政府在考虑了欧盟团结、俄欧关系紧张、新政府上台、联合组阁压力等因素后，以“北溪—2”运营商不符合德国法律为由，暂停了管道的认证工作。

在管道认证这轮博弈中，俄罗斯未能获得优势，管道认证工作终止。欧盟占据此次博弈上风，但也为能源自主权付出了一定代价。

2. 俄欧天然气运营管理博弈

欧盟对于天然气运营管理的规定与考量。欧盟能源市场改革最初目的在于打破欧盟内部天然气的“自然垄断”，提高欧盟内能源竞争水平。为实现这一目的，欧盟从监管和市场拆分两个维度施策，并以《第三个内部能源市场一揽子计划》（下称《计划》）将改革方案予以确立。一方面，欧委会要求各国成立国家层面的独立能源监管机构，并在欧盟层面建立能

① 《平抑天然气价格　俄罗斯将增加对欧洲出口》，透视俄罗斯，2021 年 10 月 14 日，http：//tsrus. cn/jingji/caijing/2021/10/14/673263。（上网时间：2021 年 12 月 2 日）

② 德国天然气运营商加斯卡德（Gascade）数据显示，德国边境管道进气 10 月以后未有明显增长。经过乌克兰的管道没有任何增加，而亚马尔—欧洲管道仅增加了约 35% 的供气，其余管道均没有明显输气增加的迹象。参见 https：//tron. gascade. biz/？language = en。（上网时间：2021 年 12 月 3 日）

源监管机构合作机构协调各国监管。[①] 另一方面，欧盟将原来纵向一体化的天然气市场拆分为生产、输送、配送、储存、销售五个独立市场，并要求各环节由不同的企业参与，以避免个别企业形成垄断。对俄气来说，欧盟的《计划》中第三方准入、所有权拆分、第三国条款等内容使其不能在控制能源生产（供给）的同时控制所有管道运输系统，必须要开放其管道系统。

2015 年“北溪—2”项目上马后，出于对能源安全和地缘政治的考量，欧盟内一直有声音希望欧委会能够监管“北溪—2”项目，评估其是否满足欧盟《计划》的反垄断要求。但由于欧盟缺少监管欧盟外第三方项目的法律依据，欧盟没有将“北溪—2”纳入监管。2017 年，在大多数国家支持下，波兰等国要求扩大欧盟对天然气监管范围，将“北溪—2”纳入监管，但因德国反对而未有结果。迫于压力，2019 年，德国与其他国家达成妥协，修改了欧盟有关政策，扩大了欧盟监管权力与范围，欧盟具有了监管、评估“北溪—2”的权力，但最终将监管权赋予德国。欧盟 2019 年修订《计划》的动机在于遏制俄气在欧洲市场的影响力，从而降低俄罗斯对于欧盟的能源控制力。此次天然气危机中，出于同样的考虑，波兰与乌克兰援引《计划》第 36 条、37 条、40 条等条款，呼吁欧盟行使部分监管权，评估“北溪—2”运营公司北溪—2AG 是否满足天然气运营与销售“分拆”要求。由于北溪—2AG 的唯一股东是俄气，且未在德国设有公司，不满足“境内独立运营企业”要求，在德国政局变化和其他压力下，德国能源监管机构以“不符合德国法律”为由，暂停了认证进程。

三、俄欧天然气竞合特点

（一）相互依赖关系

俄欧的天然气博弈建立在相互依赖基础之上。俄罗斯与欧盟的天然气

① “Interpretative Note On Directive 2009/72/Ec Concerning Common Rules For The Internal Market In Electricity And Directive 2009/73/Ec Concerning Common Rules For The Internal Market In Natural Gas”, European Commission, January 22, 2010 https://ec.europa.eu/energy/sites/default/files/documents/2010_01_21_the_regulatory_authorities.pdf.（上网时间：2021 年 12 月 4 日）

贸易有30年历史，[①] 在长期的贸易过程中，俄欧建立起相互依赖关系，当双方的天然气贸易中断或者双方就旧的贸易关系进行调整时，俄罗斯与欧盟都会受到损失。

相互依赖的理论最早由罗伯特·基欧汉和约瑟夫·奈在其著作《权力与相互依赖》中提出，他们认为这种相互依赖关系包含着敏感性与脆弱性两个特点。敏感性是指一方调整政策导致另一方遭受即时性损失的程度，包括遭受损失的速度与大小；脆弱性是指，当变化产生后，一方通过寻找替代措施以应对变化而付出的代价。

1. 敏感性

俄罗斯与欧盟在天然气贸易中的敏感性相互依赖明显，中断俄欧天然气贸易关系会给双方带来迅速且巨大的冲击。由于天然气对双方有不同含义，俄欧呈现不同程度的敏感性相互依赖。

对于欧盟来说，天然气被视为必需品而购买。作为欧盟最大天然气供应国，俄罗斯断供会使欧盟遭受巨大的冲击，主要体现为因天然气价格上涨导致的经济衰退和社会混乱。发达期货市场对天然气供给变化是敏感的，供给端的波动对价格的影响十分迅速：外部供应骤减将迅速推高天然气价格。高价能源将随之冲击能源与工业领域，推动电价上涨，其影响最终将外溢为欧盟各成员国经济的衰退。

对于俄罗斯来说，天然气被视为商品而出售。欧盟终止购气将冲击俄罗斯的财政收入，主要表现为因外汇收入减少而导致的经济衰退。俄气将首先受到冲击，俄联邦资产管理局收入下降，以致影响国家财政和经济增长。

2. 脆弱性

俄欧天然气贸易关系中的脆弱性主要以双方能否在关系变化时找到更低代价的替代方式评判。

---

① 欧盟与苏联的天然气贸易从20世纪70年代就开始了，如果算上苏联时期，则贸易时间长达50年左右。

对于欧盟来说，当失去俄罗斯的天然气后，其是否可以在供给端和需求端寻求替代方案。在供给端方面，根据目前的欧盟天然气进口结构，它可以寻求美国、挪威或者阿尔及利亚的天然气作为替代，也可以通过发展新能源来代替天然气在欧盟的能源地位。但是一方面，美国、挪威或阿尔及利亚都难以在短时间内提升天然气产能，① 且价格较高，欧盟采用这种方式弥补俄罗斯的缺失是代价巨大的。另一方面，尽管欧盟各国采取了大量的措施，② 但通过发展新能源的方式弥补俄罗斯的天然气空缺是一个长期的政策，短期内新能源无法完全替代传统能源。在需求端方面，欧盟可以通过建立统一天然气政策，控制需求，协调天然气分配，以应对危机。但考虑欧盟各成员国能源现状和政策差异，寻求这一替代措施暂无政策可行性。

俄罗斯方面，想找到同欧盟一般巨大的市场十分困难，短期替代成本较高。俄罗斯面临的是商品滞销问题，其替代方案为减少天然气生产，加快寻求替代市场。

综上所述，在目前的状况下，欧盟对俄罗斯天然气供给的脆弱性相互依赖相比于俄罗斯对欧盟市场的脆弱性相互依赖较高。但是随着欧盟新能源的不断发展，欧盟利用新能源代替天然气进口的成本将越来越小，俄罗斯需要针对市场的调整重新布局，因此，欧盟对俄天然气依赖程度将逐步下降，当欧盟的新能源发展程度达到某一阶段时，这种脆弱性可能会消失。

就此次天然气危机而言，天然气价格的飙升反映了俄欧天然气关系的变化，这对俄欧双方都造成了影响，但是欧盟遭受的损失更为严重，这个过程就是俄欧天然气贸易相互依赖关系的反映。

---

① 据统计，欧盟2020年进口俄罗斯的天然气占进口总额的50%左右，美国占8%左右，阿尔及利亚占15%左右，挪威占25%左右，这些国家不太可能迅速提高天然气产量与运力，填补欧盟的天然气空缺。

② 欧盟目前已经计划逐步减少传统能源消耗占比，并制定了“Fit for 2050”的发展目标。

（二）多因争端与价格导向

俄欧的天然气争端的起因较多，但所有的争端都围绕天然气价格展开，并导致天然气价格上涨。

2006 年至 2021 年，俄欧之间共发生 8 次天然气争端，平均两年一次，较为频繁。其中前 7 次天然气争端，欧盟皆由于俄罗斯与天然气过境国（白俄罗斯、乌克兰）之间的争端而介入。这 7 次争端都是由于天然气价格、天然气债务与预付款等问题而爆发，其主要影响为天然气价格上涨。在这些危机中，俄罗斯主动采取了诸如断气、减少供气等措施以达成提价、催债等目的。欧盟被动卷入争端，采取支持天然气过境国的立场，以调停者的身份间接参与到对俄天然气博弈之中。

2021 年俄欧天然气争端在争端原因、有关方、俄罗斯手段、争端领域四个方面呈现出特殊性。此次天然气争端起源于欧洲天然气短缺，而以往的争端主要是俄罗斯与过境国的争端外溢为俄罗斯与欧盟的争端。此次危机直接爆发在俄罗斯与欧盟之间，与过境国关系较小。另外，针对此次争端，俄罗斯并没有采取断气或减供的手段，反而略微增加了对欧天然气出口。此次俄欧天然气博弈涉及领域不仅局限于市场份额与价格，还包括管道认证、交易机制、运营规范方面的博弈，相比以往的博弈更加综合、全面。

表 9－1　俄欧天然气冲突历史

时间	起因	有关方 与 俄方行动	涉及冲突	持续时间
2006 年	天然气价格	俄乌 主动出击 断供减供	俄乌冲突波及欧洲 长期合同机制下的价格冲突管道与市场份额	2006.01 （约两天）
2008—2009 年	天然气价格 债务偿还	俄乌 主动出击断供	俄乌冲突波及欧洲长期合同机制下的价格冲突运输问题	2009.01.01— 2009.01.11 （十天）

续表

时间	起因	有关方 与 俄方行动	涉及冲突	持续时间
2004 年	天然气价格	俄白 主动出击断供	俄白冲突波及欧洲长期合同机制下的价格冲突运输问题	2004. 01— 2004. 02 （约一个月）
2006 年	天然气价格	俄白 主动出击提价	俄白冲突波及欧洲长期合同机制下的价格冲突运输问题	2006. 03— 2006. 12 （约九个月）
2010 年	天然气债务	俄白 主动出击断供	俄白冲突波及欧洲	2010. 06— 2010. 07 （约一个月）
2014 年	天然气债务	俄乌断供	俄乌冲突波及欧洲价格问题	2014. 02— 2014. 12 （约十个月）
2015 年	天然气 预付款	俄乌 主动出击断供	俄乌冲突波及欧洲市场份额（销售受阻）	2015. 06— 2016. 01 （约六个月）
2021 年	天然气短缺	俄欧 未有断供	混合交易机制下价格冲突管道铺设与认证运营分拆矛盾	未发生断气到危机 2021. 03—至今

资料来源：王树春、苏晓：《政治惯性、经济考量？——从天然气争端看俄经济外交》，《战略决策研究》2011 年第 3 期。

（三）制度化程度低

在数十年的天然气贸易中，俄罗斯与欧盟为保障天然气合作尝试了多次制度设计。然而，俄欧天然气贸易的保障机制却由于 2014 年的乌克兰危机中断，尚未恢复。

在俄欧天然气贸易历史上，双方曾形成过三个层面的合作机制。首先是政府间能源合作机制，从较为宏观的层面规范了俄欧天然气合作的方向和原则。比较具有代表性的机制是1994年俄欧签署的《欧洲能源宪章》、2000年的“欧盟—俄罗斯能源对话”机制、俄欧峰会等。其次是跨政府能源合作机制，例如“欧盟—俄罗斯能源对话”机制中的秘书处、研讨会、技术中心，其目标在于将高层战略共识转变为能源项目。最后是由能源公司和非政府组织（NGO）组成的跨国能源合作机制，其目的是为了推动具体项目的实施。虽然俄欧在合作机制上取得了一定突破，但由于其制度设计缺陷和俄欧政治局势变化，两者的能源合作机制发展处于停滞状态。俄罗斯目前尚未在国内批准《欧洲能源宪章》。而2013年底的乌克兰危机又使得俄欧峰会和“欧盟—俄罗斯能源对话”两个机制停摆。

俄欧的天然气博弈就在无制度保障的情况下进行。制度化程度低不仅成为俄欧天然气博弈的特点，也成为导致此次天然气危机的重要原因之一。实际上，乌克兰危机只是俄欧天然气机制破裂的表层原因，本质上是双方对以往机制存在不满。目前双方都未寻求恢复的主要原因是此机制无法同时满足双方的利益诉求。

欧盟期望通过制度使得俄罗斯成为稳定的天然气供应者，原因主要是此前分析的敏感性和脆弱性相互依赖，欧盟不希望在能源方面受到俄罗斯的强力制约。此外，欧盟也有内生的新能源发展需求，不希望在新能源成为主要能源后仍受天然气贸易制度制约。目前的状况基本上符合欧盟的利益，因此欧盟并未在乌克兰危机后积极促成机制的回归。但失去制度保障也意味着面临危机时，欧盟缺少了及时应对的能力。

俄罗斯希望建设一个可以保障其在欧天然气利益的、长期稳固的且有进一步讨价还价空间的天然气贸易制度，同时寄希望于通过制度规范天然气运输中转国的义务，以保障俄罗斯利益。此外，俄罗斯还希望通过制度，建立有效的争端协商机制，以维持正常贸易秩序。因此，俄罗斯希望与欧盟建设宏观的天然气贸易制度。但由于俄欧过往制度未能满足俄罗斯需求以及俄欧关系紧张等因素，目前尚未观察到俄罗斯在机制建设方面的进一步努力。

结　语

2021 年以来的天然气危机是欧盟能源政策短板的集中体现，反映出欧盟在天然气贸易市场和内部能源市场改革方面存在的风险。此次天然气危机俄欧的互动，反映出两者在市场份额、价格、天然气管道与运营、机制等方面的博弈。这些博弈建立在双方相互依赖的能源关系之上，由于两者的能源安全理念不同，俄欧天然气关系存在根本性矛盾。除能源关系外，俄欧的政治关系和美国的干扰也是影响俄欧能源合作的重要因素。俄欧能源关系起于互补互利，争于目标差异，滞于政治危机，进于完善机制。

冷战后俄罗斯与北约关系的发展历程与特点

陈颖楠　曹　聪*

【摘　要】 冷战结束后，俄罗斯与北约逐步从相互对峙走向相互合作，建立了俄罗斯—北约理事会合作机制，俄对北约事务的参与范围和程度得到显著扩大和提高，但始终没有对北约行动的否决权，俄北关系并没有产生实质性的变化，俄乌冲突的爆发更是将双边关系降至冰点。为维护大国地位，俄曾一度向北约妥协，而为应对北约的威胁与挑衅，俄又必须强化与北约的军事对峙。为巩固内部的团结与统一，稳固欧洲安全格局，并维护其国际战略地位，北约需要为自身寻找一个共同的“敌人”，以实现其“完整自由之欧洲”的战略构想。30 年来，俄北关系呈现出不对称性、阶段性和象征性的特点，“分歧大于共识、冲突多于合作”仍是双边关系的主基调。在当前双方关系已完全破裂的现实下，未来俄北军事对峙和政治渗透将不断加剧。双方仍将继续围绕“北约东扩”展开博弈，双边关系短期内难以改善。

【关键词】 俄罗斯　北约　伙伴关系　冲突与合作

---

* 陈颖楠，广东外语外贸大学国际关系学院外交学专业 2019 级本科生；曹聪，广东外语外贸大学国际关系学院国际关系专业 2021 级硕士研究生。

一、冷战后俄罗斯与北约关系的发展历程

第二次世界大战结束后，以美国为首的资本主义国家和以苏联为首的社会主义国家分别组建了北大西洋公约组织和华沙条约组织，形成了两大军事集团与意识形态对立的冷战态势。苏联解体后，华沙条约组织解散，北约却依旧以庞大的军事政治集团的角色活跃在世界舞台之上。俄罗斯与北约的关系受到多重因素的影响，经历了一波三折的起伏变化。

（一）俄北合作机制建立前的摸索时期：从对抗到合作

冷战结束后，俄罗斯以独立主权国家的身份立足于国际社会。1991 年 11 月，叶利钦首次以俄罗斯总统身份参加第 12 次北约峰会，提出建立“北大西洋合作委员会”的倡议。限于国内生产水平和国际环境，俄罗斯实行彻底倒向西方一边倒政策。但在冷战结束后，俄又采取了“积极”的对外战略：一方面继续发展同美国的关系；另一方面加强对东欧国家的援助。俄罗斯于 1992 年 1 月加入北大西洋合作委员会，时任北约秘书长表示说，俄罗斯同北约相互为敌的年代已一去不复返，一个新的伙伴、合作时期正在来临。1993 年 6 月，北约批准与俄罗斯在军事领域开展合作的计划，是俄罗斯与北约关系取得的又一进展。新形势下，叶利钦对北约东扩的态度也相对友好。1993 年 8 月，叶利钦于访波期间就波兰加入北约问题发表了谅解意见，认为波兰此举并不与俄罗斯利益相悖。

1994 年俄罗斯加入北约“和平伙伴关系计划”，北约与俄罗斯展开一系列包括在军事战略、军转民、军事开支等领域的具体合作，双方签署了《双边军事合作计划》等文件，莫斯科派遣军队参加西巴尔干地区北约所主导的维和行动。但与此同时，俄罗斯并不支持北约东扩，认为北约东扩计划严重打击了俄罗斯传统的安全屏障。俄北双方在北约东扩问题上出现严重分歧，成为俄北关系发展的核心矛盾。

（二）俄北合作机制建立时期：从“16+1 机制”到“19+1 机制”

北约东扩计划使得俄北关系的发展一度受阻。直到 1997 年 5 月，北约 16 国与俄罗斯签署《北约—俄罗斯相互关系、合作与安全基础文件》，俄罗斯与北约成立了北约—俄罗斯常设联合理事会，即“16+1 机制”，双方关系实现制度化。俄北合作构建共同而全面的欧洲安全体系，其总任务是：抵制侵略性民族主义；监督核武器、生物及化学武器的不扩散；同恐怖主义作斗争；维护人权和少数民族的权利；防止发生区域性冲突等。北约—俄罗斯常设联合理事会的活动建立在互惠和透明的原则之上，在磋商与合作过程中，双方就各自面临的与安全相关的挑战，以及各自即将采取的应对措施相互通报。尽管如此，俄罗斯在此机制下并不享有与北约各国完全平等的议事权，仅享有知情权。

1999 年 3 月，波兰、捷克和匈牙利三国加入北约，俄罗斯与北约之间的合作随即转变为“19+1 机制”。同年，北约空袭南联盟，为其在东扩道路上扫清了一定的障碍，但恶化了俄罗斯与北约的关系。叶利钦谴责北约对南联盟的军事侵略行为，拒绝出席北约成立 50 周年庆祝活动，并宣布中止与北约的合作，双方关系急剧恶化。北约驻莫斯科的代表被驱逐，双方处于不接触的僵局中，联合常设理事会形同虚设。直到 2000 年 5 月北约 19 国外长与俄罗斯外长举行俄罗斯—北约联合常设理事会部长级会议，双方才恢复正常关系。

（三）俄北合作机制发展时期：“20 机制”

1. “20 机制”的建立

21 世纪初期，针对俄罗斯自身的发展状况与所处的国际环境，普京采取务实外交政策，对北约东扩的态度较为温和。2001 年“9·11”事件成为俄北关系转折的重要契机。“9·11”事件发生后，普京致电布什，强烈谴责恐怖分子的暴力行径并对美国的反恐行动表示支持。2001 年 11 月，普京首次访美后表示，俄罗斯将不再把北约东扩视为对俄的威胁，并且重新定义了当前俄罗斯国家安全面临的最大威胁为恐怖主义和分离主义，边界安全与军事冲突。俄北在反恐领域加强合作，俄罗斯向美国提供情报，并且主动放弃在古巴的电子监听和在越南金兰湾的海军基地。共同打击恐怖主义拉近了俄北之间的关系，为了提升进一步的合作，2002 年 5 月，俄罗斯与北约签署《罗马宣言》，北约—俄罗斯理事会取代了 1997 年成立的北约—俄罗斯常设联合理事会，转变为相对较为平等的“20 机制”；新的理事会赋予俄罗斯在部分领域中平等的发言权，但并没有对北约决定和行动的否决权，俄北关系并没有实质性的改变。

北约—俄罗斯理事会提供了一个合作框架，俄北双方就当前的安全议题进行磋商，并在广泛的共同利益领域展开实际合作：在支持北约领导的行动中，俄罗斯通过同意北约穿越俄领土向驻阿富汗的国际安全援助部队运送物质。作为“海洋盾牌”行动的一部分，俄罗斯部署船只以支持北约在地中海开展的打击恐怖主义行动；在国防透明度、战略与改革方面，俄北双方旨在建立相互信任和高透明度的对话机制。自 2002 年始，俄罗斯与北约安置中心通过提供有关求职与安置、培训与就业的信息，帮助退伍军人融入平民生活；在后勤领域，俄北军民双方都在寻求后勤合作机会，包括航空运输、空对空加油、医疗服务与水净化领域。双方共建信息共享平台，在物流领域建立良好互谅互解基础；在科学领域合作中，俄罗斯积极参与北约和平与安全科学计划，双方专家寻求解决在防御化学、生物、核毒剂等议题上的安全问题，北约还资助俄罗斯科学家进行相关研究工作；在术语和语言培训上，为了更好地理解北约与俄罗斯使用的术语与概念，理事会针对北约与俄罗斯的合作范围开发了词汇表，并启动语言合作的项目，以协调俄罗斯的军事和文职专家的语言培训。①

俄北理事会的建立使得俄北关系取得突破性的进展，俄罗斯的国际影响力也得到了提升，但北约东扩仍然是俄北之间的核心矛盾。2002 年 11 月，北约首脑会议在布拉格召开，宣布北约新一轮东扩计划。2004 年，包

---

① NATO，“Relations with Russia”，https：//www. nato. int/cps/en/natolive/topics_50090. htm.（上网时间：2021 年 11 月 20 日）

括波罗的海三国在内的7个国家加入北约，成为西方围堵俄罗斯的前沿阵地。北约两次东扩严重损害了俄罗斯的地缘环境，但受俄罗斯国家实力所限，普京采取了相对克制的态度，以对北约东扩问题的妥协为代价，换取经济与政治上的援助，改善同西方国家的关系。

2. 俄格武装冲突事件

格鲁吉亚内部的分离势力是苏联解体后的历史遗留问题。由于其特殊的地缘战略位置，俄罗斯一直将格鲁吉亚视为“后院”，北约的介入使得俄格矛盾更为复杂。2008年8月，格鲁吉亚出兵南奥塞梯，梅德韦杰夫对格鲁吉亚进行严厉谴责，并派俄军进入南奥塞梯与格鲁吉亚开战，俄格武装冲突爆发。俄罗斯迫使格军于8月10日撤出南奥塞梯，8月26日，俄罗斯承认南奥塞梯独立。北约谴责俄罗斯对邻国过度使用武力，直接冻结了与俄政治接触和军事合作，双方关系陷入低谷。2009年5月，格鲁吉亚再次发生武装冲突，格方指责俄罗斯在幕后资助叛乱者，意在阻挠北约即将在格鲁吉亚举行的军演。但在2009年6月，北约主动恢复与俄罗斯的合作，北约秘书长称俄北双方可在稳定阿富汗局势、打击索马里海盗、反恐和禁毒等领域加强合作。2009年12月，俄罗斯与北约理事会重新“复会”，将双方关系拉回俄格武装冲突前的水平。

3. 2014年乌克兰危机

苏联解体后，乌克兰国内持续存在政治、经济等社会危机，亲西方的民众希望自己的国家能尽早加入欧盟，而亲俄民众则希望政府强化对俄关系。乌克兰前总统亚努科维奇于2013年11月23号宣布中止同欧盟缔结联系国协定及自由贸易协定，转而强化同俄罗斯的关系，成为乌克兰危机爆发的导火线。乌克兰国内的亲西方民众在总统暂停签署协定后在全国范围内举行游行示威，反对亚努科维奇政府中止签署协定的决定并逼迫其下台，危机随即爆发。随着抗议游行的局势愈演愈烈，在西方势力的压力下，亚努科维奇政府不得不向群众妥协，与反对派签订了危机解决方案，并且在不断升级的混乱局势中被解除总统权力，仓皇离开首都基辅。然而，在过渡政府成立当天，乌克兰东南部的克里米亚半岛的亲俄民众开始集会，抗议亲西方民众利用不法手段夺取政权，并积极推动克里米亚半岛公投。最终，96%的选民投票赞成克里米亚脱离乌克兰加入俄罗斯，俄罗斯总统普京于2014年3月18日与克里米亚签署加入俄罗斯的条约，俄北对立态势再次凸显。北约在乌克兰危机爆发后遏制俄罗斯的战略意图进一步彰显，双方停止了外交与军事合作，但北约—俄罗斯理事会仍照常运作。

4. 乌克兰危机后的俄北关系

北约—俄罗斯理事会为缓解俄北之间的矛盾创造了条件，然而，西方的冷战思维、北约的东扩使得俄北关系发展阻碍重重，乌克兰危机的爆发更是使俄北关系跌入谷底。在政治领域，俄罗斯被指责操控了北约一些国家的选举活动，拉开双方外交拉锯的战线。2017年7月，俄美双方开始相互驱逐外交人员，暂停外交设施的使用权；8月，特朗普以俄罗斯在克里米亚及乌克兰东部地区进行军事行动为由，签署了一系列对俄制裁的法案。美俄关系的恶化迅速影响俄罗斯与北约的关系。在军事领域，乌克兰危机爆发以来，北约加强对俄罗斯的军事压制，积极调整波罗的海三国等地的军事部署。2016年6月，北约决定在波兰及波罗的海三国部署4个营的多国部队，队伍主要来自荷兰、德国、比利时和挪威，配备了坦克、步兵战车、自行迫击炮等重型武器，并在2017年于俄西部边界参加了北约“波罗的海行动—2017”和“军刀出击—2017”等大规模演习。[①] 作为回应，俄军在2017年9月14日至20日联合白俄罗斯举行了“西方—2017”大规模联合军演，参演人数达1.27万人。[②] 虽然俄国防部声称此次演习以联合反恐为主要目的、完全属于防御性质，但从演习规模和命名来看，俄

① “NATO and U. S. Baltic Sea Exercises Highlight Ongoing Tensions with Russian Forces”, https: //news. usni. org/2017/07/07/nato – u – s – exercises – highlight – ongoing – tensions – russia. （上网时间：2021年11月20日）

② “Russia, Belarus Kick Off Military Exercises Amid Tensions With West”, https: //www. rferl. org/a/russia – belarus – kick – off – military – exercises – amid – tensions – with – west/28734556. html.（上网时间：2021年11月20日）

罗斯反制北约军事威慑意味浓厚。

（四）俄北合作机制的波折时期：从暂停到中断

1. 军事对峙不断加剧

近年来，北约与俄罗斯紧张局势不断升级。2019 年 4 月，北约同乌克兰、格鲁吉亚两国海军在黑海展开联合军演；随后，北约在俄西部边境进行“铁盾—2019”网络攻防军演。针对北约在波罗的海举行的联合军演，俄罗斯波罗的海舰队扫雷舰在芬兰湾进行演习；在黑海领域，俄军舰队举行反潜演习，并派黑海舰队护卫舰离开塞瓦托波尔进行演习；此外，俄太平洋舰队在远程部署中进行反恐演习，俄海军防范北约北极部署常态化，并称必要时将摧毁水下目标。2021 年 9 月 20 日，北约与乌克兰在黑海沿岸举行联合军演，以支持乌方“对抗黑海地区的多重威胁”；美国在罗马尼亚和波兰也部署新型反导系统。面对北约的疯狂试探，俄罗斯也举行了多场军演作为回应。俄罗斯空军远程航空兵部队在萨拉托夫州、阿穆尔州、伊尔库茨克州和梁赞州进行飞行战术演习。远程战略轰炸机演练了在作战预警情况下紧急升空、转场飞行、空中加油和对地打击等课目。

除军演方面相互回应外，俄罗斯与北约围绕俄乌边境局势不断强化相互间军事防御。2022 年 2 月 10 日举行的俄白联合军演被美国等西方国家视为俄“入侵”乌克兰的前奏，对此，北约采取明显的军事防御措施，向位于北约与俄罗斯前沿的波兰、立陶宛、罗马尼亚和爱沙尼亚等国增强军力部署。双方在边界和前沿地区的军事对峙和紧张关系明显升级。

2. 俄罗斯与北约暂停双边外交与军事关系

2021 年 10 月 6 日，北约以俄罗斯常驻北约代表团中 8 名成员是“情报人员”为由撤销其常驻资格；同时，北约将俄代表团人员编制从 20 人削减至 10 人。俄罗斯对北约予以谴责。俄总统新闻秘书佩斯科夫指出，此举让双方关系正常化的幻想完全破灭。2021 年 10 月 18 日，俄罗斯宣布从 11 月 1 日起暂停俄常驻北约代表处的运作，同时叫停北约驻莫斯科军事联络处的活动，俄北理事会基本处于停滞状态。

3. “普拜会”后的俄北关系

2021 年 12 月 7 日，俄罗斯总统普京与美国总统拜登举行了 2 个小时的视频会谈，重点讨论乌克兰局势及双边关系。拜登威胁称若军事冲突升级，俄罗斯将面临强力经济制裁；普京则呼吁美方承诺北约不会进一步东扩。12 月 30 日，普京与拜登再次进行电话会谈，但双方态度强硬，各说各话，无法达成有效共识。虽然拜登执政后多次表示希望改善与俄罗斯的关系，但与此同时又持续频繁干扰俄罗斯内政，多次出台针对俄罗斯的制裁措施，切断与武器制造有关的半导体芯片供应。美国混乱而矛盾的对俄政策使得以美国为首的北约与俄关系不断恶化。

进入 2022 年，俄罗斯与北约的关系依旧呈现不断恶化的态势。2022 年 1 月，俄罗斯与美国和北约就乌克兰问题进行多次会谈，但均未取得实质性结果。2022 年 1 月 26 日，美国和北约针对俄 2021 年 12 月 15 日提出的安全保障协议草案向俄递交书面答复。① 在书面答复中，美国和北约均未对俄罗斯的核心要求——北约停止接纳新成员作出让步。此外，美国多次渲染俄“入侵日”，北约也紧随其后指责俄军事行动破坏俄乌局势稳定。俄与美国和北约展开激烈的舆论战，双方相互指责，关系持续恶化。

自 2022 年 2 月 24 日俄对乌开展“特别军事行动”以来，俄与北约关系彻底破裂。除对俄“入侵”行为进行谴责外，北约进一步增强其在东欧成员国的军事部署，并首次组建快速反应部队，应对俄罗斯的“军事威胁”。为帮助泽连斯基稳定国内战场形势，同时为避免与俄罗斯爆发直接军事冲突，北约主要成员国以军事援助方式向乌克兰提供支持。尽管俄罗斯已对北约东扩作出直接军事回应，但北约并未就此妥协，反而作出继续扩员的姿态。目前，芬兰和瑞典已决定申请加入北约，北约也将迎来历史上第六轮东扩。北约进一步扩员举动挑动俄罗斯的敏感神经，双方关系已完全陷入破裂状态。

---

① 《美国和北约向俄罗斯递交书面答复 拒绝其核心要求》，凤凰网，2022 年 1 月 27 日，https：//news. ifeng. com/c/8D8EILmUUXY。（上网时间：2022 年 5 月 13 日）

4. 2022 年俄乌冲突使俄北关系跌至冰点

2022 年 2 月 21 日，俄罗斯总统普京签署了一项法令，正式承认乌克兰东部的顿涅茨克与卢甘斯克独立，此举随即引起北约的谴责，欧盟宣布对俄罗斯实施初步的有限制裁；2 月 24 日，俄罗斯总统普京表示他正在发起一项“特别军事行动”，目标是使乌克兰“非军事化”和“去纳粹化”。俄军进入乌克兰境内，在北部、东部和南部展开武装。俄罗斯的武器与兵力不断被送入乌克兰，冲突愈演愈烈，俄乌双方开启多次外交谈判，但并未起到实质性效果。为了加强旨在削弱俄罗斯经济的惩罚性措施，美英等国宣布禁止进口俄罗斯的石油，而俄罗斯亦拒绝以美元或欧元进行能源交易。国际社会对俄罗斯的制裁主要集中在经济与金融领域，3 月 2 日，欧盟表示正将七家俄罗斯银行逐出环球同业银行金融电讯协会管理的银行结算系统（SWIFT），但不包括为能源交易提供支付服务的银行；随着冲突局势不断升级，对俄罗斯的制裁也逐渐扩大到政治领域，4 月 7 日，联合国大会通过一项决议，暂停俄罗斯在人权理事会的成员资格。5 月 15 日，传统中立国家芬兰与瑞典纷纷宣布将申请加入北约，以保障自身的安全与利益。俄乌冲突使俄罗斯陷入战争泥潭，也进一步加剧了俄北之间的紧张关系。

二、冷战后俄北关系的特点

冷战结束以来，俄北关系经历了 30 年的起伏波动，始终呈现出不对称性、阶段性、象征性的特点。

（一）关系的不对称性

俄罗斯是一个实力相对衰弱的大国，而北约则是国际影响力日益增强的地区性军事政治同盟，俄美关系在俄北关系之中起主导作用，俄美之间的实力不均也在一定程度上加剧了俄北关系的不对称性。苏联解体后，俄罗斯经济低迷，发展程度不高；而北约是一个囊括西方发达国家的集团组织，俄北之间的实力对比明显不对称导致发展关系上的不对称。面对北约东扩的趋势，俄罗斯并没有强硬的实力与之抗衡；相较之下，俄罗斯呈现出战略收缩的态势，对北约逼近不断进行妥协。无论是合作还是冲突，俄罗斯都处于被动的位置，俄北之间数次冲突也均以俄罗斯的妥协而告终。虽然俄罗斯针对乌克兰加入北约的计划采取了军事打击的强硬手段，但目前俄在乌战场推进较为缓慢，俄乌双方逐渐陷入胶着，俄战略目标达成情况不容乐观。在此背景下，北约继续无视俄罗斯安全诉求，意图推动瑞典和芬兰加入，更加印证了俄在与北约关系中的被动地位。

（二）发展的阶段性

冷战结束以来，俄罗斯与北约的关系以 1997 年北约—俄罗斯常设联合理事会的建立和 2002 年北约—俄罗斯理事会的建立以及俄北互相关闭外交合作渠道为主要分水岭。

1994 年 6 月，俄罗斯加入北约和平伙伴关系计划。在此之前，俄北关系处于尝试建立合作关系，相互试探阶段。1994 年至 1996 年，俄罗斯强烈反对北约东扩，俄北双方处于对立阶段。1997 年 5 月，北约 16 国与俄罗斯签署《北约与俄罗斯相互关系、合作与安全基础文件》，成立了俄罗斯与北约常设联合理事会，俄罗斯基本默认北约东扩的事实，双边处于相互适应时期。在“16 + 1 机制”下，俄罗斯与北约的合作逐渐制度化，但俄罗斯并不享有与其他成员国完全平等的权利。2001 年“9 · 11”事件爆发，为了在反恐等领域加强合作，俄北成立北约—俄罗斯理事会，俄罗斯对北约事务的参与程度大为提高，但仍不享有对北约事务的否决权。2014 年乌克兰危机的爆发重创俄罗斯与北约之间的关系，北约决定冻结与俄方的实际合作，仅保留部分接触渠道。此后，北约不断强化在东欧以及波罗的海国家的军事存在。俄方多次提出抗议并采取措施，并加强自身军事实力。2021 年 10 月，北约以俄罗斯常驻北约代表团中 8 名成员是“情报人员”为由撤销其常驻资格，俄罗斯则针锋相对地宣布，从 11 月 1 日起暂停俄常驻北约代表处的运作，同时叫停北约驻莫斯科军事联络处的活动。俄罗斯与北约之间的联络渠道被彻底关闭，双边关系降至冷战结束以来的冰点。

（三）机制的象征性

在俄罗斯与北约的合作机制中，俄罗斯强调要求得到北约的尊重和特殊对待，然而，不论是在“19+1机制”还是“20机制”中，俄罗斯都没有得到实际的平等权利。虽然俄罗斯在北约—俄罗斯理事会中获得了形式上的伙伴关系，但并没有对北约事务享有否决权。北约与俄罗斯之间相互猜疑、互信缺失，难以建立扎实的合作基础。在俄罗斯与北约的伙伴关系中，莫斯科存在着根深蒂固的矛盾心理，将北约更多地视为一种地缘政治因素，而不是一个伙伴。[①] 从当时的俄罗斯国内民众舆论来看，大多数俄罗斯人对北约持否定态度，52%的俄罗斯人认为北约东扩威胁俄罗斯的国家利益，58%的俄罗斯人认为北约是一个具有侵略性的军事集团。[②] 站在北约的视角上，北约东扩被认为会使整个欧洲成为美国构想中的“完整而自由的欧洲”。虽然俄罗斯与北约在“20机制”的框架下举行定期的会谈和磋商，但双方的共同利益仍不够坚定和广泛，结构性分歧仍根深蒂固。相互关系中固有的不信任以及脆弱性表明俄北的伙伴关系仅仅具有象征意义。

三、俄罗斯与北约关系发展变化的动因

俄罗斯为重振大国地位，积极谋求与北约的合作，并一度在北约东扩

---

① Dmitri Trenin, “NATO and Russia: Sobering Thoughts and Practical Suggestions”, NATO Review, Summer 2007, http://www.nato.int/docu/review/articles/2007/04/01/nato-and-russia-sobering-thoughts-and-practical-suggestions/index.html.（上网时间：2022年7月17日）

② E. Kuznetsova, “NATO: New Anti-Terrorist Organization?”, International Affairs, Vol. 50, Issue 3, 2004, pp. 22-26.

的议题上妥协让步；但由于北约步步逼近，俄罗斯不得不加强其军事力量部署，强化前沿威慑能力以应对北约的挑衅与威胁。为巩固内部的团结与统一，稳固欧洲安全格局并维护其国际战略地位，北约需要为自身寻找一个共同的“敌人”，即俄罗斯，以实现其“完整自由之欧洲”的战略构想。

（一）俄罗斯的利益诉求

1. 维护并发展其大国地位

冷战结束后，俄罗斯囿于其国家实力及外部环境的限制，在俄北关系的发展中始终处于被动地位。在苏联解体之初，俄罗斯更多关注于国家内部的政治与经济的恢复与发展，期望获得西方世界的援助以促进社会转型的成功。在此背景下，俄罗斯对北约产生一定的依赖关系，一度不反对中东欧国家谋求加入北约，并对北约东扩的意图产生战略忽视。

为了最大限度保障本国安全利益、重振俄罗斯的大国影响力，加强俄罗斯在欧洲安全事务中的作用和地位，2000 年初，普京表示俄罗斯不排除加入北约的可能，并随即展开务实的首脑外交攻势，与德、英、法等北约关键国家的双边关系持续升温。然而，主导北约事务的美国凭借其自身的领导地位和强大的综合国力处处向俄罗斯施压，在国家导弹防御系统、车臣问题等方面进一步挤压俄罗斯的战略空间。2001 年俄美两国总统在卢布尔雅那首度会晤，并借热那亚八国峰会及亚太经合组织领导人非正式会议以及普京首次对美进行正式访问之机“四次握手”，双边关系强力反弹。“9·11”事件发生后，普京于 2011 年 9 月 24 日发表支持美国打击国际恐怖主义的“五点声明”。俄美关系有进一步升温的势头，俄北关系也逐渐缓和。

2. 应对北约的威胁与挑衅

自 1994 年宣布东扩计划以来，北约不断向俄罗斯方向逼近，挤压俄罗斯生存空间。伴随着东扩进程不断加快，北约在东欧和波罗的海地区的军事部署持续推进。2014 年克里米亚地区“脱乌与俄”后，北约对俄罗斯的军事施压进入新的阶段。在北约峰会上，北约制订并通过了“北约联合部队战备行动计划”，将提升北约“东翼”的快速反应能力作为军事建设的主要方向。在2016年北约华沙峰会期间，北约决定进一步加强在爱沙尼亚、拉脱维亚、立陶宛和波兰的前沿军事存在，强化对黑海地区局势的控制。在波罗的海和黑海的海空区域里，北约依托在立陶宛、爱沙尼亚、波兰和保加利亚、罗马尼亚等地的空军基地，组织针对俄罗斯的空中侦察和警巡活动。北约联合海军的常备舰队和各成员国的舰船也定期在波罗的海和黑海展开巡航和侦察行动，北约与俄罗斯舰机冲突事件时有发生。2021年12月，俄罗斯向美国和北约分别提交了关于制定安全保障措施的协议草案，要求北约停止在乌克兰和其他东欧、外高加索和中亚国家领土上进行任何军事活动。在这场关于战略安全空间的争夺中，俄罗斯坚持“不应以牺牲他国安全为代价来维护自身安全”的原则，而西方则以“任何国家均不能干涉别国加入北约的意愿”为由，继续挑动部分国家渴望融入西方的情绪，并加紧针对“俄罗斯威胁”酝酿新一波制裁。俄北间战略互信严重缺失，展开协作与对话较为困难，俄罗斯以加强军事力量部署，提高武器装备及作战人员的战斗力，强化前沿威慑能力来反制北约的军事挑衅，以维护其周边地区的战略稳定，并借此宣示其维护海上利益和夺取海洋事务话语权的决心。最终，面对北约继续无视俄安全诉求的情况，俄罗斯选择以军事手段维护自身安全利益，俄北关系也随之陷入完全破裂状态。

（二）北约的利益诉求

1. 巩固北约内部的团结与统一

冷战结束后，北约进行了五轮东扩，向东推进至少1000公里，覆盖了欧洲及北美30个国家。随着苏联的解体和华约的解散，欧洲的政治和安全局势发生了巨大的变化，北约面对的议题从传统安全领域外溢至非传统安全领域。然而，一个不断扩大的组织必然面临着规模和凝聚力之间的悖论。随着北约成员国不断增多，不同国家由于在经济发展水平、民族宗教、安全关切方面的差异，对北约的倚重程度各不相同，其分担防务的意愿也有所区别。成员国间的矛盾和离心力日趋凸显，北约的负担和内部协调难度随之增加，导致其陷入整体弱化的困境。面对如此现状，北约需要为自身寻找一个共同的“敌人”，即俄罗斯，以促进内部一致对外的意愿，稳固其内部的团结。

2. 稳固欧洲安全格局并维护其国际战略地位

1949 年成立至今，北约有效地发挥了维护欧洲安全的作用，被视为西方确保其安全的成功组织与机制。在北约不断东扩的过程中，俄罗斯一直被视为部分成员国的主要威胁来源，危害欧洲安全格局。波罗的海与黑海作为欧亚大陆的“陆缘海”，具有较高的地缘战略价值。近年来，北约在中东欧、波罗的海地区的海陆军事部署动作不断，加强在两大海域军演的规模和课目难度，充实海军实力，重点加强“北约常备海上力量”和“北约常备扫雷力量”。为了拉拢与稳固如乌克兰、格鲁吉亚等与俄罗斯临近的黑海沿岸国家，北约以罗马尼亚为核心、以黑海为方向提出“定制前沿存在”计划,[①] 在黑海地区增强海空军存在，以增强对俄罗斯的威慑作用。自北约与俄罗斯关闭外交对话渠道以来，双边军事对峙不断加剧，北约通过高密度与高强度的联合军演释放信号，突出其对稳固欧洲安全格局并维护其国际战略地位的信心。

四、俄罗斯与北约关系的未来走向

俄罗斯与北约关系的不断变化对俄北双方产生了一定的影响，俄北关系的升温有利于双方稳固自身利益并寻求发展；俄北关系的恶化不利于双边合作的开展，并进一步破坏欧洲安全格局，牵动国际战略格局的演变。

---

① NATO, “Boosting NATO’s Presence in the East and Southeast”, https://www.nato.int/cps/en/natohq/topics_136388.htm.（上网时间：2021 年 12 月 13 日）

面对俄罗斯与北约之间变化多端的关系，在可以预测的未来，俄北之间的军事对峙将不断加剧，政治渗透将不断增强，双方关系难有实质性改善。

（一）军事对峙将不断加剧

自 2014 年以来，北约盟国不断增加国防开支和在主要装备上的投资，并持续提高其部队的战备状态、可部署性、可持续性和互操作性。[①] 加强对俄军事斗争的准备、巩固防务建设，仍然是北约在未来一段时间内的主要工作议题。从俄罗斯公布的《国家武器装备计划》可以看出，俄罗斯着重发展地面作战和核威慑力量，依旧认定北约将在俄西部边界附近地区维持“常态化”的军事存在，需要强化针对北约的威慑与反制力量建设。尽管俄罗斯与北约均认识到彼此都不能承受“擦枪走火”导致的巨大代价，但由于共同利益的偏差与互信的严重缺失，俄北之间的对峙状态仍将延续，2022 年的俄乌冲突更是将俄北双方的军事对峙局势升级至顶峰。

（二）政治渗透将不断增强

在俄罗斯与北约持续对峙的大背景下，俄北之间在政治领域的敌视与渗透将不断增强。俄罗斯将不断渲染北约威胁并以此为由增强军备部署；北约也将借俄罗斯的“侵略行为”为由继续东扩并拓展其全球影响力。与此同时，随着北约成员国数量的逐年增多，各国利益诉求各不相同，在北约内部产生了一定程度的分歧。这对于北约牵制俄罗斯的政策造成冲击，同时对于俄罗斯分化北约并扩大其影响力具有重大战略意义，进一步促使俄罗斯加大对北约政治渗透的力度。

---

① NATO, “Deterrence and Defence”, https://www.nato.int/cps/en/natohq/topics_133127.htm.（上网时间：2021 年 12 月 13 日）

（三）短期内俄北关系难以改善

北约成立的主要目的是防止共产主义威胁与苏联的扩张。苏联解体后，北约仍认为俄罗斯回归对外扩张的传统倾向不可忽视。在价值层面，北约的成立是建立在西方共同价值观的基础之上，与俄罗斯的文明形态及价值取向截然不同。在俄式安全观下，俄罗斯不可能认同北约的集体安全观念，仍然会把拓展势力范围和建立缓冲区域作为维护俄罗斯安全的根本要素。对美国而言，俄罗斯虽然实力衰落，但仍保持了强大的军事力量，作为全球少数拥核国家之一，美国依旧将俄罗斯视为其主要战略竞争对手。北约在美国的主导下不断东扩，挤压俄罗斯的生存空间以维护其主导的全球秩序。因此，在这种情况下，俄罗斯与北约的矛盾和分歧短期内是难以调和的。从目前北约继续东扩的决定来看，俄北双方关系在未来相当长的时期内仍将处于军事对峙和政治外交敌视的破裂状态，双方关系短期内难以改善。

结　语

冷战结束以来，俄罗斯与北约逐步从相互对峙走向相互合作，并建立了北约—俄罗斯理事会的合作机制，在打击恐怖主义、全球反海盗、改革对话机制、科技创新等领域加强广泛合作，签署了《双边军事合作计划》《北约与俄罗斯相互关系、合作与安全基础文件》《罗马宣言》等文件与协定。俄罗斯在北约事务中的参与程度和范围得到了显著提高，但始终没有对北约行动的否决权，俄北关系并没有发生实质性的变化。俄罗斯与北约之间的关系呈现出不对称性、阶段性和象征性的特点。俄罗斯为重振大国地位，实现其经济的恢复和发展，积极谋求与北约的合作，并在北约东扩的议题上一度妥协让步；但北约的步步逼近使俄罗斯不得不加强其军事力量的部署，强化前沿威慑能力以应对北约的挑衅与威胁。北约为巩固内部的团结与统一，稳固欧洲安全格局并维护其国际战略地位，需要为自身寻找一个共同的“敌人”，以实现其“完整自由之欧洲”的战略构想。目前，俄罗斯与北约之间的关系已完全破裂，在可预见的未来，俄北之间的军事对峙将不断加剧，政治渗透将不断增强，双方关系短期内难有改善。俄罗斯将在继续反对北约扩大的基础上与之博弈，最大限度维护自身安全利益。俄罗斯与北约的关系受到美国因素、北约东扩问题以及双方根深蒂固的相互疑惧心理的影响，总体上仍将呈现出“分歧大于共识、冲突多于合作”的发展态势。

俄罗斯与亚洲国家的关系

2021 年的俄日关系：战略对抗与有限合作

曹　聪*

【摘　要】2021 年日本政府经历换届，相较带有“救火”性质的菅义伟政府，岸田文雄的对外政策显得更为强硬。俄日关系没有任何实质性提升，甚至出现了倒退的迹象，双方在领土问题上达成协议仍然遥遥无期。俄日之间的经贸合作依然维持在低水平、小范围的阶段，高政治领域因素依然在两国关系间发挥主导作用。展望岸田文雄时代，俄日关系难以有新的突破，但是双方的地缘政治需求可以确保俄日关系不会完全脱轨。

【关键词】俄日关系　领土争端　美日同盟　有限合作

2021 年 11 月 10 日岸田文雄当选为日本第 101 任首相，日本政坛从选举活动导致的动荡期顺利过渡到相对平稳的时期。回顾菅义伟掌舵的上半年，日俄关系总体还是延续安倍时期的曲折路线：以南千岛群岛（日称“北方四岛”）的归属问题为双边外交关系的核心，在能源经贸领域展开有限的合作。从岸田文雄在竞选前的政策主张及其任首相期间的政策行动来看，岸田文雄的对俄政策与前几任相比并没有做出方向性转变，继续以“美日同盟”为安全轴心，与俄罗斯在军事安全领域脱钩而且对立，把解决领土问题和缔结和平条约作为对俄外交的基本方针。

---

* 曹聪，广东外语外贸大学国际关系学院国际关系专业 2021 级硕士研究生。

一、日俄战略对抗的态势

（一）领土争端问题

1. 日俄关系继承于日苏关系

冷战期间，基于美苏争霸而日本处于美国阵营的背景下，日苏双边关系的发展非常有限。南千岛群岛在二战即将结束时被苏联占领，时至今日其实际控制权依然掌握在俄罗斯手中。日苏也曾围绕岛屿的主权问题展开过谈判，在1956年签订《日苏联合宣言》时有关领土条款问题规定："日本国和苏维埃社会主义共和国联盟已经同意，在重新建立了日本国和苏维埃社会主义共和国联盟之间的正常外交关系以后恢复缔结和约的谈判。苏维埃社会主义共和国联盟为了满足日本国的愿望和考虑到日本国的国家利益，同意把齿舞群岛（俄罗斯称赫巴马伊群岛）和色丹岛（俄罗斯称施科坦岛）移交日本国，但是经谅解，即这些岛屿将在日本国和苏维埃社会主义共和国联盟之间的和约缔结后才能实际移交日本国。"① 然而因为美国因素的影响以及日苏两国国内反对的声音，先归还两岛的计划并没有实现。此后，随着苏联解体，日苏领土争端过渡为日俄领土争端。日俄关于领土问题的谈判没有任何进展，俄方修正了先归还两岛的策略，2020年通过的宪法修正案彻底阐明了俄方不愿改变二战后的领土结果的态度。

2. 领土争端新动向

2021年7月26日俄罗斯总理米哈伊尔·米舒斯京到俄远东地区的萨哈林州考察，并且登上了日俄争端岛屿伊图鲁普岛（日称择捉岛）。日方对此断然反对，而俄方把这视为主权管辖内理所当然的行为。米舒

---

① 李凡：《日俄围绕1956年〈日苏联合宣言〉有关领土条款的争议》，《日本研究》2013年第2期，第53—58页。

斯京在此行中宣布，南千岛群岛的投资者或被免除部分税收，此外，南千岛群岛可能实行自由关税区制度。他指出："我认为，这对众多投资者、商人和生活在这里的居民而言是个好方案。这会令西方投资者感兴趣，包括如果有兴趣就将能够在这里创造工作岗位并与你们合作的日本人。"① 米舒斯京认为，在南千岛群岛为投资者实行特殊政策将带动此处的经济活动。

在米舒斯京视察之前，俄罗斯总统普京就事先作出了事实上官方批准视察的发言，要求米舒斯京对南千岛群岛加以"特别关注"。仅次于总统的总理登上争议岛屿，是继 2019 年 8 月梅德韦杰夫登岛后的首次，也是日本菅义伟政府上台来的首次。对于这次登岛行动，从俄罗斯的官方言论中可以看出俄罗斯有意开发南千岛群岛的经济潜力。普京随后在 9 月 3 日的东方经济论坛上说："我们将在千岛群岛上实施一系列前所未有的福利和激励措施，我们将在那里完全免除企业为利润、财产、土地和运输缴纳的任何赋税，而且将免除 10 年。"他进一步作出说明："俄罗斯和外国的投资者都可以享受这些激励措施，包括我们的日本伙伴。"②

俄罗斯在南千岛群岛的新动作对一心想收回主权的日本来说是一个重大难题。虽然俄罗斯在南千岛群岛的开发合作方面向日本敞开了大门，但如果日本在俄罗斯提出的法律条款下进行合作，意味着承认俄罗斯对争议岛屿的主权。俄罗斯已经开始计划开发争议岛屿，若等到岛屿的开发有所成效时，日本就更难让俄罗斯放弃这些岛屿的主权，或者说日本需要付出更大的代价才可能使俄罗斯让步，这对日本方面来说是雪上加霜。日本长久以来一直欲借助自身经济技术方面的优势和能源上的合作与俄罗斯讨价还价，围绕岛屿的主权归属进行谈判，但俄罗斯的最新动向无疑是向日本关上了谈判的大门。

---

① "New exemptions on Kuril Islands to help attract foreign investors, says Russian PM", Information Telegraphic Agency of Russia - TASS, Jul. 26, 2021, https://tass.com/politics/1317735.（上网时间：2021 年 12 月 9 日）

② 《普京：俄罗斯将在与日争议岛屿设免税区》，参考消息网，2021 年 9 月 3 日，http://www.cankaoxiaoxi.com/world/20210903/2452984.shtml。（上网时间：2021 年 12 月 9 日）

3. 领土争端发展趋势

克里米亚举行公投加入俄罗斯后，俄方不断强化其对争议领土的控制能力，直接以立法的形式排除了领土“割让”的可能性。2020 年 4 月普京签署法案，将二战结束日期由 1945 年 9 月 2 日改为 1945 年 9 月 3 日，这被视为俄罗斯强化对争议岛屿的主权拥有行为——1945 年 9 月 3 日，苏联占领南千岛群岛。俄罗斯萨哈林州州长瓦列里・利马连科表示：“9 月 3 日……对我们来说非常重要。第二次世界大战最后的战斗就是在这片土地进行的。南萨哈林南和千岛群岛被解放。”① 除此之外更重要的是，2020 年 7 月通过的俄罗斯宪法修正案第 67 条规定，禁止割让部分俄罗斯领土的行为。此后，普京于 2020 年 8 月又签署法律，将破坏俄罗斯领土完整，包括割让部分领土的行为，等同于极端主义。为明确宪法修正案的效力，摩纳施尔岛（日本称“国后岛”）的南库里尔斯克已经将宪法修正案相关条款刻到石碑上。梅德韦杰夫对此表示，宪法修正案使得日俄关于和平条约问题的谈判变得更为简单，因为宪法已经规定俄罗斯联邦的领土不允许“割让”。

综上可见，俄罗斯已经用立法的方式排除了移交争议岛屿给日方的可能。日本在任期较长、政策延续性稳定的安倍政府期间没能解决领土问题，可以预见在之后相当长的时期内都看不到问题解决的希望。菅义伟政府短暂的任期内，其主要任务是处理好国内因为新冠肺炎疫情导致的各种社会民生问题以及重要的奥运会承办问题。“北方领土”问题对于菅义伟政府而言只需要继承安倍政府时期的各项方针政策就能够接受，而安倍在任期间都没有解决，属于过渡期的菅义伟政府更没有了解决延续如此之久的历史遗留问题的条件。新上任的岸田文雄政府似乎对解决“北方领土”问题有所抱负。2021 年 10 月 12 日岸田文雄在议会辩论中公开表示，“北方领土”主权属于日本，问题不能留给下一代，日本决定与俄罗斯缔结和平条约，解决领土归属问题。俄罗斯则直接派出军舰采用军事演习的方式来作出回应。

---

① 《纪念二战结束 75 周年阅兵式在南萨哈林斯克进行》，俄罗斯卫星通讯社中文网，2020 年 9 月 3 日，http：//sputniknews. cn/society/202009031032078960/。（上网时间：2021 年 12 月 9 日）

南千岛群岛的主权归属问题已经被俄罗斯移出了谈判事项的列表，日本并没有足够有吸引力的条件让俄罗斯对这个问题松口。俄罗斯近期计划在南千岛群岛设立免税区，想拉动的投资方自然也包括邻国日本。但是如果日本持着自身资金技术方面的优势待价而沽的话，俄罗斯显然不会买账，因为日本也并非不可替代。

（二）地缘安全问题

日俄之间缺乏战略互信是无需争辩的事实。两国互不信任的心理，形成和沉淀于两国长期交往的历史并影响至今。历史上，俄罗斯在1547年伊凡四世加冕为沙皇后开始变得强大，走上了快速扩张之路。日本在明治维新之后快速工业化，也加入到了帝国主义扩张之列。近代史上，日俄两国在东北亚的高速扩张使得双方开启了零和博弈的战略对抗阶段，包括20世纪初的日俄战争和冷战时期的阵营对抗。在两国关系史中，竞争和互斥的历史远远长于合作和友好的历史，若要两国彻底扭转这种传统的关系走向，除了亟待解决的领土纷争问题外，如何在战略上达成互信才是两国关系发展的根本。

日俄两国关系脆弱而且不稳定，这是日俄关系最为突出的特点。其主要根源除了日俄之间缺乏战略互信外，就是日本的对外战略深受美国影响。二战后日本被美国军事占领，时至今日“美日同盟”依然是日本的安全轴心。日本的对俄关系处处受到美国的掣肘，日俄关系处于一个依附于美俄关系的局面。一旦美国大幅调整对俄政策，或美俄政策出现重大变化，日俄关系必将受到影响。比如，克里米亚危机后，尽管日本不愿过多刺激俄罗斯，但最终还是在美国及其他西方国家的压力下被迫加入对俄制裁。在俄罗斯看来，日本的外交处于一种“半独立状态”。

拜登上台后，美俄关系并无好转，且持续下滑。日俄关系受此影响，步履维艰。2021年年内，美日及其盟友联合举行了多次军事演习，俄罗斯在日本海域也采取针锋相对的做法。2021年10月18日中俄海军舰队首次联合巡航，几乎绕日本列岛一周，直接穿越津轻海峡和大隅海峡。从日方来看，俄罗斯此次与中国的联合军事行动极不寻常，警告意味颇浓。适逢岸田文雄政府刚上台不久，上任初始就宣示“北方领土”的主权。而普京

“硬朗”的形象也一直为国际所周知，所以俄罗斯采取威慑力十足的行动也不足为奇。从俄罗斯方面来看，联合行动是为了回应美日于2021年6月份举行的号称“史上最大规模”的陆上军演，更重要的是为了向“美日同盟”展示在东北亚区域的战略存在。

（三）战略对抗发展趋势

从现实主义角度，日俄两国之间并不存在结构性矛盾，反而存在不少可以合作的空间。俄罗斯对日本一直有所期待，倘若日本能够实现真正意义上的“外交独立”，双方在中美竞争的背景下实现部分领域的合作，其前景是可以预测到的。对俄罗斯而言，发展对日关系是其在亚太地区保持平衡多元外交的重要一环，以防止对单一国家形成过度依赖。对日本而言，发展对俄关系有更大的政治意义：可以获取联合国安理会“五常”之一的俄罗斯对自己“入常”的支持；可以利用日俄关系的发展来对冲和缓解中俄关系带来的地缘政治压力；日本一直在谋求突破和平宪法，其“军事化”行为也渴望获得邻国俄罗斯的理解。

然而从2021年日俄双边的互动来看，两国的战略性对抗目前正朝着愈演愈烈的方向前进。双方在各自的合作框架内举行各类型的军事演习，大多数演习的假想敌都是对方国家。在这种剑拔弩张的氛围下，短期内日俄能否静下心来坐到一起签署友好和平条约，值得怀疑。日本无法脱离“美日同盟”这个安全基石，美国对俄罗斯的猜疑与忌惮，使得日本很难摆脱美国的影响单独与俄罗斯建立和平友好的关系。

二、日俄在经贸关系上的有限合作

（一）日俄经贸关系的特点

安倍政府时期，日本为了突破日俄关系发展的桎梏，提出“应首先建构友好互信关系，在此基础上，作为外溢效应和结果，逐渐过渡到领土问题的解决”，并提出发展日俄关系的“新方法”。在政策实践中，推出对俄经济合作的八点计划，包括能源、工业、卫生、农业、城市环境、中小企业合作、高科技和人文交流等务实合作领域。然而对俄合作的八点计划从2016 年提出至今，几乎仅限于政治敏感度低的领域的项目得到落实。俄方认为日本的投资目的仅在于收回南千岛群岛，但是俄罗斯拒绝讨论“割让”领土，目前双方的合作议程严重萎缩。

1. 双边贸易依赖性低

2014 年克里米亚危机后，日本跟进美欧对俄发动制裁，两国的贸易总额开始下跌，约为 307.71 亿美元，同比上一年下降 7.4%。到 2015 年时双方贸易总额同比上一年断崖式下降 30.8%，而 2016 年日俄双边贸易更是跌落谷底，仅约为 160.37 亿美元，相较 2013 年时的峰值下降幅度为 51.7%。在安倍提出对俄经济合作的八点计划后，日俄双边贸易有所回暖，但是 2019 年再度出现下滑趋势。2020 年突然暴发的新冠肺炎疫情影响了绝大多数国家的正常贸易，日俄两国也不能例外，双方贸易额约为 161.7 亿美元，又重新回到 2016 年时的低谷。进入 2021 年，国际疫情基本得到有效控制、各国逐渐恢复贸易来往后，日俄 1—10 月贸易总额约为 170 亿美元，按月平均来算已经与 2019 年基本持平。

表 11－1　俄对日 2012—2021 年（截止到 10 月）进出口额统计表

时间	俄对日出口额（亿美元）	增长率前年同期对比	俄对日进口额（亿美元）	增长率前年同期对比	进出口总额（亿美元）	增长率前年同期对比
2012 年	155.09	5.9%	156.49	4.2%	311.58	5.1%
2013 年	196.63	26.8%	135.65	－13.3%	332.28	6.6%
2014 年	198.54	1.0%	109.17	－19.5%	307.71	－7.4%
2015 年	144.90	－27.0%	68.13	－37.6%	213.03	－30.8%
2016 年	93.56	－35.4%	66.81	－1.9%	160.37	－24.7%
2017 年	105.01	12.2%	77.61	16.2%	182.62	13.9%

续表

时间	俄对日出口额（亿美元）	增长率前年同期对比	俄对日进口额（亿美元）	增长率前年同期对比	进出口总额（亿美元）	增长率前年同期对比
2018年	124.56	18.6%	88.20	13.6%	212.76	16.5%
2019年	113.54	-8.8%	90.23	2.3%	203.77	-4.2%
2020年	90.56	-20.2%	71.14	-21.2%	161.7	-20.6%
2021年（1—10月）	105.15	21.4%	64.22	33.5%	169.37	25.73%

资料来源：日本贸易振兴机构，https：//www.jetro.go.jp/world/japan/stats/trade/#2。

根据2020年的数据统计，俄罗斯在日本的所有出口国家中排名第20位，进口国家中排名第14位；日本在俄罗斯的出口国家中则是排名第12位，进口国家中排第8位。可见两国在彼此的贸易伙伴国中排名都不高，双方都不是对方无法替代的贸易国。在经贸层面，俄罗斯对日本的依赖性比日本对俄罗斯的要稍高一些，但也非常有限，日本在俄罗斯的总对外贸易额中占比仅约为2.8%。

2020年日本对俄罗斯的进口商品构成比例为：液化天然气21.9%、非铁类金属21.2%、石油及其制品20.6%、石炭17%、鱼类9%、木材3.4%；出口商品的构成比例为：运输类机械53.8%（其中汽车41.9%、汽车部品11%）、一般机械类18.5%（其中建设类与采矿类4.8%、发动机4.5%、电气类8.2%）、胶制品5.4%。可见俄罗斯对日本出口的都是资源型商品，而日本卖给俄罗斯的商品主要是汽车和一些非敏感领域的机械产品，双方的贸易范围和商品种类比较狭窄。

综合以上数据，可以看出日俄之间的贸易依存度不高，虽然双方的经济结构具有互补性，但是存在不少可替代国。

2. 政治因素对经贸合作起决定性影响

南千岛群岛的主权归属问题一直是横亘于日俄两国间的鸿沟。冷战结束后，日本对俄罗斯的政策逐渐转变为“扩大均衡”方针，继而发展为

“多层次接触”政策，但是在领土问题上则一直坚持“政经不可分”的处理方式。安倍在任期内提出“新方法”，希望借助经济合作带来的外溢效果，逐渐过渡到领土问题上，继任的菅义伟政府和岸田文雄政府也没有改变这个政策目标。然而俄罗斯方面态度坚决，对日本的经济合作表示欢迎，但在领土问题上不肯退让。日本的对俄经济政策本就有意为政治目的服务，面对俄罗斯在领土问题上的坚决表态，日本自然就缺少扩大双方经济合作的动力。克里米亚危机后美欧对俄制裁，日本不得不进行跟进，日俄双边贸易直接受到影响。综上可见，政治因素对日俄的经贸合作有决定性影响。

（二）日俄经贸合作的前景

日俄之间的经贸合作无法脱离南千岛群岛的主权争端来进行。俄罗斯通过建立免税区的方式来拉动外资建设南千岛群岛，有引入第三方的力量平衡日本影响力的目的，也显示出重视和独自开发该地区的意愿。日本对此非常警惕，目前还没有拿出合适的应对办法。日本如果按照俄罗斯的法律条文进行南千岛群岛的开发合作，等于变相承认了俄罗斯在该地区的主权。因此，该以何种方式进行合作才能为两国所接受，合作以何种模式进行仍难以解决，两国虽然在经贸关系上具有互补性，但因为政治领域的因素影响，双方还是在原地踏步。而且俄罗斯对日本的经贸合作需求并不迫切，所以双方的合作前景并不明朗。

三、日俄对发展双边关系的利益诉求

从美国推出“亚太再平衡”再到如今的“印太战略”，亚太地区毫无疑问是美国的战略重心，而东北亚地区占据其中的核心位置。东北亚地区在地理上的国家有中国、俄罗斯、日本、韩国、朝鲜和蒙古，而美国在日韩拥有众多军事基地，以上七个国家构成了当今复杂的东北亚政治格局。

日本与俄罗斯作为该地区的国家之一，除了直接的领土争端之外，双方并没有更深层次的矛盾，所以发展双边关系对两国来说都有不少利益可得。

（一）俄罗斯的利益诉求

俄罗斯发展对日关系，最主要的目的是为了配合自身“向东转”的国家战略蓝图。克里米亚危机后，俄罗斯与西方关系陷入低谷，以美国为首的西方国家不断强化对俄制裁。为了打破外交与经济的双重围困，俄罗斯开始把重心放在东方，重点发展与中国、印度、日本和东盟的合作关系。具体到与日本的双边关系上，俄罗斯主要有三个方面的利益诉求。

1. 削弱美日同盟的威胁性

美国借助美日同盟体系在东北亚地区进行了大量的军事部署，俄罗斯认为这是对其远东地区最大的潜在安全威胁。事实上，俄罗斯不愿也不会放弃南千岛群岛的主权，因为担心美国会在该地区进行军事部署。虽然与日本在安全方面的合作空间不大，但如果俄罗斯与日本在安全互信领域有所突破，无疑会减少美日同盟带来的安全威胁。

2. 开发远东地区经济

俄罗斯在“向东转”的战略政策下，加快远东地区的开发已经被提上议程。远东地区的开发需要大量资金和技术支持，日本作为发达国家能够提供不小助力。俄罗斯是资源大国，与日本存在经贸上的互补性，俄罗斯需要来自日本的技术支持和外资注入来弥补俄罗斯经济发展的短板。

（二）日本的利益诉求

日本在东北亚的政治格局中面临着较为孤立的状况，与中、韩两国有着历史方面的纠葛和领土争端问题，与朝鲜更是连外交关系都没有建立。虽然与美国是同盟，但在地理上美国毕竟属于域外国家。与其他国家相比，日本与俄罗斯之间的矛盾反而是最少的，因此与俄罗斯发展外交关系符合日本的利益需求。

1. 提高国际地位，获得大国支持

日本长久以来的政治夙愿就是走出二战失败的阴影，成为一个“正常国家”。囿于“和平宪法”的限制，日本虽然经济强大，但政治和军事影响力不高。从20世纪80年代日本首相中曾根康弘明确提出要提高日本的国际地位开始，日本谋求突破“和平宪法”的运动重新活跃起来，而直到2016年，安倍晋三内阁通过的新版安保系列法案终于使“和平宪法”名存实亡。2021年新上台的岸田文雄政府更是提出要强化防卫能力，提高国防预算，使防卫费在国内生产总值占比达到2%以上。日本要重新实现军事化，势必会引起周边邻国的紧张。因此，日本发展与俄罗斯的外交关系，取得俄罗斯对军事化的谅解和支持，是对日本追求国际影响力的有利因素。此外，日本一直想成为联合国安理会常任理事国，如果获得俄罗斯的支持，无疑会为日本的“入常”扫清不少障碍。

2. 解决领土问题

日俄之间最主要的争端就是南千岛群岛的主权归属问题。解决领土争端和签署和平条约是日本对俄罗斯的外交基本方针，领土问题是日本发展对俄关系的动力所在。二战结束后70多年间，每任日本首相都会把领土问题的解决视为与俄罗斯之间的优先事项。这关系到国家主权的问题，因为目前的领土格局是二战后确认的，收回南千岛群岛对日本走出二战失败的阴影非常重要。

结　语

2021年注定是不平凡的一年，新冠肺炎疫情尚未结束，饱受疫情摧

残的世界急需恢复往日的活力，正在不断探索该用何种方式彻底结束疫情时代；美日领导人换届以及中美战略竞争的加剧也直接影响了相关国家的对外政策。日俄互为重要邻国，其双边关系对东北亚地区有着深刻的影响。

2021 年俄印关系发展新态势及其特点

叶曼婷　张静悦　曹　聪*

【摘　要】2021 年，俄印关系进入新的发展阶段。在年末的俄印峰会后，两国的战略合作进一步强化，除传统的安全、科技、能源领域外，在经济、文化、教育方面的合作也在加强。安全合作的不断强化是2021 年俄印关系发展的重要特点。俄印双方的互动结果符合俄罗斯"向东转"的战略需求和平衡的对外政策，也符合印度的大国抱负、战略自主和现实利益。在可预见的未来，俄印双方将继续保持紧密合作并深化传统防务关系，发生重大变化的可能性不大。

【关键词】俄印关系　新态势

一、2021 年俄印关系的发展态势

本文主要梳理了2021 年俄印关系中的重要事件、取得的重要成果，双方合作不断强化。

---

* 叶曼婷、张静悦，广东外语外贸大学国际关系学院国际政治专业 2019 级本科生；曹聪，广东外语外贸大学国际关系学院国际关系专业 2021 级硕士研究生。

（一）2021 年俄印关系重大事件

1. 俄罗斯击败美国赢得印度战机合同

2021 年 1 月 19 日，俄罗斯击败美国，赢得印度战机的竞标，与印度签订 21 架米格—29 和 12 架苏—30MKI 战机的供应合同。印度拒绝了美国专门为印度空军打造的 F－21 战机，并宣布将只购买俄罗斯战机。该合同的签订既是俄印两国长期军事合作的互动结果，也是印度在经济下行条件下对军费控制的综合考量。

俄击败美国赢得印度战机合同可以说是 2021 年俄印关系的重大事件，为俄印关系后续升温揭开了序幕。

2. 俄罗斯外长访印度讨论军事合作

2021 年 4 月 6 日，俄罗斯外长与印度外长进行会谈，就两国深化军事、太空技术、能源等方面的合作进行了讨论，同时也商讨了在印度生产军事装备的可能性。两国已建立起了一个政府间委员会负责处理军事技术合作。

对印度而言，深化与俄罗斯的军事技术合作，与莫迪“印度制造”所强调的利用本国劳动力吸引外资的理念基本吻合，但却可能引起美国的不满。但印度仍坚持与俄罗斯合作，认为进一步深化俄印军事技术合作符合两国利益。此外，两位外长还支持在相互结算时使用本国货币，这表明了印度不顾美国反对、与俄罗斯深化合作的决心。

本次俄外长访印，标志着两国深化军事合作进入新阶段，也为日后其他非传统领域合作以及年底的普京访印打下良好基础。

3. 俄印公布疫苗生产合作计划

2021 年 5 月 22 日，俄印公布疫苗生产合作计划。根据协议，俄罗斯将在印度生产 8.5 亿剂俄罗斯研发的“卫星—V”新冠病毒疫苗。在印度具备生产能力之前，俄罗斯将向印度提供 1800 万剂在俄罗斯生产的新冠病毒疫苗。印度与俄签订疫苗生产合作计划能缓解疫苗短缺，对国内疫情的控制也有一定帮助。值得注意的是，印度并没有向美国寻求合作。

俄印疫苗合作计划不仅标志着两国的合作扩展到了新领域，还意味着印度在俄美两个国家中逐渐偏向前者。

4. 俄印 S－400 交易顺利进行

2021 年 11 月 14 日，俄罗斯开始向印度交付 S－400 防空导弹系统，落实 2019 年俄印签订的 5 套 S－400 防空导弹系统订单。防空系统对一国的国防安全现代化尤为重要。印度选择向俄罗斯购买，是因为俄制的防空系统性价比更高。与美国出售给他国的爱国者—3 防空系统相比，S－400 防空系统不仅性能更好，而且价格更加便宜。另外，俄印间长久的军事合作关系也促使印度更倾向于俄制产品。

从俄印 S－400 交易的顺利进行可以看出，印度不顾美国挑拨、冒着被制裁的风险仍然坚持与俄罗斯交易的决心，俄印两国甚至决定不以美元结算。

5. 普京访问印度

2021 年 12 月 6 日，俄罗斯总统普京访印参加俄印峰会，与莫迪总理进行了会谈。能源和军事是两国领导人会谈中首先讨论的议题。能源方面，两国正在考虑在焦煤、肥料这两个领域的长期合作，也包括其他能源领域的合作。军事方面，除了更新两国十年防务合作计划的内容外，两国还将签订 75 万支 AK－203 突击步枪的合同，由俄印两国合资生产。

两国领导人的讨论还涉及互联互通、航运、太空、科技、教育和文化、地区局势、反恐等问题。俄印两国领导人都表示期待贸易和投资的持续增长，并已经设定了一些目标以加强贸易和经济合作，包括长期采购基本商品、消除贸易壁垒、加强区域间联系、加强连通性，以及建构国际南北运输走廊和钦奈—符拉迪沃斯托克东部海上走廊。在贸易投资方面，两国还有一些非常具体的计划，包括在内河航道、民用船舶制造、化肥、焦煤、钢铁、技术人才等领域的长期合作。

反恐问题也得到两国领导人的共同重视，双方都认为这是一个具有共同利益的领域，并在如何处理极端宗教团体等恐怖主义实体方面存在较大共识。

同时，两国首次举行“2+2”外长防长会谈。两国部长就地区、国际热点议题进行深入讨论，包括亚太地区的局势以及阿富汗、叙利亚问题，并就上海合作组织和俄、印、中三边关系交换意见。

普京此次访印，向外界传递了一个重要的信息，即“印度对于俄罗斯来说是非常重要的战略伙伴”。两国签署的28项重要合作文件更是证明了两国合作关系的进一步强化。

（二）2021年俄印关系的重要成果

2021年12月6日，俄印在第21届首脑峰会上，签订了28项协议和谅解备忘录。这些合作文件不仅有政府对政府的，也有企业对企业的，还包括两国公共部门的合作。合作文件涵盖的领域非常广泛，包括知识产权、科技、军事、贸易、教育、外交、文化、能源和商业合作等。

表12－1　2021年俄印达成的合作文件

领域	协议或备忘录名称
知识产权	《印度共和国政府工商部工业和国内贸易促进司与俄罗斯联邦知识产权局之间在知识产权领域的合作备忘录》
科技	《俄罗斯联邦科学和高等教育部与印度共和国政府科学技术部之间的科学、技术和创新合作路线图》
	《印度石油集团有限公司和俄罗斯天然气工业石油公司就减压蜡油加氢裂化技术、润滑油基础油异构蜕蜡催化剂和固定床催化剂再生的合作意向声明》
	《俄罗斯国有矿业开发服务公司和印度地质调查局之间涉及地球科学领域的合作的谅解备忘录》（寻求在地球科学和底土地质研究领域，在陆上和海上地质勘探工作领域长期合作）
	《印度共和国政府和俄罗斯联邦政府关于在为和平目的研究和利用外层空间以及建造和运行运载火箭和地面空间基础设施领域合作进行技术保护的协定》

续表

领域	协议或备忘录名称
军事	《2021—2031 年军事技术合作计划协议》（这个十年防务合作计划概述了两国正在进行的防务合作和未来可能的合作，此类协议自 1994 年以来一直在签署，本次签署是为现有框架的更新）
贸易	《关于引入印度共和国政府与俄罗斯联邦政府之间商船协议修正案的议定书》（引入导致承认海员身份证件的修正案）
	《印度贸易促进组织与俄罗斯国会双边贸易合作基金会的谅解备忘录》
教育	《国立体育大学英帕尔与俄罗斯索契国际奥林匹克大学之间的谅解备忘录》
	《印度加尔各答科学教育与研究学所（印度）和俄罗斯科学院远东分院海洋生物研究所的谅解备忘录》（寻求建立蓝色经济卓越中心进行合作交流）
	《印度帕格瓦拉拉夫利专业大学与俄罗斯南方联邦大学之间的谅解备忘录》（寻求在学术和研究活动、学术信息交流、学生和教师交流等方面进行合作）
	《德里大学与斯科尔科沃科学技术学院之间的学术合作协议》（旨在促进科学领域的能力建设和专业知识，旨在为国家技术发展制定计划和交流）
	《莫斯科国立谢东诺夫第一医科大学与德里大学的联邦国家自治高等教育机构协议》（旨在促进纳米医学、再生医学领域的生命科学合作医学、分子医学、生物医学科学、转化医学、临床前和临床研究、新药发现、工业技术和创业）
外交	《俄罗斯联邦政府和印度共和国政府关于分配印度共和国驻俄罗斯联邦领事馆的地块和印度共和国驻符拉迪沃斯托克总领事馆住房条件的议定书》
文化	《印度共和国政府文化部与俄罗斯联邦文化部 2021—2024 年文化交流计划》
	《俄罗斯文化部国家扶持艺术与民间创作司与印度共和国外交部下属的印度文化关系委员会关于组织 2022—2023 年俄罗斯联邦和印度共和国文化节的协议》
能源	《俄罗斯石油公司与印度石油有限公司之间的原油供应协议》（寻求续签俄罗斯石油公司与印度石油集团有限公司之间的先前合同）

续表

领域	协议或备忘录名称
商业合作	《印度储备银行与俄罗斯银行在应对网络攻击领域的合作协议》
	《台拉登光电厂和俄罗斯国防产品出口公司之间的谅解备忘录》
	《印度特许会计师协会和俄罗斯专业会计师协会合作谅解备忘录》（寻求通过联合研究、质量支持、能力和能力建设建立合作）
	《印度国家电力公司、印度政府部门和俄罗斯统一电力公司之间的合作谅解备忘录》（寻求共同为电力部门的能力建设出口提供服务，在各自的来源国之外）
	《印度国有钢铁管理局与俄罗斯中央巴尔丁黑色冶金研究所（FSUE I. P. BARDIN TSNIICHERMET）之间的合作备忘录》（寻求共同努力开展冶金技术领域的研究、技术和战略工作）
	《印度京德勒西南钢铁公司与俄罗斯中央巴尔丁黑色冶金研究所之间的谅解备忘录》（寻求共同努力开展冶金技术领域的研究、技术和战略工作）
	《印度金达尔钢铁和电力有限公司与俄罗斯中央巴尔丁黑色冶金研究所之间的谅解备忘录》（寻求共同努力开展冶金技术领域的研究、技术和战略工作）
	《印度石油集团有限公司和俄罗斯西斯布尔公司之间的合作意向声明》
	《印度北方邦工商联合会和俄罗斯国际信贷商业银行之间的谅解备忘录》（寻求在国际合作、中小企业方面建立联系、交流经验）
	《印度的人力资源服务公司（Magic Billion）和俄罗斯的人力资源服务公司（Volshebny Milliard）之间关于人力供应的谅解备忘录》
	《印度国有石油公司（OVL）和俄罗斯石油公司（Rosneft）之间帮助印度财团训练合作的谅解备忘录》（旨在提供石油和天然气领域的教育和培训计划）

从这28项合作文件中可以看出，俄印间传统的军事防务合作仍在继续深化，科技、教育、文化、商业等领域的合作也呈现加强趋势。值得注意的是，虽然两国近年来一直强调加强经贸合作，但是从这28项合作备忘录中并没有体现出任何实质性的进展。

二、俄印的利益诉求与影响因素

（一）俄印的利益诉求

1. 俄罗斯“向东转”战略、平衡对外关系以及应对现实威胁的需求

（1）俄通过与印度合作介入所谓“印太地区事务”。2000 年普京上台后，“欧亚主义”战略思想再度复兴，普京政府将其作为应对美欧挑战以及提升俄罗斯自身影响力的可持续发展途径。据此，俄罗斯政府重置了战略优先级，将对外关系重心逐渐转移到亚太地区，并制定了新时期的太平洋战略。①

在此背景下，南亚地区由于其特殊、重要的地缘战略位置，成为俄罗斯实施新战略的突破口。从近几年俄罗斯在南亚地区的积极活动，例如与印度的核潜艇订单可以看出，俄罗斯计划的第一步是海军重返世界大洋。②换句话说，印度是帮助俄罗斯实现其在该地区恢复军事存在、加强政治参与的最佳合作伙伴。因此，近年来，俄罗斯与印度在军事方面的合作一直有增无减。

（2）俄罗斯充当所谓印太地区国家关系的平衡力量。普京上台后，俄罗斯政府不断强调重回世界大国的战略目标，逐渐形成了以实用主义为核心、以“成为强国、着眼周边、警惕外部威胁”为主要特征的对外政策，③其中包括“均势”思想指导下的平衡外交。俄罗斯奉行在东西方保持平衡的对外政策，通过实现大国和区域间力量对比的平衡来保证国家安全并实

① 马天：《俄罗斯太平洋战略的源起、重启与展望》，《太平洋学报》2021 年 9 月，第 77—88 页。

② 李秀蛟、李蕾：《俄罗斯重返南太平洋外交解析》，《俄罗斯东欧中亚研究》2017 年第 4 期，第 101—113 页。

③ 刘若锋：《新时期俄罗斯对外政策的“不变”与“变”》，外交学院 2020 年硕士学位论文。

现利益分配的均衡。①

近年来，俄罗斯选择充当亚太地区国家关系的平衡力量。一方面，俄罗斯扩大了“周边”外交的范围，② 几乎与亚太地区的主要国家都发展了比较友好的关系；另一方面，这些国家几乎都存在明显矛盾，俄罗斯可以在其中左右逢源，既保证了自身的安全，又借此机会扩大了国家影响力。

（3）俄通过深化俄印合作分化美日印澳四边机制。四边机制作为美国实践所谓“印太战略”的重要部分，参与国除美国的老牌盟友澳大利亚和日本外，美国把印度也拉入其中。2017 年以来，美日印澳四边机制开始活跃起来，导致该地区的地缘政治发生激烈变化。俄罗斯不会选择与美国关系密切的澳大利亚以及既是美国盟友又与其存在领土争端的日本进行合作，四边机制成员中具有合作可能性的只有印度。事实上，四边机制国家在合作中的利益考量、立场选择与目标设定并不完全一致，四国内部也存在着明显的离心力。这些因素相互交织，制约了美日印澳战略合作的深度和广度，③ 也成为了俄罗斯分化四边机制、应对美国“印太战略”的切入点。

美国“印太战略”与俄罗斯“大欧亚伙伴关系”倡议存在着交叉关系，四边机制对俄罗斯“大欧亚伙伴关系”倡议的影响具有两重性，机遇与挑战并存。④ 其挑战表现在给俄罗斯与东盟间的合作带来不确定性，对中俄主导的欧亚区域合作组织构成威胁；其机遇表现在俄印接近会对美印战略合作产生负面冲击，有利于俄罗斯借机离间美印关系、分化四边合作机制。

2018 年，四边机制再度活跃后，印度与俄罗斯高调宣布双方签署了价值 30 亿美元的军火订单，其中甚至包括俄罗斯最先进的 S－400 防空导弹

---

① 单永新：《普京时期俄罗斯东西方外交战略中的中国因素评析》，东北师范大学 2005 年硕士学位论文。

② 刘若锋：《新时期俄罗斯对外政策的“不变”与“变”》，外交学院 2020 年硕士学位论文。

③ 孙通：《美日印澳战略互动对地区秩序的影响——基于体系结构视角的分析》，《东北亚论坛》2021 年第 6 期，第 93—105 页。

④ 吴雨薇：《简析美国“印太战略”对俄罗斯“大欧亚伙伴关系战略”的影响》，《西部学刊》2021 年第 1 期，第 48—50 页。

等武器，此举成功给美日印澳四边机制蒙上了一层阴影。美国对此反应十分强烈，时任美国总统特朗普先是对印度进行利诱，利诱失败后随即威胁制裁印度。

2. 印度在所谓印太地区的大国抱负、战略自主与现实需要

（1）印度从独立自主政策衍生出的平衡外交。尽管印度还没有崛起成为世界性大国，但是印度的快速发展却是毋庸置疑的，这也使得印度长期坚持的战略自主在近年来得到不断强化。就目前印度的实力而言，其想要在南亚地区排除所有的域外势力影响是不可能的。美国大力拉拢印度，印度却难以在与美国的合作中获得相对平等的地位。印度长期存在的民族自尊心使其不愿沦为美国的附庸，因此，印度开始利用平衡外交的手段实现战略自主。在与美国关系不断深化的同时，印度不顾美国的利诱和施压，长期与俄罗斯保持紧密的军事合作，甚至在最近的印俄军事合作中，印度买到了俄罗斯最先进的S－400防空导弹等战略武器。总体来看，目前印度在美俄两国间的战略平衡是比较成功的，阶段性地实现了战略自主目标。

（2）印度对域外势力插手南亚事务的反感。南亚地区一直以来都被印度视为“后花园”。二战后，印度脱离英国殖民统治独立后，倚仗“大国优势”以南亚霸主自居。尤其是冷战后，印度的南亚霸主野心越来越强。以美国为代表的域外势力在该地区的介入不断加深，不仅给印度长期坚持的战略自主带来了严重的负面影响，也给印度国家安全和利益带来挑战。在印度看来，美国此举是在侵蚀印度战略自主的物质和制度基础，恶化印度地缘战略环境。[①] 因此，印度对美国在该地区的一系列动作非常不满。为了保持自身在南亚的影响与作用，印度需要俄罗斯的支持，通过俄罗斯武器提高自身军事实力，并通过与俄罗斯在该地区的合作，让俄罗斯适度地进入南亚地区，以此抵消美国等国家在该地区的影响力。

---

① 王世达：《印美安全合作对印度战略自主传统的挑战》，《现代国际关系》2019年第2期，第50—56页。

（3）印度的“大国梦”需要俄罗斯的支持。进入 21 世纪，面对经济快速增长，时任印度副总理阿德瓦尼公开表示：“21 世纪将会是‘印度的世纪’”。显然，印度的“大国梦”正随着自身发展不断强化。印度政府对其大国战略有着十分详尽的规划，在印度政府的布局中，南亚地区是实现其战略目标的第一步，第二步是通过参与亚太地区事务成为亚太大国，最后就是成为世界大国。对印度来说，俄罗斯是可以帮助其实现前两步战略目标的合作伙伴。一方面，印度通过俄罗斯的装备武装自己的军队，使其在南亚地区具有绝对的军事优势，巩固自身南亚大国地位；另一方面，俄罗斯为印度提供了向东亚延伸的有利契机，充当了印度介入亚太事务的“跳板”；同时，双方强强联合又能应对可能来自其他大国的威胁，避免其他大国垄断亚太地区事务。印度能从俄罗斯得到部分全球问题上的支持，帮助印度塑造更好的国际形象，为今后走向世界做准备。

（二）第三方势力的影响

2021 年下半年的国际形势对俄罗斯十分不利，因乌克兰问题和欧洲难民问题，俄罗斯接连受到以美国为首的西方国家的制裁，这只是西方国家对俄罗斯打压的一个缩影。美国从二战结束起就对苏联怀有忌惮之心，冷战结束后更是拒绝了叶利钦的示好，对俄罗斯一直采取遏制的政策。普京上台后，对西方国家的态度逐渐强硬，俄罗斯与西方国家的关系也日趋紧张。近年来俄美对立更加严重，在叙利亚问题、伊朗问题和乌克兰问题等多个全球性热点问题上屡次剑拔弩张。美国不断增加在所谓印太地区的资源投入，包括增加该地区的军事部署、不断发展与深化与相关国家的关系、在政治上攻击和孤立俄罗斯等。在此背景下，印度成为美国近两年在该地区的头号拉拢对象，美国认为快速发展的印度能成为自己实现“印太战略”的重要帮手。因此，对俄罗斯来说，与美国大力拉拢的对象印度进行深度合作，对美国不仅意味着打击俄罗斯战略意图的挫败，更是对美国的有力回击。

三、2021 年俄印关系的特点

2021 年俄印关系总体呈现向好的态势，呈现出军事合作不断加强、政治关系波澜不惊、外交关系平稳向好的特点。

（一）军事合作不断强化

俄印在军事合作方面有着深远的历史。在苏联时期，赫鲁晓夫政府对印度提供了大量的军事援助，用最优惠的价格把武器卖给印度。甚至在 1962 年，苏联同意转让技术，在印度共同生产米高扬·古列维奇的米格—21 喷气式战斗机，而同时期的其他国家却没有得到这一待遇。在 20 世纪 60 年代，印度有七成的武器装备来自于苏联的援助。除了技术合作外，两国还在安全方面进行合作，签订了《印苏和平友好合作条约》，形成了军事防卫上的密切合作。

当前俄印军事合作关系得以继续发展。印度是俄罗斯重要的武器出口市场。2016—2020 年，俄罗斯向 45 个国家交付了武器，其中印度是俄罗斯武器的最大出口国，占总数的 32%。对印军售是俄增加外汇来源、提高俄制武器国际市场份额的重要途径。俄罗斯则是印度重要武器的进口来源图。2016—2021 年，印度的进口武器来源于俄罗斯的有 68%，超出排名第二美国的 54%。除了直接的售卖，俄印间还签订了合作生产及开发协议，如海军护卫舰、卡 –226T 双引擎通用直升机、布拉莫斯巡航导弹、第五代战斗机（FGFA）和多用途运输机（MTA）等。两国合作不仅限于买卖双方的关系，还包括联合研发、培训、服务的联系，以及联合演习。

两国在军事合作方面一直有良好关系，这一势头也在 2021 年得以延续与强化。所谓强化，体现在印度购买武器时“亲俄疏美”。2021 年，印度不但拒绝了美国为其量身定制的 F –21 战机，还顶着将被美制裁的压力与俄完成了 S –400 防空导弹系统的交易。在 2021 年末的首脑会晤后，两国又签订了 75 万支 AK 系列步枪的订单，这一庞大的数量也证明了印度在武器供应上越来越靠向俄罗斯。此外，两国还续签了未来十年的军事技术合作协议《2021—2031 年军事技术合作计划协议》。这十年的合作协议于 1997 年首次签订，内容涵盖广泛，包括成套的武器系统，以及联合开发、生产销售军备和军事技术。虽然两国还没有公布协议的具体内容，但有官方说法表示，“已更新了协议的框架和内容”。可见，俄印两国都有长久维持军事合作的意愿，力图使合作机制的效力得到强化。

（二）政治关系波澜不惊，终归平稳

俄印两国一直以来都没有直接的战略利益冲突和领土纠纷，在政治上维持着良好的关系。印度是俄罗斯“向东转”战略所要争取的重要伙伴，俄罗斯也被印度视为长久的、经得起时间考验的伙伴。两国稳固的双边关系开始于 1993 年签署的《俄印友好与合作条约》。2000 年 10 月，两国关系升级为战略合作伙伴关系。2013 年，俄印两国升级为特殊与特惠的战略合作伙伴关系，此后两国的政治关系一直维持着平稳的态势。

2021 年俄印政治关系曾出现些许波澜，但最终还是保持住平稳发展的态势。导致俄印两国关系出现波澜的主要是地区局势问题。阿富汗地区局势对俄印关系产生不小影响。阿富汗位于中亚，其境内的塔利班活动也在 2021 年逐步扩大，对地区的稳定造成了威胁。阿富汗问题已成为两国外交事务的优先方向之一，但俄罗斯却没有邀请印度参加其主持的关于阿富汗问题的讨论会。印度政府对此没有进行表态，但主流媒体有不满声音，认为这意味着俄罗斯可能在地区安全问题上与印度持不同立场。俄罗斯甚至表示印度在未来才能更深入地参与解决阿富汗问题，这无疑给两国的关系带来了不稳定因素。

美国所谓的“印太战略”也是导致俄印间关系紧张的因素。2021 年，印度对美国主导的四方安全机制积极响应，参与了在孟加拉湾和阿拉伯海举行的海上联合军演。印度积极响应美国所谓的“印太战略”，并把该战略逐步放到地区事项的优先位置。此外，印度加快推进“北南走廊计划”，旨在将中亚拉入印度洋，与美国的战略有契合之处。对此俄罗斯官方表态认为，西方在从中破坏俄印关系，可见俄罗斯对印度还保有一定的信任，不愿直接指责。印度也不愿破坏与俄的政治关系，发表声明以消除俄罗斯的疑虑。

尽管两国存在以上的矛盾，但在政治上保持特殊与互惠合作伙伴关系的核心不会改变，两国在军事和能源方面的合作需求仍会促使两国在地区局势中保持稳定的关系。

2021 年俄韩关系的发展态势与特点

何泽斌　赵　岚　江洪飞*

【摘　要】 2021 年俄罗斯与韩国政经关系进一步发展。俄韩合作主要围绕东北亚地区局势、能源合作、北方航线合作和远东经济合作进行，合作同时受到美国和朝鲜等因素阻碍。俄罗斯加强与韩国合作符合俄罗斯的战略利益，因此在未来俄韩合作尤其是经济合作将进一步增强。

【关键词】 俄韩关系　态势　利益诉求　特点

一、2021 年俄韩关系发展态势

（一）政治层面

2021 年，俄罗斯与韩国政治上沟通频繁，并不断寻求合作。

1. 东北亚地区局势

朝鲜半岛局势仍是俄韩关系中最重要的话题，双方的多次交流都对这

* 何泽斌、赵岚，广东外语外贸大学国际关系学院外交学专业 2019 级本科生；江洪飞，广东外语外贸大学西方语言文化学院俄语语言文学专业 2021 级博士研究生。

一点进行了详细讨论。

2021 年 3 月下旬，俄罗斯外长拉夫罗夫访问韩国。2021 年 3 月 23 日，拉夫罗夫在接受韩国媒体采访时提到，俄罗斯正在全力维护半岛局势稳定，努力解决朝鲜半岛无核化问题，并呼吁尽快恢复六方会谈，采取建设性行动，以发展对话代替激进的军事行动。

对于亚太地区的整体局势，拉夫罗夫指出，围绕东盟建立的结构使得亚太地区的所有国家能在平等的基础上进行对话，并达成双方都能接受的妥协和协议。而引入“印太地区”的说法是为了创造一些与之相反的含义，所谓的“印太战略”是一种“抱团”行为，实质上是为了遏制和排斥某些国家。俄方认为这不利于积极的进程，有益的做法应该是在本地区所有领域发展合作的进程中保持东盟的中心地位。

2021 年 3 月 24 日，拉夫罗夫与韩国外长郑义溶共同出席活动，郑义溶表示，韩国和俄罗斯作为战略伙伴，曾在建立朝鲜半岛永久和平的道路上并肩前行。今后，韩国政府也将尽一切努力推动朝鲜半岛的和平进程，并希望获得俄罗斯政府和公民始终不渝的支持和协助。

2021 年 3 月 25 日，拉夫罗夫与韩国外长郑义溶进行会谈，在国际问题中，双方着重讨论了朝鲜半岛和整个东北亚的局势问题。为了永久解决该地区所有问题，双方都致力于尽快恢复有关各方之间的谈判进程，以期解决该地区的所有问题。拉夫罗夫表示：“双方高度重视朝鲜半岛及整个东北亚地区的和平稳定局势，并呼吁有关方放弃军备竞赛，防止任何形式的军事行动的扩大化。”郑义溶表示：“韩方高度评价俄罗斯政府对创造半岛持久和平和全面无核化的一系列建议以及加强韩朝关系和半岛和平进程一成不变的支持，并希望俄罗斯在这一问题上继续发挥建设性作用。”双方表达了继续努力在半岛创造没有核武器的和平空间的愿望。①

2021 年 8 月 24 日，俄外交部副部长莫尔古洛夫访问韩国并与韩国外交部朝鲜半岛和平安全事务特别代表鲁圭德进行磋商。双方详细讨论朝鲜

---

① “Выступление Министра иностранных дел Российской Федерации С. В. Лаврова в ходе пресс – конференции по итогам переговоров с Министром иностранных дел Республики Корея Чон Ый Ёном”, МИД России, 25 марта 2021 года. https：//www. mid. ru/ru/maps/kr/1418199/. （上网时间：2021 年 12 月 25 日）

半岛相关局势，强调俄罗斯与韩国继续保持定期对话的重要性，此外还有其他相关各方共同通过政治外交手段调解半岛局势的问题。莫尔古洛夫还向鲁圭德和美国政府朝鲜事务特别代表提出恢复讨论于2019年制定的综合解决朝鲜半岛局势的行动方案。该方案包括中方提出的推动半岛无核化和建立半岛和平机制“双轨并行”的思路和朝鲜暂停核导活动、美韩暂停大规模军演的“双暂停”倡议，以及俄方提出的“分步走”设想，呼吁解除对朝鲜的部分制裁，恢复六方会谈，并欢迎美朝双方继续展开各级别对话。

2021年10月12日，韩国外交部朝鲜半岛和平安全事务特别代表鲁圭德表示，朝鲜半岛的和平进程目前处于暂停状态，有必要尽快恢复对话，俄罗斯在这其中的作用非常重要。俄罗斯是一个非常了解朝鲜立场的国家，为了改善朝韩关系并恢复美朝之间的谈判，韩方将请求俄罗斯继续发挥建设性作用。

2021年10月27日，俄韩两国外长举行了会谈，在随后的新闻发布会上，拉夫罗夫表示，双方一如既往地详细讨论了朝鲜半岛和东北亚局势。该地区所有问题只能通过政治和外交手段解决。他强调，有必要恢复所有相关方之间的谈判进程。寻求双方都能接受的持久解决办法，应该涵盖朝鲜半岛的所有问题，尤其是避免各方采取可能加剧紧张局势的行动。①

2. 军事合作

2021年3月29日，俄副防长福明上将对韩国进行了工作访问，其间与韩方讨论了朝鲜半岛局势相关问题。在与韩国国防部次官朴宰民会晤期间，双方讨论了地区安全问题，重点是东北亚和朝鲜半岛的局势，以及两国在军事领域的合作前景。此外，福明与韩国联合参谋本部副议长举行了会晤。根据先前达成的协议，在战略对话结束后，双方签署了一项关于国

---

① “Выступление и ответы на вопросы СМИ Министра иностранных дел Российской Федерации С. В. Лаврова в ходе совместной пресс－конференции с Министром иностранных дел Республики Корея Чон Ый Ёном по итогам переговоров”，МИД России，27 октября 2021 года. https：//www. mid. ru/ru/maps/kr/1784554/.（上网时间：2021年12月25日）

防领域合作的政府间协议。①

2021 年 10 月 20 日，俄陆军总司令奥列格·萨柳科夫大将率领国防部代表团抵达韩国参加“2021 首尔国际航空航天暨军工业展览会”，访问期间会见了韩国国防部长官徐旭将军和陆军参谋总长南泳臣将军。萨柳科夫在与韩国军方会晤期间磋商两国陆军合作、韩国军官赴俄罗斯高校受训、举行包括演习在内的联合战训活动以及韩军官兵参加国际军事比赛等事宜。②

3. 普京访韩计划

普京总统上一次访问韩国还是在 2013 年，文在寅总统曾邀请普京访韩。

2021 年 3 月 25 日，俄韩两国外长表示双方将努力组织普京总统在新冠肺炎疫情稳定之后访问韩国。

2021 年 10 月 27 日，俄韩两国外长再次表示双方将随着疫情稳定加快筹备普京总统的访韩之行。等新冠肺炎疫情一稳定下来，普京总统将尽快访问韩国。

（二）经济层面

俄罗斯和韩国自 20 世纪 90 年代建交以来一直保持良好关系，两国经贸合作逐渐紧密。2018 年，文在寅推出“新北方政策”并将俄韩关系作为该政策的重点，随后又提出了“九桥战略”并得到了俄罗斯政府的认可，将俄韩经贸合作提升到了新的水平。“九桥战略”概述了韩国与俄罗斯展开合作的九大领域：天然气、铁路、港口、电力、北极航线、造船、农

---

① “Замминистра обороны РФ генерал – полковник Александр Фомин совершил рабочий визит в Республику Корея для проведения стратегического диалога на уровне заместителей министров обороны двух стран”, Минобороны России, 29 марта 2021, https: //function. mil. ru/news_page/country/more. htm? id = 12351400@ egNews.（上网时间：2021 年 12 月 27 日）

② “Главком Сухопутных войск России прибыл с официальным визитом в Республику Корея”, Минобороны России, 20 октября 2021, https: //function. mil. ru/news _ page/country/more. htm? id = 12389489@ egNews.（上网时间：2021 年 12 月 26 日）

业、水产和工业园区，其中天然气和电力等能源领域与北极开发有关的北极航线开发是九桥战略的重点。同样是2018年，俄韩举行了第一次俄韩区域间合作论坛，旨在促进俄韩双方政府和企业的联系与合作。2019年俄韩区域间论坛在东方经济论坛举办期间举行，这无疑证明了远东地区在俄韩关系发展和双边互利合作中的作用之大。

1. 能源合作

在概述俄韩合作的九桥战略中就有两大领域属于能源合作的范畴，能源合作是俄韩经济合作中最具前景也是最重要的合作。

页岩气革命后，美国实现了能源独立，反超俄罗斯成为世界第一大油气生产国。美国页岩气的突破性发展，使得美国成为了俄罗斯在欧洲市场的极有力竞争者。同时，页岩气革命导致世界油价大跌，极大地损害了俄罗斯的政治和经济利益，使得俄罗斯在欧洲的油气交易中处于劣势。为减轻未来可能彻底失去欧洲市场的沉重打击，俄罗斯开始寻求油气贸易伙伴的多元化，即开始转向以亚洲为代表的新兴市场，亚洲各国正处于高速发展阶段，对石油和天然气需求旺盛，同时俄罗斯在亚洲占据地理优势，因此俄罗斯转向加强与东方的能源贸易是未来趋势。

韩国作为亚洲的发达国家，对于油气资源需求巨大，然而其本土油气资源产量远远无法满足国内需求，长期以来需要通过大量进口来维持工业部门的正常运转。俄罗斯是韩国重要的油气资源出口国。2020年俄罗斯向韩国出口原油1455万吨，出口液化天然气220万吨，[①] 韩国是俄罗斯天然气第二大贸易国。俄韩能源合作由来已久，自2006年起，俄罗斯便开始通过德卡斯特里港向韩国出口石油。俄韩还曾计划2011年开始建造一条由符拉迪沃斯托克途经朝鲜通往韩国的天然气管道，2012年开始建造一条从库页岛至韩国的海上运输管。但两条管道均因朝鲜方面的因素被长期搁置，2021年第三届俄韩地区间论坛开始后，俄韩双方表示将重新把俄韩天然气管道提上议程，并就此与朝方交涉。

---

① “Таможенная статистика внешней торговли РФ”, Анализ данных, http://stat. customs. gov. ru/analysis.（上网时间：2021年12月27日）

长期以来，韩国也与俄罗斯在资源开发项目上保持着紧密联系。早在2010年韩国就表示了对萨哈林岛能源项目的兴趣。萨哈林—2项目运营商俄罗斯萨哈林能源公司与韩国天然气公司签署了每年供应150万吨液化天然气的长达20年的协议，同时萨哈林—3项目的投资也在俄韩的磋商当中。在北极LNG—2项目中，俄韩则展开了更为深入的合作，2018年俄韩签署了北极LNG—2项目的关于电力、能源供应和能源效率合作谅解备忘录，① 确认了双方考虑韩国天然气公司加入北极LNG—2项目并从该项目购买液化天然气、参与勘察加中转项目等基础设施项目，以及发展在北极LNG—2其他合作的意向。从长远来看，俄韩能源项目合作和天然气贸易将会进一步发展。

为解决东北亚地区能源供应紧张的问题，同时也为推动韩、朝、俄三方合作机制的发展，文在寅政府在“九桥战略”中提议利用再生能源构建东北亚超级电网，在韩国、俄罗斯、中国、蒙古和日本之间构筑共享电力的广域网络。俄韩期望通过构筑超级电网的方式扩大与俄罗斯的经贸合作，以换取俄罗斯在朝鲜半岛问题对韩国的支持，推动朝鲜半岛无核化和永久和平的发展。但关于电力合作，2020年10月俄罗斯能源部副部长安东·因尤岑表示，俄方愿考虑落实韩方有关联合俄韩电力系统的倡议的可能性，俄罗斯公共股份公司、俄罗斯国家电网股份公司和俄罗斯统一电力系统联邦电网公司准备加入。② 但鉴于东北亚超级电网构想所涉及的国家过多，且存在成本问题，仅仅是俄韩双方的电力合作进展也较为缓慢。

此外，2020年韩国设立了与俄罗斯联邦在氢能领域合作的基金，且将在俄罗斯亚马尔—涅涅茨自治区设立的“雪花”项目用于研究和生产氢能源。③ 这种无碳能源将会有助于俄罗斯在北极地区的各类活动。2021年11月，俄罗斯邀请韩国参与库页岛建立氢园区并开发潮汐能，俄方与韩国十

---

① “Южнокорейская KOGAS может войти в проект ‘Арктик СПГ 2’”, Новатэка, ТАСС, 22 июня 2018, https: //tass. ru/ekonomika/5315759.（上网时间：2021年12月27日）

② Антон Инюцын, “Энергетическое сотрудничество между Россиейи Кореей стабильно развивается”, Министерство энергетики, https: //minenergo. gov. ru/node/19137.（上网时间：2021年12月27日）

③ “Сеул создает фонд для сотрудничества с РФ в области водородной энергетики”, ТАСС, 20 ноября 2020, https: //tass. ru/politika/10057835.（上网时间：2021年12月27日）

几家公司就氢经济举行了会议，认真考虑了如太阳能、风能和潮汐能制氢[①]的可能性。

俄罗斯原子能海外公司、俄罗斯卡玛斯汽车有限公司、俄罗斯远东和北极发展集团和萨哈林州发展公司签署了谅解备忘录，根据该备忘录，双方将考虑共同在库页岛地区建立一个氢工业园区。[②] 俄韩在氢能方面的合作，一方面能够填补俄罗斯在氢能领域的空白，通过自身丰富的天然气资源来获取氢气，另一方面能够逐渐掌握成熟的制氢技术，令俄罗斯在世界能源结构转变的大趋势下，在绿色能源领域获得主动权。但俄韩的氢能合作同样存在局限性，俄罗斯以自身丰富天然气为基础制造的氢气是未达到欧洲使用标准的“黄氢”，意味着俄罗斯巨大的制氢潜能难以在欧洲的氢能市场上发挥，只能转向亚太地区。俄罗斯与韩国在滨海边疆区展开的其他清洁能源如风能、太阳能和潮汐能制氢则尚不成熟，成本较高、效率较低，难以满足俄罗斯出口需要。

2. 北极航线开发

全球气候变暖，使俄罗斯开发北极地区资源成为可能。2021 年俄罗斯北极地区生产天然气占联邦总产量 87%，北极地区生产石油占联邦总产量 17%，北极地区收入占联邦预算收入的 1/5。[③] 可见北极地区已经成为俄罗斯新兴的重要能源产区，也极大地增加了北极航线的开发价值。但随着其他北极国家，尤其是美国与俄罗斯在北极地区的竞争愈发激烈，俄罗斯必须尽快加强北极地区的开发和北极航线的垄断，以确保在竞争中占据优势。韩国与俄罗斯合作开发北极航线，旨在开拓北极航线为物流渠道，成为北冰洋市场的引领者。2020 年 3 月 5 日，普京签署了《2035 年前俄罗斯

---

① “Россия и Южная Корея обсудили совместные проекты на Дальнем Востоке”, INTERFAX, https: //www. interfax. ru/business/800849.（上网时间：2021 年 12 月 27 日）

② “Россия и Южная Корея обсудили совместные проекты на Дальнем Востоке”, INTERFAX, https: //www. interfax. ru/business/800849.（上网时间：2021 年 12 月 27 日）

③ “Инвестиционный портал Арктической зоны России”, Арктическая зона сегодня, https: //arctic – russia. ru/about/.（上网时间：2021 年 12 月 28 日）

联邦国家北极基本政策》,① 该文件强调了俄罗斯在北极地区的国家安全，认为俄罗斯应当垄断北极航线的运输。为此，俄罗斯需要改造北极航线上现有港口，建造足够多破冰运输船以满足其对北极航线运输发展的规划。同时，为了摆脱对欧洲勘探和开采技术的依赖，该文件强调，需要促进合作伙伴的多元化，体现为更积极地寻求与亚洲伙伴的合作。其中俄韩在北极航线的合作尤为显著，涵盖了港口改造及造船合作等重要方面。

普京在第三届俄韩地区间合作论坛上表示，俄韩的目标是确保在 2030 年沿北方海航线运输超过 1 亿吨货物。2020 年，北方海航线货运量 3000 万吨，3 年内增长 50% 以上，其中增长的主要动力为天然气供应，尤其是韩国的天然气供应。② 在韩国看来，液体载货是北极航线最有前途的运输方式，韩国将会有巨大的转运机会并从中获利。如蔚山港位于东北亚与欧洲之间北极航道的起点，2014 年蔚山港务局便开始制定与北冰洋和俄罗斯物流相关的发展战略,③ 2021 年蔚山港开始对天然气加注项目④进行可行性研究，以更好连接北极航线，因此蔚山港很有机会成为北极航线重要的枢纽。此外，北极航线能够在俄韩天然气管道建成前，确保俄罗斯对韩国的天然气供应。

2021 年第三次俄韩区域间合作论坛后，俄韩将合作对扎鲁比诺港等远东地区港口实行现代化和建筑工程，以连通俄罗斯新北极港口萨贝塔港到韩国蔚山港的航线。

在北极航线开发中，造船是俄韩的重点合作领域。考虑到韩国掌握建造全天候航行和自主破冰的天然气运输船的技术，且成本合理，工期较短，俄韩在造船方面的合作是不可避免的。

---

① “Президент утвердил Основы государственной политики в Арктике”, Президент России, 5 марта 2020, http: //www. kremlin. ru/acts/news/62947. （上网时间：2022 年 1 月 3 日）

② “Россия и Корея обсудили перспективы развития Севморпути”, Ростом, 16ноября 2021, https: //rosatom. ru/journalist/smi – about – industry/rossiya – i – koreya – obsudili – perspektivy – razvitiya – sevmorputi/? sphrase_ id = 2560053. （上网时间：2021 年 12 月 29 日）

③ “울산항만공. 울산항만공사‘북극해 및 극동러시아 물류연계 울산항 발전전략’수립”, https: //www. upa. or. kr/bbs/view. do? bbsId = BBS_0000000000000060&mId = 001005002001000000&dataId = 3860. （上网时间：2022 年 1 月 2 日）

④ “ 경상 일보 . 울산항만공사(UPA), 울산항 특화 LNG 벙커링 사업 박차 ”, http: //www. ksilbo. co. kr/news/articleView. html? idxno = 794680. （上网时间：2022 年 1 月 4 日）

2016 年，韩国大宇造船厂为俄罗斯亚马尔天然气项目生产 15 艘液化天然气运输船，2021 年韩国三星重工表示正在与俄罗斯承包商谈判，以建造运输西伯利亚北部生产的天然气运输船，包括 7 艘破冰型液化天然气运输船和 6 艘抗冰型液化天然气运输船。①

两国在造船领域合作的另一个成果是在俄罗斯成立了一家合资企业，由韩国三大造船公司参与，对俄罗斯红星造船厂进行现代化改造，并在未来负责合作设计、建设北极航道所用天然气运输船。2020 年红星造船厂已经接到了建造 15 艘破冰液化天然气运输船的订单，这些订单将由红星造船厂和韩国三星重工合作进行。② 此举加强了俄罗斯自主造船的能力，有利于俄罗斯对于北极运输航线的控制。俄韩看到了双方在造船领域的共同利益，有良好的合作前景。破冰船的建设与北极航线项目密不可分，随着北极资源的开发，利用北极航线的可能性也越来越大，俄韩在造船领域的合作将进一步深入。

3. 远东经济合作

受限于地理影响，俄韩的经济合作大多是在远东地区进行的。韩国在"新北方政策"的"九桥战略"框架下，加大了对俄罗斯远东地区的投资力度，双方在远东地区展开了多领域合作。截至 2021 年 9 月，俄韩双边贸易增长 60%，达到了 219.3 亿美元。但同时，韩国的投资流入速度放缓，2020 年底，韩国对俄罗斯投资为韩国对外国投资的第 35 位。③ 截至 2021 年 9 月，韩国投资者在远东地区的投资项目共计 1.2 亿美元。为进一步吸引韩方投资，俄罗斯还在远东地区出台了优惠政策，并邀请韩国加入正在筹备的南千岛群岛免关税贸易区。

---

① "Samsung Heavy in talks with Russian customers to build ice－breaking LNG carriers", KOREA HERALD, Sept. 13, 2021, http://www.koreaherald.com/view.php? ud＝20210913000887.（上网时间：2022 年 1 月 2 日）

② "О Сунг Хван: в 2023 году в Приморье появится индустриальный паркиз 20 корейскихкомпаний", Prima Media, 26 апреля 2021, https://primamedia.ru/news/1091021/.（上网时间：2022 年 8 月 7 日）

③ Юрий Трутнев, "В этом году российско－корейский товарооборот может выйти на исторический максимум", Правительство России, 7 декабря 2021, http://government.ru/news/44029/.（上网时间：2022 年 1 月 7 日）

在农业合作方面，韩国是俄罗斯大豆和玉米的主要进口国之一，且韩国农业企业对于俄罗斯远东地区一直抱有兴趣。在“九桥战略”的框架下，韩国农业企业已经在俄罗斯滨海边疆区进行了尝试。超过 9 家韩国农业企业在滨海边疆区管理的耕地面积超过 5 万公顷，2020 年共收获粮食 5.8 万吨。俄罗斯在 2021 年的俄韩区域间合作论坛中扩大了双方对农业合作的共识，将会在种子开发和栽培技术领域进行合作研究。

2020 年 10 月，俄韩双方更新了《行动计划 2.0》，其中一个合作重点是韩国在海滨边疆区的工业园区建设。俄罗斯远东和北极开发部、远东开发公司和韩国土地和住房公司签署了《韩海滨发展项目》，该项目将包括在滨海边疆区建设一个由 20 家韩国企业组成的韩国工业园区，包括汽车零件生产企业、食品生产企业等。同时，俄韩计划利用信息技术在大卡门附近打造一座智慧城市。① 俄罗斯邀请包括韩国在内的东北亚国家参与建设符拉迪沃斯托克的新卫星城市。② 俄韩在工业园区上的合作，不仅会为两国创造更多贸易机会，还能逐渐改善俄罗斯远东的发展状况，进一步加强吸引韩投资的能力。

二、俄韩双方的利益诉求

（一）安全利益

1. 核安全

朝核危机是一个巨大的安全威胁，无论是核武器本身，还是在开发

---

① “О Сунг Хван: в 2023 году в Приморье появится индустриальный паркиз 20 корейских компаний”, Prima Media, 26 апреля 2021, https: //primamedia. ru/news/1091021/. （上网时间：2022 年 8 月 7 日）

② “Чекунков рассказал о планах создать тематические кварталы в городе Спутнике”, РИА Новости, 5 октября 2021, https: //realty. ria. ru/20211005/kvartaly – 1753095115. html. （上网时间：2022 年 1 月 5 日）

核武器过程中有可能产生的核泄漏，都会对作为邻国的韩国和俄罗斯的安全构成极大的隐患，尤其是作为朝鲜半岛问题当事国的韩国，一旦朝鲜使用核武器，韩国将会成为被打击的对象。对俄罗斯而言，朝鲜拥核将会对他国造成军事安全威胁而使更多国家谋求拥有核武器，核武器的扩散不仅会使俄罗斯的核大国地位贬值，而且其背后的地区安全问题将更为严重。

2. 美国军事干涉

美国的介入使得安全问题更加复杂。作为韩国的盟友，美国以保护韩国的安全为由，加强了在朝鲜半岛的军事存在，实质上也是为了达到遏制俄罗斯和中国的目的，朝核危机的加剧在很大程度上有助于实现美国的战略部署，俄罗斯面临被拖入军备竞赛的风险。韩国同意美国的部署，在追求自身安全的同时损害了俄罗斯的安全利益。

（二）战略利益诉求

1. 地缘战略

除了安全方面的诉求，俄罗斯对朝核问题的积极参与体现了其地缘战略利益。在与西方国家关系迅速恶化的情况下，俄罗斯将关注点更多地转向了东方。俄罗斯将调解朝核危机作为加强在东北亚地区影响力、避免被边缘化的手段，同时在地区的安全事务中拥有更大的话语权，在区域一体化的进程中发挥更深远的作用，重振其大国地位。

作为一个中等国家，韩国要不断地在大国之间周旋，往往要“站队”。鉴于与美国的同盟关系，在安全上韩国毫无疑问地倒向了美国，甘当美国在东北亚地区遏制中俄的棋子，这又对俄韩关系造成了很大的打击，不利于东亚地区的合作与发展。区域的发展前景与区域内国家的发展相辅相成，尤其是韩国这样的中等国家，东亚地区发展受到限制也会影响韩国自己的发展。

2. 对外政策战略

俄罗斯在2016年的《俄罗斯联邦对外政策构想》中提到，俄罗斯意识到当今国际关系越发复杂，亚太地区正汇集越来越大的权力和影响力，并拥有广阔的发展前景。因而，在俄罗斯的外交战略中，巩固在亚太地区的地位，增进与亚太国家的联系占据了更为重要的位置。俄罗斯在构想中提及要动用各种手段，利用自身地理优势来优化欧洲和亚洲之间的贸易往来，希望通过利用亚太一体化进程这一机遇，发展西伯利亚和远东地区的社会经济。

韩国作为俄罗斯最重要的贸易伙伴之一，自20世纪90年代起便与俄保持了友好的关系，因此韩国是俄罗斯巩固亚太地位的重要立足点。通过与韩国的合作，俄罗斯积极开发北极航线，并使北极航线有望在未来成为欧亚能源运输的重要航线。与此同时，俄罗斯通过与韩国的合作，改善了远东的经济状况与投资环境，大量韩国企业的进入为俄罗斯带来了就业岗位和技术，使得远东地区得以吸引其他亚太国家企业的入驻和投资，地区整体向好发展。

另外，俄罗斯通过在朝核问题中担任积极的角色，为朝鲜半岛长久和平与发展做出了重要努力，使得俄罗斯在亚太地区的话语权有所上升，也进一步巩固了俄罗斯与周边亚太国家的关系。

3. 能源战略

尽管俄罗斯一直尝试优化自身经济结构，减轻对油气资源的依赖，但俄罗斯的经济增长在未来较长时间仍需依靠油气资源。在《俄罗斯2035年前能源战略》中，俄提出亚太地区的石油出口在2035年前翻一番，俄生产的32%的原油和31%的天然气将出口至亚太地区。战略还提到要将天然气作为重点，在2024年前，俄罗斯天然气化水平应从68.6%提高到74.7%，到2035年再提高到82.9%。战略还提出俄罗斯应积极拓展亚太市场，实现俄能源出口多元化，以提升俄罗斯经济稳定性；要大力发展液化天然气，作为优先发展的战略项目。

俄韩的合作大量涉及能源，基本符合俄罗斯能源战略的需要。俄北极地区天然气储量丰富，与韩国合作能够有效提高俄罗斯天然气的开采量和运输量。俄韩对北极航线的开发和沿线港口的建设和现代化升级，使得未来俄北极地区生产的油气资源能够通过新的方式出口至亚太地区，扩展了其在亚太地区的市场。

（三）优化经济结构

俄罗斯长期试图改善本国经济结构以提升整体的经济稳定性。通过俄韩在其他非能源领域的合作，改善了俄罗斯远东地区的经济结构，大量韩国及亚太国家企业的入驻，使得远东地区的经济较快增长。远东地区是俄罗斯与亚太国家进行经贸的重要地区，邀请韩国企业的入驻和投资可以有效改善投资环境，提升其他亚太国家对远东地区的信任和期望，借此吸引更多外资流入并扩大经贸发展。

三、2021 年俄韩关系发展特点

（一）受美国因素制约

韩美同盟是韩国外交的主轴，这使其不可能在国际事务中完全以本国利益作为外交政策的出发点，而必须要考虑美国的利益。实质上，在韩美两国的同盟关系中，韩国是美国的附庸。美国长期把控韩国军队的作战指挥权，并以此操纵韩国的内政外交。虽然韩国极力争取平等盟友地位并有“离心”倾向，但不会冲破同盟框架底线。而美国则对韩国的“离心”行为加以警告甚至干涉其行为，避免韩国做出有损美国利益的举动。随着俄美矛盾的不断升级，美国不允许其盟友与竞争对手过度发展关系，防止俄韩关系过度接近而损害美国利益。

（二）经济合作深化

俄韩经贸合作是2021年俄韩关系的重要特征，俄韩在经贸合作的领域上有了进一步的拓宽和深入。首先是2021年俄韩贸易总额较上一年有较大增长，有望突破300亿美元再创新高。俄韩在能源贸易上亦有显著进展，俄罗斯向韩国加订了10余艘液化天然气运输船，并开始落实改造扎鲁比诺港等港口，标志着俄韩在北极航线合作的深入。在2021年举办的第三届俄韩地区间合作论坛后，俄韩强调了九桥战略，双方均表示要加强在农业、工业园区等其他非能源领域的合作。

（三）贸易水平较低

首先，韩国在2020年对俄罗斯投资仅在韩国投资国家名单的第35位，表明韩国对俄罗斯的投资放缓。其次，从俄韩贸易的主要地区和主要产品的量来看，俄韩的经贸水平仍处于较低水平。受限于地理因素，韩国与俄罗斯的贸易和投资均集中在俄罗斯的远东地区，且远东地区的经济体量较小，人口稀少，地理环境和投资环境差，因此俄韩的诸多合作项目进展缓慢。在能源贸易上，俄罗斯对韩国出口的天然气总量占韩国天然气进口总量较小，2020年，俄罗斯约向韩国输送了220万吨液化天然气，而韩国2020年共进口908万吨，① 其中，卡塔尔是韩国主要的输送国，这意味着在韩国液化天然气市场中，俄罗斯并非是主导或占优的一方。

（四）受朝鲜因素影响

俄韩在能源合作方面，受到朝鲜的制约。朝核问题长期影响半岛和平

① Илья Круглей, “Российский трубопроводный газ и СПГ в Азии: конкурентыесть, нопоборотьсястоит”, Нефть капитал, 15 апреля 2021, https://oilcapital.ru/article/general/15-04-2021/rossiyskiy-truboprovodnyy-gaz-i-spg-v-azii-konkurenty-est-no-poborotsya-stoit.（上网时间：2021年12月29日）

与稳定，进而影响了俄韩的能源合作。由于在地理上朝鲜将俄罗斯与韩国彻底隔断，导致俄罗斯难以直接建造途经朝鲜至韩国的输油管或天然气管道，导致俄韩油气输送管道项目长期搁置。随着朝核风波逐渐平息，2021年俄韩再度将修建途经朝鲜的天然气管道提上议程，并积极推动俄朝韩三方合作机制。① 俄韩朝的并联电网项目同样受到了朝鲜问题的制约，进展缓慢，2020 年才被俄方再度重视。

四、俄韩关系前景

文在寅上任之初就向美国提出了收回韩军战时作战指挥权的问题，但就 8 月份美韩联合军演的情况来看，文在寅政府很难在其卸任前取得实质性进展，即使指挥权成功移交，未来美国会在多大程度上以合作的形式影响韩军也未可知。因此，美韩同盟在未来一段时间内仍会对俄韩关系造成很大的障碍。俄罗斯也逐渐意识到韩国的外交严重受制于美国，对于俄韩关系的走深期待不大。另外，中国对于俄罗斯的政治价值和经济价值也远远超过韩国，已经成为俄罗斯亚太战略中的重要部分，韩国在俄罗斯眼中的战略地位下滑。

不过，俄韩之间经济合作所带来的利益依旧非常可观。从长期来看，俄韩在北极航线、造船和天然气领域的合作将继续深化，但是其他领域缺少进一步扩大和深化的可能。

俄韩非能源合作难以进一步深化。从远东地区来看，尽管俄罗斯政府在远东地区推行了鼓励生育的人口政策使得远东地区出生率高于俄罗斯平均水平，但远东地区人口仍在不断流失。2019 年远东地区人口减少 21264 人。人口稀少和人口流失将导致远东地区的经贸和投资环境再度变差，也给俄韩在远东地区的合作增加了困难。由于远东地区位于高纬度地区，随

① “Чекунков заявил о заинтересованности Южной Кореи в сотрудничестве с Россией”, РИА Новости, 9 ноября 2021, https://ria.ru/20211109/chekunkov-1758166199.html.（上网时间：2022 年 1 月 6 日）

着气候逐渐极端化，远东地区的生活环境变得越发艰难，亦不利于俄韩的经贸合作。此外，俄韩之间受限于朝鲜的地理隔离，人员交流较为不便，且俄罗斯和韩国的劳动力成本均较为高昂，不利于合作企业盈利。朝鲜对于俄朝韩三方机制也仍旧持怀疑和谨慎的态度，使得俄韩的合作较难实行。

但俄韩在北极航线、造船和天然气领域的合作在未来将会持续深化。俄韩在能源领域有着重大共同利益，一方面，韩国是俄罗斯重要的天然气进口国，是开拓亚太市场的重要节点之一，也是俄罗斯北极油气资源转运亚太地区重要的中转站。韩国优秀的造船技术能够让俄罗斯得到更多的液化天然气运输船以最大化发挥北极航道的运输潜力。另一方面，俄罗斯是韩国重要的天然气出口国，也是韩国重要的潜在市场。鉴于俄韩的天然气贸易主要通过海上进行，因而暂不需要考虑朝鲜的因素。双方在没有重大利益冲突的情况下，应当会持续加深能源合作以求得利益最大化。

结　语

2021 年俄韩关系总体呈现上升态势，在多个领域积极开展合作并取得丰硕成果。俄韩关系的发展既是双方出于自身利益和战略安排的选择，也是国际和地区形势使然。双方合作前景广阔，但仍需要两国攻坚克难，共同推进和深化合作，继续保持双边关系健康稳定发展。

冷战后俄罗斯的阿富汗政策分析

崔懿欣*

【摘　要】冷战后俄罗斯的阿富汗政策可被概括为四个阶段：划清界限；非必要不干涉；适当介入、扶持亲俄势力；积极介入、主导"莫斯科模式"。俄罗斯的阿富汗政策之目标是确保阿富汗的中立立场、维持地区力量平衡，并尽可能地影响该国的外交政策。通过军事、外交、经济等综合手段，俄罗斯保障和维护了自身在阿富汗的安全、政治和经济利益。基于此，俄罗斯阿富汗政策体现出的特点是以维护国家安全利益为第一要务、在周边建立战略缓冲区、顺应俄美战略目标的阶段调整。

【关键词】俄罗斯　阿富汗　对外政策

苏联解体标志着美苏冷战正式结束，作为曾经的超级大国，苏联的对外政策对世界格局有着举足轻重的影响。俄罗斯是苏联的继承国，即使发生了领土变化，但仍拥有横跨欧亚大陆的广阔疆域，独特的地理位置决定了俄罗斯对外政策的多样性，既要面向西方，也要面向东方。

阿富汗是连接西亚、中亚、南亚和东亚的交通枢纽，对俄罗斯有着重要的战略意义。19 世纪沙俄征服中亚后，阿富汗就成为其南下战略的第一关，由此引发了俄英两国在中亚地区的大国博弈。1919 年阿富汗脱离英国的殖民统治，苏联成为第一个承认阿富汗独立的国家，并与之建立了外交

* 崔懿欣，广东外语外贸大学西方语言文化学院俄语语言文学专业 2022 级博士研究生。

关系。1979 年，阿富汗国内局势恶化，为确保苏联在此区域的利益，苏军出兵阿富汗，由此展开了长达十年的战争，直至 1989 年苏军撤出阿富汗。阿富汗国内的局势也因这十年战争发生了巨大变化。

冷战后由于苏联解体引发的国家领土变化使中亚国家横亘在俄罗斯和阿富汗之间。俄罗斯独立初期，十年的苏阿战争创伤、国内百废待兴的状态、亲西方的“一边倒”政策，都使其无暇顾及阿富汗，在该地区的影响力也日渐式微。但是，鉴于阿富汗国内形势的复杂变化和国际局势的风云诡谲，俄罗斯的阿富汗政策一直在据实调整，从阿富汗事务的局外人逐渐转变为推动阿富汗民族和解进程的主导力量。

一、冷战后俄罗斯对阿富汗的政策演变（1991—2021 年）

（一）划清界限（1991—1996 年）

苏联解体后，俄罗斯首任总统叶利钦及其外交部长科济列夫奉行对西方“一边倒”的政策，与苏联时期的很多“历史包袱”划清界限。1992 年 1 月 1 日起俄罗斯停止对阿富汗政府军的援助，失去支持的纳吉布拉政权被阿富汗圣战者组织推翻，阿富汗局势开始恶化。

阿富汗的圣战者组织兴起于 20 世纪 70 年代末，在 1978 年“四月政变”后，以反政府的抵抗组织形式登上政治舞台，在苏军入侵阿富汗的十年内又以游击队的形式于各地展开武装反苏运动。此间，他们逐渐壮大势力，形成割据一方的军阀组织。1992 年 4 月 16 日，纳吉布拉宣布辞职，标志着阿富汗民主共和国的完结。游击队接管政权，改国名为阿富汗伊斯兰国。政权的更迭并没有带来长久的和平，各政治团体间的权力斗争又开始了。

俄罗斯政府承认阿富汗新政权，但这一时期双方互动较少，且圣战者组织内部派系林立、斗争严重。随着各方势力争夺喀布尔的武装斗争不断升级，阿富汗爆发内战。1992 年 8 俄罗斯暂停了大使馆在喀布尔的工作。

在阿富汗军阀斗争白热化的阶段，出现了一个新的势力团体——塔利班。1994 年塔利班诞生，“塔利班”（普什图语及波斯语：طالبان，罗马拼音转写：Tālibān）意译为神学士，是发源于阿富汗坎大哈地区的逊尼派伊斯兰激进主义政治军事组织。连年的战争摧毁了阿富汗正常的经济和社会秩序，以毛拉·穆罕默德·奥马尔为首的圣战组织老兵带领伊斯兰学生军成立塔利班。塔利班的成员多由一些伊斯兰宗教学校的学生组成，他们想改造社会环境、推翻军阀统治，在全国实施伊斯兰教法。起初塔利班与军阀抗争，保护无辜村民，受到阿富汗人民拥护，吸引了大批人员加入，势力迅速崛起。1995 年塔利班开始进攻喀布尔，很快就控制了阿富汗近 40% 的地区，占领了喀布尔周边大部分地区，向首都发起总攻。1996 年 9 月 27 日，塔利班占领喀布尔，并且控制了阿富汗境内 90% 的地区。军阀势力主导的阿富汗割据状态结束，塔利班掌权，反塔组织退回北部继续抵抗。

在应对安全威胁方面，俄罗斯通过构建区域安全框架解决阿富汗危机。为防止塔利班宣扬的宗教极端主义思想渗透到中亚地区和俄罗斯南部边界，阻止阿富汗战争危机外溢，1996 年 10 月 4 日时任俄罗斯总理的切尔诺梅尔金（Виктор Черномырдин）和中亚国家领导人在阿拉木图举行紧急会议讨论阿富汗局势，协调各国统一行动保障独联体安全。这次会议达成的共识也推动了阿富汗北部反塔联盟的建立。

（二）非必要不干涉（1996—2001 年）

俄罗斯学界认为俄政府 1996 年至 2001 年在阿富汗问题上的立场是非必要不干涉，这一立场更多地表现为对阿富汗问题间接施加影响。俄罗斯拒绝承认塔利班政权的合法性，仍然承认以总统布尔汉努丁·拉巴尼（Burhanuddin Rabbani）为首的阿富汗政府，并通过对反塔势力北方联盟的支持遏制塔利班北上趋势。俄罗斯政府驻马扎里沙里夫总领事馆一直与阿富汗政府保持联系。① 1997 年 5 月下旬，由于阿富汗北部军事形势急剧恶

---

① “Россия и Афганистан: Страницы Истории – Информационно – справочные материалы”, ИДД МИД России, https: //idd. mid. ru/informacionno – spravocnye – materialy/ – /asset_publisher/WsjViuPpk1am/content/rossia – i – afganistan – stranicy – istorii? inheritRedirect = false.（上网时间：2021 年 12 月 3 日）

化，俄罗斯关闭了驻马扎里沙里夫总领事馆，撤走了最后一支留在阿富汗的外交使团。

塔利班的思想受到伊斯兰复兴运动的深刻影响，他们设立严苛教法，坚持政教合一，意图打造一个全新的伊斯兰宗教国家。仅有巴基斯坦、阿拉伯联合酋长国和沙特阿拉伯三个国家承认其政权的合法性。面对塔利班的进攻，阿富汗大部分地区失守，仅在北部地区留存了一些反塔力量，这些地区幸存下来的原因很大程度上要归功于俄罗斯对北方联盟的支持。

此外，塔利班政权一直与各国的伊斯兰极端势力有联络，从建立初期塔利班就起源于阿富汗与巴基斯坦的边界地区，吸收了大量来自巴基斯坦难民营的普什图宗教学生，巴基斯坦境内也设有塔利班军事人员的培训基地。塔利班还与乌兹别克斯坦伊斯兰运动（以下简称“乌伊运”）武装组织和车臣恐怖分子有利益往来。

1999 年第二次车臣战争爆发，塔利班公开支持车臣分裂势力，号召穆斯林世界对俄宣战。2000 年塔利班公开承认伊奇克里亚车臣共和国政府，[①] 并为其提供武器。俄外交部称塔利班是“全球破坏性力量的突击队，是国际和平与安全体系的威胁”。俄罗斯在国际平台上呼吁各国制裁塔利班，对阿富汗实行武器禁运，意图在外交上孤立塔利班。同时，俄罗斯为反塔利班的北方联盟提供军事技术支持，遏制塔利班的势力扩张。

2001 年，“9·11”事件爆发，之后引起的连锁反应使“9·11”事件成为冷战后国际局势的重大转折点。普京总统第一时间致电白宫，表达了对美国政府和人民的同情。由于塔利班拒绝交出恐怖袭击的主谋本·拉登，美国决定发起联合反恐战争。普京发表电视讲话表明俄罗斯立场：愿意为反恐提供积极帮助、和中亚国家协调立场、支持拉巴尼政权。“反恐”成为俄美两国共同的战略目标，这为俄罗斯打破与美国的关系僵局提供契机。此后，俄罗斯对美国在阿富汗的反恐战争提供了实质性帮助：至关重要的情报支持、联合“北方联盟”牵制塔利班、默许美军进入中亚。英美联军迅速控制阿富汗，2001 年 11 月 13 日北方联盟部队抵达喀布尔，12 月

① “Талибы признали Чеченскую республику Ичкерия”，Lenta. ru，17 января 2000，https：//lenta. ru/vojna /2000/01/16/taliban/.（上网时间：2021 年 12 月 5 日）

塔利班交出坎大哈的控制权，这标志着塔利班政权正式倒台。阿富汗组建过渡政府并选举卡尔扎伊担任临时政府的主席，俄罗斯大使馆恢复工作。

（三）有限介入、扶持亲俄势力（2001—2014 年）

俄罗斯支持阿富汗临时政府，并希望阿富汗政府能稳定国内局势、对抗塔利班等国内恐怖主义势力。因此，俄罗斯与其在政治、军事和经济等方面展开了密切合作。

2002 年 2 月，俄罗斯外交部长伊万诺夫访问了阿富汗。3 月，普京在莫斯科会见了来访的阿富汗临时政府主席卡尔扎伊，并表示俄罗斯期待阿富汗能尽快恢复政治、经济稳定，将继续帮助阿富汗打击恐怖主义，并将继续为其提供人道主义和经济等方面的援助，参与阿富汗战后重建工作。2002 年 10 月，俄罗斯总领事馆恢复了在马扎里沙里夫的工作。俄罗斯与阿富汗中断的外交关系重新正常化。

塔利班政权虽然已经被推翻，但其势力仍然隐藏在广大农村地区，其领导层也没有很大的伤亡，威胁仍然存在。2003 年 2 月 14 日，塔利班被俄罗斯最高法院列入恐怖和极端主义组织名单中，在俄罗斯联邦领土上被禁止。[①] 临时政府在各方面都有所欠缺，最主要的是没有用来维护地区安全的武装力量，普京呼吁国际社会参与阿富汗的战后援建，建立一支维护安全的队伍。

卡尔扎伊任阿富汗过渡政府总统和阿富汗伊斯兰共和国总统，其任职期间受到美国大力支持。虽然俄罗斯没有放弃在阿富汗事务中的存在，但这段时期在阿富汗地区事务中占主导地位的决策方是美国和北约组织，他们承担了该地区大部分安全保障职责和经济援助，对阿富汗事务有较大话语权。尽管如此，俄罗斯仍然在很多领域与阿富汗开展密切互动，其中军事援助较多，经济方面的合作有限。2002 年至 2009 年，为了推动阿富汗局势的正常化，俄罗斯向阿富汗提供了 2 亿美元的军事技术援助和 4000 多

① “Решение Верховного Суда РФ от 14 февраля 2003 г”, NГКПИ 03 - 116, http: //nac. gov. ru/zakonodatelstvo/sudebnye - resheniya/reshenie - verhovnogo - suda - rf - ot - 14 - fevralya. html.（上网时间：2021 年 8 月 16 日）

万美元的人道主义援助。2007 年，解决了阿富汗对俄债务问题。[①] 俄罗斯在阿富汗的经济投资主要集中在能源运输部门及采矿业和建筑行业，竞争力和技术水平低于欧美国家。

2009 年后，俄罗斯开始调整其阿富汗政策，对塔利班的态度软化，在一些非正式场合与其接触。此时，美国调整“阿巴新战略”，为今后在阿富汗地区的撤军做好战略准备。阿富汗国内，无论是曾获俄罗斯支持的北方联盟，还是阿富汗国内的卡尔扎伊政府，或者塔利班武装组织都无法统一各方势力。

（四）积极介入、主导“莫斯科模式”（2014—2021 年）

2014 年是美国阿富汗政策的过渡期，也是俄罗斯阿富汗政策的重要转折点。北约联军逐步向阿富汗安全部队移交安全防务任务；美军计划从阿富汗撤军，与阿富汗政府的双边安全协议却进展缓慢；同年举行的阿富汗总统大选对未来局势产生深刻影响；塔利班和其他恐怖组织的挑战从未停止；克里米亚危机后美俄关系剑拔弩张，种种因素使俄罗斯开始转变阿富汗政策的方向，变得更加务实、积极，力图成为推动阿富汗民族和解进程的主导力量。

北约联军在 2014 年底完成了对阿富汗安全部队的防务移交，自 2015 年 1 月 1 日起阿富汗安全部队全面接管本土全部防务。虽然北约部队承诺将继续为其提供训练和战斗指导的帮助，但阿富汗安全部队仍然面临着巨大压力：塔利班的势力依然根深蒂固、新成立的“伊斯兰国”方兴未艾、大选期间军阀也蠢蠢欲动，阿富汗局势一度面临急剧恶化的危险。

美国“阿巴新战略”的调整，为其未来的撤军行动奠定了政治基础，阿富汗未来局势的不稳定性由此也愈发明显。奥巴马政府表示，美军计划在 2014 年底前从阿富汗撤军，如果阿富汗政府签署双边安全协议，那么会

---

① “Россия и Афганистан: Страницы Истории – Информационно – справочные материалы”, ИДД МИД Росии, https://idd.mid.ru/informacionno – spravocnye – materialy/ – /asset_publisher/WsjViuPpk1am/content/rossia – i – afganistan – stranicy – istorii? inheritRedirect = false.（上网时间：2021 年 12 月 3 日）

安排部分美军北约部队驻留阿富汗。但卡尔扎伊与美方就一些签约条件未达成一致，协议迟迟未签，美方一度威胁将撤出全部军队，阿富汗安全局势产生新危机。卡尔扎伊在执政后期与美国的关系发生了微妙的变化，由于战略理念和利益诉求的不同，卡尔扎伊开始向俄罗斯、伊朗、印度等国寻求帮助并以此对抗美国和北约。

塔利班政权被推翻后并未伤及根本，很多人返回阿富汗的广大农村中继续展开活动，还有一部分人潜藏到巴基斯坦，其领导层也没有受到太大的损失。塔利班的各分支机构逐渐控制了阿富汗东部和南部的大部分普什图人聚居地，从未放弃抵抗政府军，反叛行为在2014年达到高潮。2013—2014年，新的激进圣战组织“伊斯兰国”在伊拉克和叙利亚领土上形成，并控制了中东和北非的大片地区。

出于对阿富汗局势恶化的前瞻性判断，俄罗斯开始拓展与塔利班的对话渠道。俄罗斯总统阿富汗问题特别代表卡布洛夫表示：“俄罗斯和塔利班在打击“伊斯兰国”的斗争中有着客观一致的利益，俄方将拓展与塔利班的沟通渠道，交流相关信息。”①

如果说阿富汗局势的变化使俄罗斯开始务实地参与到各方势力的对话中，那么克里米亚危机后的俄美对抗关系则促使俄罗斯转变思维，积极参与到阿富汗民族和解的对话进程中，主导阿富汗问题“莫斯科模式”磋商会议。

2018年11月9日，俄罗斯组织的第二次副部长级阿富汗问题国际大会在莫斯科召开，莫斯科邀请塔利班派代表参加，这是塔利班代表首次参加该级别会议，也是其与阿富汗高级和平委员会首次在国际平台上进行对话。会上塔利班代表提出了他们的政治诉求。虽然在当时该会谈无法取得实质性进展，但俄罗斯主导下的各国会谈机制却奠定了阿富汗问题的解决模式，即俄方希望通过一种由俄主导，相关地区国家共同参与的多国对话机制促进阿富汗和平局面的建设，维持各国在该地区影响的平衡。2019年2月，塔利班和阿富汗代表团出席了在莫斯科举行的阿富汗内部对话论坛。

---

① “В МИД РФ заявили о совпадении интересов РФ и талибов в борьбе с ИГ в Афганистане”, Интерфакс, 23 декабря 2021 г. https://www.interfax.ru/world/486749.（上网时间：2021年9月26日）

同年5月，拉夫罗夫在莫斯科会见了塔利班代表团，以纪念两国建交100周年。这一阶段的俄罗斯政府积极参与各类涉及阿富汗问题的多边机制会议。

随着美军的撤离，阿富汗局势发展剧变，塔利班重新占领了大部分地区，阿富汗政府军无力控制该国的政治安全局势，俄罗斯开始提前对话塔利班。2021年7月，俄罗斯总统阿富汗问题特别代表卡布洛夫与塔利班代表团举行会谈。塔利班对俄释放友好信号，表示："塔利班保证该组织不侵犯中亚国家边界，并保证外国在阿富汗领土上的外交和领事使团的安全"。[①]

2021年8月15日，塔利班进入阿富汗首都喀布尔并占领总统府，总统加尼"出逃"，阿富汗进入无政府状态。在各国纷纷撤离外交人员之时，俄罗斯驻喀布尔大使馆表示将继续正常运作，且与新当局代表建立了工作联系，仅关闭了驻阿富汗北部城市的马扎里沙里夫领馆。同年9月7日，塔利班决定组建临时政府，并公布了临时政府主要成员。俄罗斯支持塔利班成立过渡政府，但暂时不打算承认其合法性，"组建一个基础广泛的阿富汗过渡联合政府，囊括该国所有主要政治力量，才能稳定解决阿富汗问题"。[②] 俄罗斯一再强调莫斯科支持建立一个真正包容的阿富汗政府，但目前塔利班的实际行动仍是俄罗斯需要观望的重要内容。

二、俄罗斯在阿富汗的目标和利益

确保阿富汗的中立立场、维持地区力量平衡、尽可能地影响该国的外交政策是俄罗斯重返阿富汗的目标。冷战后初期，俄罗斯并没有找到自己在阿富汗外交中的准确定位，几乎整个20世纪90年代到21世纪的前十

---

① "О консультациях с делегацией Движения талибов, Сообщение для СМИ", МИД Росии, 8 июля 2021 г, https://www.mid.ru/ru/foreign_policy/news/ -/asset_publisher/cKNonkJE02Bw/content/id/4810299.（上网时间：2021年9月17日）

② "О консультациях спецпредставителя Президента Российской Федерации по Афганистану З. Н. Кабулова с бывшим Президентом Афганистана Х. Карзаем, Сообщение для СМИ 28 - 07 - 2021" МИД Росии 28 июля 2021 г, https://www.mid.ru/ru/foreign_policy/news/ -/asset_publisher/cKNonkJE02Bw/content/id/ 4832105.（上网时间：2021年9月20日）

年，在阿富汗事务中一度沦为“局外人”，经历了几次战略调整才逐渐确定对阿富汗的政策方向。

俄罗斯对外政策构想的优先方向之一是“与邻国建立睦邻友好关系，协助消除其境内现有的紧张局势和冲突的策源地，并预防这种策源地和冲突的发生”。[①] 尽管苏联解体后阿富汗不再是俄罗斯地理意义上的邻国，但目前的阿富汗正是紧张局势和冲突的策源地。战争产生的难民问题、泛滥的毒品走私、蔓延的恐怖主义和宗教极端主义思想，都对中亚和俄罗斯南部地区造成严重的安全威胁。

冷战后俄罗斯在阿富汗的影响力日渐衰落，早已无法保持苏联时期的状态，重返阿富汗的俄罗斯希望“阿富汗是一个和平、统一、中立、繁荣、与邻国和国际社会和睦相处的国家”。[②] 这有利于保障中亚和俄罗斯南部边界的安全。经历了十年苏阿战争的创伤，普京多次表示不会派军队介入阿富汗内政冲突，但这并不意味着俄罗斯放弃了在该地区的政治目标和利益诉求。新形势下俄罗斯通过外交手段和区域军事合作的方式，再次以解决问题的主导角色登上阿富汗的政治舞台。

（一）俄罗斯在阿富汗的安全利益

保障国家安全是俄罗斯对外政策的首要目标，安全利益是国家利益中最根本也是最基础的利益。历史经验带给俄罗斯在安全防务上的不安全感，让俄罗斯始终认为只有通过不断扩大领土或势力范围才能保障国家安全。因此，在俄罗斯的传统安全观中，国家所控势力范围是决定国家安全的重要因素，扩大战略纵深则是保障国家安全的有效途径。冷战后俄罗斯的地缘政治版图整体东移，失去了苏联在欧洲的大片领土以及波罗的海的主要港口。在北约东扩的紧逼下，俄罗斯在欧洲地区的国家安全面临挑

---

① “Концепция внешней политики Российской Федерации（утверждена Президентом Российской Федерации В. В. Путиным 30 ноября 2016 г.）”，МИД Росии，1 декабря 2016 г，https：//www. mid. ru/ru/foreign_ policy/official_documents/1538901/.（上网时间：2021 年 9 月 27 日）

② “Совместное российско – афганское заявление”，12 марта 2002г，http：//www. kremlin. ru/supplement/1821.（上网时间：2021 年 9 月 20 日）

战，战略空间被挤压，安全形势进一步恶化。克里米亚危机引发的美俄对抗又使俄罗斯在经济上受到美国制裁，经济安全环境也在恶化。在此背景下，俄罗斯外交的中心也逐渐东移，将发展与“近邻外国”的友好关系置于其外交政策的最优先方向。阿富汗及中亚地区符合俄罗斯“近邻外国”的优先范围。

20 世纪 70 年代以来，伊斯兰复兴运动逐渐成为世界范围内的社会运动。俄罗斯北高加索地区的各民族主要信仰伊斯兰教，独立之初，政治经济改革的动荡致使联邦政府对地方控制能力下降，再加上一些历史原因，以穆斯林聚居区车臣共和国为主的民族分裂势力十分活跃，严重威胁俄罗斯的领土安全。这一时期的伊斯兰复兴运动往往具有跨国性质。阿富汗塔利班曾与车臣分裂分子来往密切，公开支持车臣独立并与俄罗斯政府敌对，与中亚地区的乌伊运也有着毒品贩运的利益往来。俄罗斯注重改善与伊斯兰世界的关系，希望以此为车臣问题的解决奠定良好的外部环境。因此，俄罗斯一方面要保障领土安全、维护国家利益，另一方面也需要采取灵活的外交策略，与其他国家形成一个广泛的战线，克服外部因素的困扰。

普京多次表示俄罗斯已经从苏联出兵阿富汗的事件中吸取教训，不会派出武装力量介入阿富汗冲突。而且俄罗斯也没有足够的经济能力承担独自介入阿富汗问题的风险。俄方在阿富汗问题上主张通过国家与地区层面的合作机制，积极推动相关国家在双边和多边层面的对话磋商。俄罗斯利用集体安全条约组织（以下简称“集安组织”）和上海合作组织（以下简称“上合组织”）等地区机制促进各方会谈，积极参加涉阿问题的各类多边会议，力图在未来的阿富汗政权建立中起主导作用，维持各方势力的动态平衡。

除了传统安全利益外，全球化的进程也使一些非传统安全问题有了跨越国界的影响。难民、毒品走私、恐怖主义和宗教极端主义等非传统安全方面的问题也是中亚地区及俄罗斯的安全威胁。

连年的战争和动荡局势使阿富汗成为世界上最大的难民来源国，解决难民问题需要涉及人员、资金、教育、卫生和就业安置等各方面的资源安排。与阿富汗相邻的中亚国家经济发展水平不高，无法投入大量的资源去承担解决难民问题的重担。除塔利班外，阿富汗国内还存在各种恐怖主义和宗教极端主义势力，对中亚地区的和平与稳定构成威胁。战争摧毁了阿富汗国内正常的社会经济秩序，居高不下的失业率导致出现大量失业人群。大量无业者、孤儿和流民成为恐怖主义势力策动的对象。战争对该地区的负面影响是长期的，如果阿富汗局势再度动荡，混乱的局势会给恐怖主义分子可乘之机，防止伊斯兰极端主义的意识形态流入北高加索地区成为俄罗斯外交面临的新挑战。以美国为首的西方国家希望将阿富汗难民安置到中亚地区。对此，俄方表示愿意充当阿富汗危机的“调停人”，但反对阿富汗难民进入中亚国家。

泛滥的毒品走私也是一个重要的非传统安全问题，美国在阿富汗驻军的20年中并没有在阿富汗建立起稳定的政治、经济和社会秩序。以制贩毒品为核心的“战争经济”成为阿富汗经济结构的重要组成部分，阿富汗成为世界上最大的毒品生产国，且已形成完整的“制作—运输—销售”链条。其中一条重要的毒品运输线就是经中亚地区流向俄罗斯，然后再经俄罗斯流入欧美。这些毒品给俄罗斯的禁毒工作带来很大难度。毒品走私带来的巨大经济利益助长了恐怖分子的发展，随着武装分子和难民的流入，中亚地区可能会产生新的贩毒链条。如果放任这种模式继续发展，毒品犯罪集团将进一步壮大，进而威胁中亚地区的安全，增加俄罗斯及中亚国家打击毒品走私工作的难度。

（二）俄罗斯在阿富汗的政治利益

实力的衰退和国际局势的变化让俄罗斯不得不重新定位自己在阿富汗的政治角色——从主角到配角。在过去的20年里，阿富汗对美国和北约集团的政治依赖程度远超俄罗斯，经济领域中俄罗斯也不是对其影响最大的国家。失去控制权的俄罗斯无法一劳永逸地解决问题，只能追求均势，维持地区力量平衡。

冷战后随着苏联的解体，曾经的超级大国不复存在。即使俄罗斯继承了苏联大部分的遗产，但受独立初期国内外因素的制约，其综合国力不可避免地走向衰落，在国际社会中的地位急速下降，政治利益遭到侵犯。经过普京两个任期内的强力整改，俄罗斯的综合国力逐渐恢复，根植于俄罗斯人心中的大国情结愈发强烈。俄罗斯外交战略从为本国经济发展营造良好的国际环境逐渐向“巩固俄罗斯联邦作为当今世界上最具影响力的中心之一的地位”过渡。

俄美国家战略目标的冲突，一定程度上影响着俄罗斯对阿富汗问题的态度。冷战后的美国将“寻找并确定潜在的势均力敌的全球竞争对手”作为长期的战略目标。普京执政初期，俄罗斯的外交政策重点是抵制美国的单级霸权，推动世界秩序多极化。由于俄美两国实力悬殊，优先发展本国经济逐渐成为俄罗斯政府的基本国策。因此，俄罗斯需要打破僵局，缓和与美国的外交关系，为本国社会经济发展营造良好的国际环境。“9·11”事件后，“反恐”成为俄美两国共同的战略目标，这为俄罗斯打破与美国的关系僵局提供契机。但在国际反恐行动取得一定成果后，俄美两国之间的战略竞争问题再次凸显，地缘政治利益成为这一时期的重点，双方围绕阿富汗问题由积极合作转为竞争对抗。

自 2004 年底开始，美国逐步转变国家安全战略的关注点，由国家联合反恐转为国家之间的战略竞争，坚持北约东扩，挤压俄罗斯战略空间，出台“大中亚”计划和“新丝绸之路”计划。此时，俄罗斯正在中亚地区推行欧亚一体化进程，双方战略目标重合，呈现对抗状态。2009 年起，为应对国内和国际发展的新形势，美国政府开始战略转移，实施“重返亚太”计划，将国家战略重点向亚洲地区倾斜。2014 年乌克兰危机爆发，欧美国家对俄罗斯实施制裁，美国在东欧积极部署反导系统。2018 年美国国防部发布国防战略报告，中俄超越反恐成为美国首要威胁，报告的目标是重建美国在军事上针对中国和俄罗斯的优势。① 俄罗斯与美国的关系由合作转为竞争，俄罗斯政府开始愈发重视阿富汗问题，加大对阿富汗事务的参与度，向卡尔扎伊政权提供大量军事技术援助，推动俄罗斯企业与阿方展开经济贸易合作，积极参与到各类双边或多边的阿富汗问题对话中。

对阿富汗政局影响较深的卡尔扎伊总统在其执政期间，得到了美国的

---

① “Summary of the 2018 National Defense Strategy of The United States of America Sharpening the American Military's Competitive Edge”, United States of America Department of Defense, Washington, January 19, 2018, p. 6.

大力支持，但与美方的政治利益矛盾使卡尔扎伊开始寻求周边国家的支持，加强与俄罗斯在多方面的交流合作，这一阶段的特征事件是卡尔扎伊拒绝与美国签署《双边安全协议》，并公开支持克里米亚公投结果。2014年大选之后总统加尼上台，与卡尔扎伊的亲俄倾向不同，加尼对美国的依赖更强，对俄政策也更消极。加尼总统上台后，阿富汗议会批准与美国签订《双边安全协议》，公布了他的对外政策方向，确定了五个主要的优先事项：与邻国的关系位列第一，与伊斯兰世界的关系位列第二，与西方国家的关系（美国、加拿大、欧美、日本）位列第三，与亚洲国家和与联合国、世界银行等国际组织的关系位列第四与第五。俄罗斯明显被排除在主要国家之外。

为保障俄罗斯国家政治利益，防止阿富汗危机外溢，避免美国在该地区的势力增长，俄罗斯开始调整政策，积极参与到阿富汗事务中，力图维持该地区的力量平衡。

（三）俄罗斯在阿富汗的经济利益

阿富汗与苏联的经贸往来始自20世纪50年代，在20世纪50年代至80年代，苏联是对阿富汗影响最大的国家，他是阿富汗最大的贸易伙伴、最大的援助国、最密切的朋友。[①] 冷战结束后，刚刚独立的俄罗斯经济改革失败，实力大幅衰退，而且亲西方的“一边倒”政策也使俄罗斯与阿富汗的互动关系几乎停滞，俄罗斯在阿富汗事务中的地位逐渐降低。

20世纪90年代中后期，俄罗斯调整其外交政策的重点，注重发展与周边邻国——亚洲国家的关系，但阿富汗内战的混乱局势摧毁了该国正常的经济秩序。20世纪初期俄阿经贸合作规模一直很小，直到2007年解决了债务危机才有了突破性增长，首次超越2002年以来的1亿美元大关。

俄罗斯与阿富汗的经贸合作水平与当地的政治局势密切相关，政局动荡、安全无法保障的时期，双边贸易额大幅度缩减。比较明显的是，2015年俄阿贸易额受动荡局势影响较上一年同期下跌约84%。俄阿贸易以俄罗

① 赵华胜：《俄罗斯与阿富汗问题》，《国际问题研究》2011年第3期，第36页。

斯出口为主，进口很少。

表 14－1　2013—2021 年 5 月俄罗斯与阿富汗的贸易额

单位：亿美元

	2013 年	2014 年	2015 年	2016 年	2017 年	2018 年	2019 年	2020 年	2020 年 1—5 月	2021 年 1—5 月
贸易额	6. 452	9. 658	1. 59	1. 903	2. 082	1. 227	1. 263	1. 571	0. 467	0. 459
出口额	6. 309	9. 529	1. 499	1. 84	2. 053	1. 187	1. 210	1. 536	0. 438	0. 447
进口额	0. 143	0. 129	0. 091	0. 063	0. 029	0. 04	0. 053	0. 035	0. 0204	0. 0202

资料来源：“Справка о торгово – экономическом сотрудничестве между Российской Федерацией и Исламской Республикой Афганистан（январь – май 2021 г.）”，Министерство экономического развития РФ，23 июля 2021г，https：//www. economy. gov. ru/material/file/38f8003d61c3d4d0f024ba5b5fffd9ef/TEC_Afghanistan_May_ 2021. pdf.

俄罗斯在阿富汗的经济投资主要集中在能源运输部门及采矿业和建筑行业，参与多项阿富汗基础设施建设，与阿富汗政府有武器装备方面的合作。尽管俄罗斯政府一直在推动双边经贸合作，但效果甚微，实际上俄罗斯与阿富汗经贸往来远远低于其他国家，经济影响力较弱。2016—2020 年阿富汗对外贸易中主要出口国前三位分别是印度、巴基斯坦、中国；进口来源国前三位是伊朗、中国、巴基斯坦。俄罗斯在这两项排名中位于第 11 和第 9 位。①

俄罗斯在阿富汗的直接经济利益规模不大，但作为欧亚地区的能源走廊，获得阿富汗能源领域建设的话语权对俄罗斯十分重要。俄罗斯首先希望能占主导地位，其次是作为重要的参与方，总之不能在该领域缺席。能源是俄罗斯国民经济的支柱产业，也是俄罗斯开展能源外交的有力工具。面对冷战后复杂的国际政治局势，俄罗斯通过实施积极的能源外交维护本

① “Справка о торгово – экономическом сотрудничестве между Российской Федерацией и Исламской Республикой Афганистан（январь – май 2021 г.）”，Министерство экономического развития РФ，23 июля 2021г，https：//www. economy. gov. ru/material/file/38f8003d61c3d4d0f024ba5b5fffd9ef/TEC_Afghanistan_May_ 2021. pdf.（上网时间：2021 年 12 月 10 日）

国的政治、经济利益。

俄罗斯对独联体能源出口国的能源外交主要任务之一就是保持俄罗斯作为独联体国家能源出口过境中心的地位。① 哈萨克斯坦和土库曼斯坦是中亚地区的能源出口国，其中土库曼斯坦与阿富汗相邻，“能源走廊”的地理位置使阿富汗成为打通中亚—南亚能源运输的重要走廊。阿富汗能源领域中最重要的两个项目是中亚—南亚输变电项目（CASA－1000）和土库曼、阿富汗、巴基斯坦和印度（TAPI）四国的天然气管道项目。其中，土库曼、阿富汗、巴基斯坦和印度四国天然气管道影响了俄罗斯的能源出口地位，这项排除俄罗斯的管道建设项目如果建成，将打破俄罗斯在中亚—南亚地区的能源设施主导地位，影响俄罗斯在南亚的能源市场份额。在无法阻止该项目的事实前提下，俄罗斯希望能参与其中，争取不缺席中亚及南亚能源领域的发展进程。

三、俄罗斯实施阿富汗政策的主要途径

冷战后，俄罗斯实施阿富汗政策的主要途径有军事手段、外交手段、经济和其他人道主义援助。

（一）军事手段

冷战后，俄罗斯在阿富汗周边地区提供边境安全保障；为阿富汗政府军和北方联盟提供军事技术援助；借助集安组织这种地区性多边安全机构协调一致立场。这三项措施构成俄罗斯实施阿富汗政策的主要军事手段。除此之外，俄罗斯还通过向美国提供反恐实质性帮助，间接地影响了阿富汗局势的发展。

① 郑羽、柳丰华主编：《普京八年：俄罗斯复兴之路（2000～2008）外交卷》，经济管理出版社2008年版，第382页。

第一，边境安全保障。苏阿战争以苏联撤军为标志结束，但阿富汗边界依然没有实现非军事化。大部分驻扎在中亚地区的苏联军队由俄罗斯接收，其中包括俄罗斯第201摩步师，这支部队参加了苏阿战争并在苏联解体后驻扎塔吉克斯坦，经过多次整编，俄罗斯以此为基础在塔吉克斯坦建立了第201军事基地。这支部队作为俄罗斯在中亚地区的军事力量，曾参与塔吉克斯坦内战的平定，并驻守塔阿边境承担维护边界和平、打击恐怖分子和毒品走私的责任，是防御阿富汗军事危机外溢，保障独联体南部边界安全的主要军事力量。近年来，俄罗斯一直在加强该基地的建设，2019年S－300PS防空导弹系统首次进入第201军事基地。俄罗斯中央军区强调："主要任务是保护第201军事基地的目标免于空中打击，以及联同塔吉克斯坦武装力量对中亚集体安全地区执行防空任务。"[①] 2021年7月俄罗斯外交部副部长安德烈·鲁坚科对俄媒表示，俄方将无偿地帮助塔吉克斯坦在与阿富汗的边境地带建设哨所。俄罗斯外交部长拉夫罗夫当日表示，俄方将尽一切努力，包括利用本国在塔吉克斯坦境内的军事基地，保护盟友免受来自阿富汗的威胁。[②]

土库曼斯坦一直以来被视为中亚地区防御阿富汗危机的薄弱地带，为加强安全合作，俄罗斯与土库曼斯坦于2003年签署安全领域合作协议，该文件于同年10月获俄罗斯国家杜马批准。依据该文件，俄罗斯和土库曼斯坦将在打击国际恐怖主义、非法毒品贩运、非法移民等多方面展开安全合作，俄罗斯专家猜测该协议的未公开部分可能规定了俄军作为军事顾问的存在。虽然乌兹别克斯坦退出了集安组织，但俄罗斯与乌兹别克斯坦的军事合作十分密切，双方曾开展多次联合军演。美国及其盟友从阿富汗撤军后，俄罗斯是乌兹别克斯坦的主要军事盟友和最大武器供应商。

由于各种历史原因，中亚国家的边界管理比较混乱，国家间合作效率低下，且该地区的军事发展对俄罗斯依赖性较强。无论是武器装备的购

---

① "Глава ЦВО рассказал, какие задачи будет выполнять ЗРК С－300 в Таджикистане", Sputnik Таджикистан, 18 декабря 2019г, https: //tj. sputniknews. ru/20191218/tajikistan－201－baza－raketnyj－kompleks－1030409708. html.（上网时间：2021年12月10日）

② 《俄方：将帮助塔吉克斯坦在与阿富汗边境地带建哨所》，新华网，2021年7月23日，https: //baijiahao. baidu. com/s? id＝1706036238026954980&wfr＝spider&for＝pc。（上网时间：2021年12月9日）

买，还是军事技术的发展，或是军事人员的培训都有俄罗斯的参与，保障中亚地区的边境安全是俄罗斯防止阿富汗危机外溢的手段之一。

第二，对阿富汗政府和北方联盟提供军事援助。北方联盟守住阿富汗北部，遏制塔利班势力的北上，这期间离不开俄罗斯的支持。俄罗斯是北方联盟的主要赞助者之一，对卡尔扎伊的援助更多，仅 2002—2005 年就为其提供了价值超过 2 亿美元的军事技术援助，其中包括提供机场设备、保护喀布尔机场的防空设施、通信设备和车辆等。俄罗斯还对阿富汗政府的军官和警察提供专业培训。

第三，集体安全保障。俄罗斯虽然在普京的两届任期后国力有所恢复，但政治、军事、经济实力都与苏联时期的超级大国实力相去甚远，无法单独承担解决阿富汗问题的责任。因此，通过集安组织整合地区资源、协调统一立场、共同参与区域安全保障，成为俄罗斯实施阿富汗政策的另一种途径，主要表现为各成员国为打击恐怖主义、保障边境安全为目的一系列军事行为。

俄罗斯视集安组织为后苏联时期当代安全保障体系中最重要的元素之一，主张实质性地发展集安组织，并希望该组织能够在其责任区及附近区域应对可能发生的挑战与威胁。2000 年在比什凯克召开的独联体国家峰会上，各国代表讨论了针对阿富汗问题的预防措施，即建立一支快速反应部队。2009 年，集体快速反应部队（CRRF）在集安组织框架下建立，这支部队由多国多兵种组成，主要用来打击恐怖主义、毒品贩运、非法走私和跨国犯罪等威胁地区安全的事件。集安组织成员国还加强了国家情报部门的经验交流，组织联合演习，统一行动规划。

第四，地区联合军演。上合组织是解决阿富汗问题的重要对话平台，其成员范围较广，包含了大多数阿富汗周边国家。2001 年上合组织签订了《打击恐怖主义、分裂主义和极端主义的上合公约》和《建立地区反恐机构的协议》，成员国多次组织联合军演以应对可能发生的危机局势。为促进阿富汗问题的和平解决，2005 年上合组织建立了“上合组织—阿富汗”联络组。在此基础上成员国组织了多次针对地区反恐的联合军演，提升了上合组织成员国共同应对危机的能力。各国保障地区安全的统一立场已经形成，这为未来阿富汗问题的和平解决奠定了安全基础。

（二）外交手段

俄罗斯经常会使用外交手段来实施对阿富汗的政策计划。大多数情况下，阿富汗局势处于全面战争与和平稳定的两端，通过外交互动解决争端是比较有效的介入手段，且具有代价小、灵活性强的优势。与阿富汗各方势力保持对话联系，使用外交斡旋推动和谈进程，是俄罗斯实施对阿富汗政策的重要外交手段。

俄罗斯一直以来都与阿富汗各方政治势力保持对话，主张建立包含各派政治势力的包容性政府。阿富汗国内复杂的民族结构决定了未来的和平局面必然是各方相互妥协的结果。阿富汗国内第一大民族是普什图族，其次是塔吉克族，还有哈扎拉、乌兹别克、俾路支、土库曼等 20 多个民族。塔利班的成员主要由阿富汗主体民族普什图族组成，代表大部分普什图人的利益。北方联盟和地方军阀主要以塔吉克族和乌兹别克族为主，普什图人又与哈扎拉人有很深的历史矛盾。无论哪方执政必然要与其他派别的政治势力达成和解，这样才能保障长期和平稳定的局面。俄罗斯多次强调，建立包容性政府是实现阿富汗国内稳定的必由之路。

俄罗斯通过外交斡旋推动阿富汗民族和解进程，主导建立阿富汗内部对话机制。2018 年 11 月俄罗斯促成了塔利班和阿富汗高级和平委员会的首次对话。2019 年 2 月阿富汗问题“莫斯科模式”磋商第一次会议在莫斯科举行，阿富汗国内主要政治派系的代表都聚集到谈判桌前。与上次促成的对话相比，这次的与会成员更具代表性，这次内部对话首次以书面形式发表了对未来阿富汗国家的建设构想：“阿富汗是所有阿富汗人的共同家园，需要建立各民族共同参与的强有力中央政府，维护国家主权，推进社会正义，保持阿在地区和国际事务中的中立性，保护阿国家和宗教价值观”；“和平协议签署后，应对包括安全部门在内的阿所有国家机构进行系统性改革”；“要求外国军队完全自阿撤出，外国不得干涉阿内政，阿向国际社会保证不被用来针对他国”。[1] 2021年10月20日阿富汗问题“莫斯科模式”磋商第三次会议在莫斯科举行，这次的参会方是俄罗斯、中国、巴基斯坦、伊朗、印度、中亚五国及阿富汗临时政府高级代表团。十国敦促阿富汗现任领导层采取更多措施建立真正具有包容性的政府，对邻国奉行友好政策。阿富汗临时政府重申了其先前承诺，即不利用阿富汗领土侵犯邻国，不威胁该地区其他国家和世界的安全。[2]

由于地区国家和大国对阿富汗民族和解进程具有重要作用，因此除了促进阿富汗内部对话外，俄罗斯还积极参与地区性多边对话。2016年俄罗斯、中国、巴基斯坦三方就阿富汗问题展开磋商。2017年2月，阿富汗问题六方会谈在莫斯科举行，与会国有俄罗斯、阿富汗、中国、伊朗、巴基斯坦和印度。2017年这种多边对话又扩大了规模，在六国基础上加上中亚五国，形成十一国多边对话。俄罗斯还借助集安组织和上合组织，同各成员国商讨阿富汗问题的解决。

（三）经济和其他人道主义援助

经济援助和其他人道主义援助虽然没有像军事或外交手段那样对政策有直接影响，但这种受惠范围更广、涵盖内容更多、分歧点较少的方式对急需国际援助的阿富汗来说更易接受。

苏联曾在阿富汗对外经济援助国中排第一，提供了约40%的阿富汗对外贸易额。冷战后初期俄罗斯内外交困，无力承担巨大的经济援助负担。阿富汗长期被各种政治势力争夺，原有的社会、经济秩序被打破，新的秩序又无法建立，人民流离失所。阿富汗国内脆弱的政治生态又导致执政者无法实施连续有效的战后重建政策，国际援助对解决阿富汗危机至关重要。

俄罗斯在2007年（超过110亿美元）和2010年（约120亿美元）解决了阿富汗债务问题。2007年，俄阿工商理事会在俄罗斯成立。俄罗斯还

---

① 《阿富汗动态（2019年2月）》，中华人民共和国驻阿富汗伊斯兰共和国大使馆，https://www.mfa.gov.cn/ce/ceaf/chn/afhdt/t1648063.htm。（上网时间：2021年12月13日）

② 《阿富汗问题莫斯科会议发布联合声明》，中新网，2021年10月21日，https://m.chinanews.com/wap/detail/zw/gj/2021/10-21/9591251.shtml。（上网时间：2021年12月10日）

向阿富汗提供巨额贷款以促进阿富汗经济项目的进行，投资主要集中在能源、矿产、基础设施建设等方面。北方联盟和卡尔扎伊政府都曾获得俄罗斯提供的大量无偿的武器装备援助。2010 年阿富汗对俄罗斯的投资价值为 790 万美元，2011 年，俄罗斯对阿投资额达 5040 万美元。① 除个别战乱年份外，2012—2020 年间俄阿双边贸易额逐年增长。2020 年俄罗斯斥资 300 万美元援助阿富汗，为阿富汗抗击新冠肺炎疫情提供了必要的医疗设备。② 即使在 2021 年 6 月，塔利班进行全面进攻、阿富汗危机即将爆发之际，莫斯科仍向喀布尔提供了医疗设备，总共运送了超过 39 吨医疗用品。③ 2021 年 8 月塔利班政权上台，俄罗斯呼吁国际社会对阿富汗提供援助，呼吁美国解冻阿富汗资产，又在 11 月和 12 月发送了两批人道主义援助物资，物资包括药品、毛毯、饮用水和食品等。

俄罗斯援助阿富汗的另一个重要领域是帮助阿富汗培养各领域的人才。2008 年在巴黎举行的援助阿富汗国际会议上，俄罗斯承诺会帮助阿富汗培养文职和军事专业的相关人才。同年，阿富汗外长访问俄罗斯并与之达成军事技术合作协议。俄方指派专家对阿富汗空军进行技术培训，阿富汗军人也赴俄军事学校参加学习，2010 年又启动了阿富汗警察培训计划。此外，俄罗斯还在逐年扩招阿富汗留学生赴俄深造。

四、俄罗斯对阿富汗政策的特点

（一）以安全利益为第一要务，军事和外交手段结合

安全利益是国家最重要的利益之一，每个国家都很重视，俄罗斯对此

① Касаев Э. О, “Экономический диалог России и Афганистана: состояние и перспективы развития”, 19 апреля 2013 г, http: //www. iimes. ru/? p = 17291.（上网时间：2021 年 12 月 14 日）

② “Захарова: Москва оказала гуманитарную помощь Кабулу в 2020 году на сумму в $3 млн”, ТАСС Новости, 19 Августа 2021 г, https: //tass. ru/politika/12172795.（上网时间：2021 年 12 月 14 日）

③ “В 2020 году помощь России Афганистану составила 3 млн долларов – Захарова”, 19 августа 2021 г, https: //www. tsn24. ru/news/politika/v – 2020 – godu – pomoshch – rossii – afganistanu – sostavila – 3 – mln – dollarov – zakharova/.（上网时间：2021 年 12 月 14 日）

尤为敏感，这与俄罗斯几百年来的传统安全观念有很大关系。俄罗斯起源于东欧大平原，开阔的平原地形缺少防御边界，面对周边国家的觊觎和草原游牧民族的侵扰，俄罗斯的边界安全难以保障。莫斯科大公国通过内部兼并和外部扩张扩大了领土范围，拉长了战略纵深。向外扩张逐渐成为俄罗斯保障国家安全的战略选择。长期以来，俄罗斯的国家安全观念与领土扩张息息相关。

冷战后面对新的国际形势，俄罗斯的扩张观念更多地表现为对传统势力范围的保障，尤其是相邻国家。俄罗斯对安全问题十分敏感，即使领土不相邻，只要靠近其势力范围便会引起俄罗斯警觉。阿富汗就是一个明显的例子，虽然阿富汗与俄罗斯在苏联解体后不再有接壤的领土，但与阿富汗相邻的中亚国家却对俄罗斯十分重要，而且车臣分裂势力与塔利班联系紧密，俄罗斯无法忽视阿富汗问题的严重性。俄罗斯希望阿富汗作为一个中立、稳定的国家，所以大部分情况下俄罗斯对阿富汗当局的态度都是比较友好的——对于流亡的以总统拉巴特为首的阿富汗政府、北方联盟、卡尔扎伊新政权和加尼政府，俄罗斯都持合作态度。

特例就是塔利班政权，塔利班与俄罗斯交恶的主要原因就是其奉行宗教极端思想以及与车臣分裂势力联系紧密。俄罗斯的第二大宗教是伊斯兰教，穆斯林人口大多分布在伏尔加—乌拉尔地域和北高加索，其中车臣地区的民族分裂倾向比较严重，并引发两次车臣战争。塔利班公开支持车臣独立并号召穆斯林世界与俄罗斯为敌，双方在很长时间内都处于敌对状态。俄罗斯支持北方联盟反塔，为美军提供反恐帮助，在国际上外交孤立塔利班。可以看出，即使俄罗斯不愿过多介入阿富汗冲突，尽量保持与阿富汗政府的对话，但当其威胁到俄罗斯的国家安全时，一切以国家安全利益为主。

俄罗斯对阿富汗政策的特点就是重视军事手段。这种军事手段并不是直接向阿富汗派驻军队，而是在其边界地区部署足够应对阿富汗危机的军事力量，并以此保障中亚地区的安全。极端情况下有足够的军事实力控制独联体的南部边界，和俄罗斯走上阿富汗问题谈判桌的底牌，是俄罗斯实施外交手段的保障。而积极、务实的外交手段又弥补了军事手段代价大、实施过程困难的缺点。尤其在俄罗斯强调对阿富汗问题有限介入的情况下，外交手段的应用范围更广，也更加符合现代社会和平解决争端的社会观念。

（二）睦邻友好，在周边形成战略缓冲区

地缘政治利益是俄罗斯对阿富汗政策的出发点之一。俄罗斯所处特殊地理环境造就了俄罗斯人以领土扩张为基本途径，以建立缓冲地带、走向海洋和避免多线作战三位一体为具体手段的地缘政治理念。俄罗斯的地缘政治决定了其对外政策。[①] 叶利钦时期俄罗斯的对外政策经历了从亲西方的“一边倒”到向西又朝东的“双头鹰”政策转变。普京以振兴俄罗斯为己任，稳定了国内政局，加强了中央政府的权威性。为国内经济发展创造良好的外部环境是俄罗斯对阿富汗政策的现实要求，这就需要俄罗斯奉行睦邻友好的对外政策，在周边地区形成战略缓冲区。

中亚国家面临的主要安全危机源头大多来自阿富汗，阿富汗成了俄罗斯邻国紧张局势和冲突的策源地。冷战后俄罗斯想在独联体范围内建成以俄罗斯为首的集体安全体系，这样不仅能加强自身防御，也能对抗以美国为首的北约。但随着北约东扩的战略挤压，俄罗斯只在中亚地区才建成这种较为成熟的集体安全体系。与中亚国家相邻的阿富汗却因为战乱成为全球第一大毒品生产国和国际恐怖主义的温床，这种安全威胁导致俄罗斯无法保障中亚地区的稳定，也危及俄罗斯南部地区安全。近邻产生的安全威胁直接影响到俄罗斯的地缘政治利益，只有睦邻友好才能在周边形成战略缓冲区，这是俄罗斯阿富汗政策的主要立足点之一。

（三）顺应俄美战略目标的阶段调整

冷战后俄罗斯的阿富汗政策深受俄美关系影响。冷战后初期，美国失去苏联这个强大的对手，一跃成为国际体系中唯一的“超级大国”“世界

---

① 王树春：《俄罗斯的地缘政治理念和对外政策》，《俄罗斯学刊》2011 年第 2 期，第 51 页。

领袖”，因此，防止其他国家崛起挑战自己的霸权地位，是美国对外政策的战略目标。俄罗斯继承了苏联的大部分遗产，即使经济实力衰弱，但军事实力依然强大，拥有数量庞大的核武库和世界领先的军事技术。独立初期为加入所谓欧美“民主大家庭”，俄罗斯在很多方面做出妥协，这也影响了俄罗斯的对外政策，20 世纪 90 年代俄罗斯在阿富汗失去很多外交优势。此后，美国用“北约东扩”压缩俄罗斯战略空间，削弱俄罗斯军备力量；21 世纪初策动独联体地区“颜色革命”，以削弱俄罗斯在独联体地区的影响；在国际热点问题上忽视俄罗斯利益，减少俄罗斯在热点地区的参与度。这些都是为了打击俄罗斯的大国地位，遏制其势力范围的扩张。

独立初期，俄罗斯放弃了在阿富汗的外交优势地位。1992 年 2 月，外交部向最高苏维埃提交了俄罗斯对外政策构想文件。该文件提出俄罗斯将放弃大国外交，开展重视国家利益的经济优先外交。[①] 1992 年 1 月 1 日起俄罗斯停止了对阿富汗的一切援助，之后的几年因为阿富汗军阀混战，俄罗斯撤出外交人员，外交互动中断。俄罗斯在 20 世纪 90 年代初期成为阿富汗事务的局外人。塔利班的产生和壮大影响了这种局势。“9·11”事件后，反恐成为俄美两国共同的战略目标。俄罗斯对美国在阿富汗发动的反恐战争提供了实质性帮助，打击恐怖主义成为这一时期俄罗斯阿富汗政策的重点。

国际反恐行动取得一定成果后，俄美两国之间的战略竞争问题再次凸显，双方围绕阿富汗问题的状态由积极合作转为矛盾对抗。恢复大国外交、巩固俄罗斯的大国地位、与美国在中亚地区展开竞争成为俄罗斯对阿富汗政策不可忽视的影响因素。

冷战后美国战略目标的调整对俄罗斯政策影响较大，在这种互动关系中俄罗斯常处于被动局面，以战略防守为主。只有在国家安全利益面前，俄方才会主动出击，这也是 2014 年后俄罗斯改变阿富汗政策方向的原因之一。

---

① 学刚、姜毅主编：《叶利钦时代的俄罗斯：外交卷》，人民出版社 2001 年版，第 16 页。

结　语

综上所述，冷战后俄罗斯的阿富汗政策可被概括为四个阶段：划清界限；非必要不干涉；适当介入、扶持亲俄势力；积极介入、主导“莫斯科模式”。俄罗斯的阿富汗政策之目标是确保阿富汗的中立立场、维持地区力量平衡，并尽可能地影响该国的外交政策。通过军事、外交、经济等综合手段，俄罗斯保障和维护了自身在阿富汗的安全、政治和经济利益。基于此，俄罗斯对阿富汗政策体现出的特点是以维护俄罗斯国家安全利益为第一要务、在周边建立战略缓冲区、顺应俄美战略目标的阶段调整。

从本文分析可以看出，俄罗斯希望阿富汗未来的政治图景是中立、和平、睦邻友好。但目前来看，阿富汗未来的国家意识形态定位尚不清晰，塔利班能否控制全国局势，兑现其前期承诺也尚未可知。俄罗斯仍将依托集安组织加强在中亚地区的安全防御工作，通过多边合作机制推动相关国家的对话协商，力图在阿富汗民族和解进程中占主导地位，维持各方力量的平衡，其根本目的依然是保障俄罗斯国家利益，但现今仍存在一些困难需要克服。

首先，阿富汗新政权在内部资源短缺的情况下，急需得到国际社会认可，希望以此获得外部经济援助，这种认可包括联合国层面和国家司法层面。但目前国际社会和俄罗斯对塔利班能否兑现承诺持怀疑态度。由于俄罗斯经济实力有限，未来对阿富汗新政权的援助必然会借助地区和国际组织的力量。其次，阿富汗北部聚集了一些极端反对势力，国内局势仍然紧张，“基地”组织、“伊斯兰国”可能会采取武装行动，因此，不排除发生冲突的可能。最后，由于各国的利益与诉求并不相同，相关国家达成一致意见尚且艰难，塔利班也尚未建成令各国满意的包容性政府。因此，俄罗斯需要足够灵活、完善的政策来应对这些未知的变数。

俄罗斯吸取了苏联和美国的教训，在实践中形成了一种以周边军事实力为保障，用有限介入的政治方式积极参与，灵活应用外交手段保障国家利益的阿富汗政策。在安全方面，加强集安组织的作用，防止阿富汗危机对中亚和俄罗斯南部边界造成安全威胁，加强和周边国家的安全合作，共同打击恐怖主义和毒品走私，防止宗教极端主义的外溢。在政治方面，积极参与各类讨论阿富汗问题的多边机制和会议，协调相关国家就阿富汗问题统一意见，为日后的民族和解奠定政治基础。在经济方面，充分发挥各类国际组织的优势，大力援助阿富汗战后重建，推动该区域经济的可持续发展。阿富汗的民族和解进程必然是曲折前行的，但俄罗斯对阿富汗政策的调整却是有章可循的。

冷战后的俄土竞合关系：脆弱而危险的伙伴

佘嘉威　黄奕涵　覃锦怡　林尚沅*

【摘　要】冷战以来，俄罗斯和土耳其的关系经历了由竞争转向合作，再到全面恶化，迅速回暖后又转向矛盾与合作并存的历程。本文分析了俄土关系的特点，两国在经济领域的合作是广泛而深入的，在军事领域的合作是有限的，在政治领域存在地缘竞争，具有不可调和的矛盾。根据对俄土关系影响因素的分析，本文认为俄土关系短期内将会走向合作，但合作仅为权宜之计，双方依然存在深层次的竞争。两国关系可用“危险而脆弱的伙伴”来形容。

【关键词】俄土关系　有限合作　地缘政治竞争

一、冷战后俄土竞合关系

（一）20世纪90年代至21世纪最初10年：由竞争转向合作

1. 俄土的竞争关系

冷战结束后，俄土关系进入新时期。两国在1992年签署了《俄罗斯

* 佘嘉威、黄奕涵、覃锦怡，广东外语外贸大学国际关系学院国际政治专业2019级本科生；林尚沅，广东外语外贸大学国际关系学院外交学专业2021级硕士研究生。

联邦与土耳其共和国关系基础条约》，确立了双边关系的基础和原则，[①] 但仍存在地缘政治竞争与地区问题分歧，两国还利用对方国内的分离组织互相牵制。

土耳其在地区进行多领域、多层次的渗透。苏联解体后，中亚和外高加索地区出现权力真空，土耳其利用“突厥语国家”的概念，加强了与后苏联空间中突厥语族国家的接触。土耳其于 1992 年成立“土耳其合作与发展署”，旨在发展与突厥语国家强有力的合作关系，协调双边关系和对地区国家的援助、支持。[②] 1992 年至 2003 年间，该发展署协调了近 2506 个项目，哈萨克斯坦占技术援助的 31. 3%，吉尔吉斯斯坦占 10. 9%，阿塞拜疆占 9. 9%，土库曼斯坦占 8. 8%。[③] 1992 年 10 月，土耳其与阿塞拜疆、哈萨克斯坦、吉尔吉斯斯坦、土库曼斯坦和乌兹别克斯坦六国在安卡拉首次召开“突厥语国家首脑会议”，六国总统签署了《安卡拉宣言》，建立了定期磋商机制。土耳其还在文化、经济、教育等多个重要领域，与中亚和外高加索地区国家签署了大量合作协议，扩大地区影响力，意图成为突厥世界的领袖。土耳其还支持北约和欧盟的东扩，协助西方扩张。

而俄罗斯在 1993 年出台的《俄罗斯联邦对外政策构想基本原则》和 1995 年颁布的《俄罗斯对独联体国家战略方针》都强调了俄罗斯与独联体之间的关系，俄罗斯开始将发展与独联体国家的良好关系作为恢复大国地位的战略依托，因此土耳其的渗透不可避免地会与俄发生冲突。

俄土在地区热点问题上存在分歧。在第一次纳卡冲突中，苏联和土耳其分别支持亚美尼亚和阿塞拜疆。在巴尔干地区，俄罗斯支持塞尔维亚，拒绝承认科索沃独立，而土耳其则支持波黑、北马其顿等穆斯林人口占多数的国家，追随西方国家承认科索沃独立，参与肢解南斯拉夫联盟和采取打压塞尔维亚的政策。

另外，俄土两国都在利用对方国内的分离组织来牵制对手。土耳其境

---

① “ДОГОВОР об основах отношений Российской Федерации и Турецкой Республики”, 3 июня 1993 года , https: //docs. cntd. ru/document/901926138. （上网时间：2021 年 12 月 16 日）

② Republic of Turkey Ministry of Culture and Tourism Turkish Cooperation and Coordination Agency: https: //www. tika. gov. tr/en. （上网时间：2021 年 12 月 16 日）

③ Ertan Efegil, “Rationality Question of Turkey’s Central Asia Policy”, Bilgi: Sosyal Bilimler Dergisi, Vol. 19, No. 12, 2009, pp. 72 – 92.

内的“库尔德人武装”问题是其主要的安全威胁之一，然而俄罗斯长期不愿意将库尔德人工人党列为恐怖组织，并在20世纪90年代多次利用库尔德问题，在石油输送管道问题上对土耳其施压。① 而土耳其则从1993年起，开始在主要城市举办突厥民族议会，将“突厥文化”作为反俄手段，建议俄罗斯内部突厥语穆斯林地区独立。② 两国在20世纪90年代后半期，还相互指责对方对车臣和库尔德分离主义分子的支持。③

2. 俄土关系转向合作

随着国际形势的变化和俄土在经贸领域合作的加深，双方逐渐意识到，俄罗斯不能取代土耳其在“突厥文化”上的特殊地位，而土耳其也无法取代俄罗斯在地区的主导地位，两国可以通过合作来维持地区稳定，互利共赢。

推动俄土关系向好的转折点是俄罗斯对土耳其境内库尔德人武装态度的改变与土耳其在第二次车臣战争中对俄的支持。1998年俄罗斯总理拒绝库尔德工人党领袖奥克兰向俄提出的政治庇护申请，第一次释放了不支持土耳其境内分离组织的信号。相应的，在第二次车臣战争时，土耳其也采取了一系列手段，迫使一些车臣活跃分子离开土耳其，车臣战争期间，土耳其总理埃杰维特访问俄罗斯，双方就共同反对恐怖主义达成共识，并表示互不干涉内政。

在经贸合作方面，土耳其凭借其区位优势，逐渐成为俄罗斯重要的贸易伙伴。1992年俄土政府间经贸合作委员会成立，双方在经贸领域的合作得到深化。1997年，俄总理切尔诺梅尔金访问土耳其，对两国在经济领域的发展进行了探讨。两国的经贸水平不断上升，2010年俄土贸易额达到

---

① 杨张锋：《21世纪俄土关系的两次转变：原因及影响》，《新疆社会科学》2018年第3期，第86—92、第157—158页。

② “Ходунов Александр Сергеевич Российско – турецкие отношения в 1991 – 2010 гг // Вестник РУДН”，Серия：Всеобщая история. 2016. №4，https：//cyberleninka. ru/article/n/rossiysko – turetskie – otnosheniya – v – 1991 – 2010 – gg.（上网时间：2021年12月16日）

③ Ирина Свистунова，“Политические отношения между Россией и Турцией в 1991 – 2016 гг”，2016г，http：//dergipark. org. tr/tr/download/article – file/312084.（上网时间：2021年12月16日）

262亿美元，俄罗斯成为土耳其第二大贸易伙伴。[①] 2010年俄罗斯向土耳其出口的精炼石油占其总出口量的40.5%，土耳其成为俄的第一大能源出口国。[②]

而真正推动俄土关系转向广泛合作的，是两国在能源问题上的接触与领导阶层和外交观念的新变化。在能源方面，1997年双方签署了建设“蓝溪”天然气管道协议，根据该协议，俄罗斯将通过“蓝溪”天然气管道向土耳其供应3650亿立方米的天然气，为期25年。[③] 该天然气管道于2002年12月30日正式开通，为今后的俄土能源合作奠定了基础。需要说明的是，俄土在能源上的合作是双赢的。对于土耳其来说，通过与俄罗斯的能源合作，既能满足土耳其国内的能源需求，还能够提升其能源运输的区位优势，获取数额不小的能源“过境费”，配合其打造能源枢纽国的国家战略。而对俄罗斯来说，出口能源所赚取的收入在其国家财政中占很大一部分比重。由于土耳其国内对能源需求的增加和其重要的地理位置，土耳其不仅是俄天然气的主要进口国，也是俄能源进入欧洲的重要枢纽。出于利益考量，双方的合作具有互补性和长期性。

在领导层面，2000年普京出任俄罗斯总统，2002年由埃尔多安领导的正义与发展党登上了土耳其的政治舞台，两位政治强人开始长期执政。两国领导层的变更使得两国外交观念发生了新的变化，两国都转向更为积极且广泛的合作，建立了多方位的政治对话机制，并进行频繁的外交互访。2004年，俄罗斯总统普京访问土耳其，这是俄最高领导人自冷战结束后第一次对土耳其进行国事访问，两国在会谈结束后，签署了《关于深化友谊和多方位伙伴关系的联合声明》，两国不仅在声明中强调了稳定的经贸关系能够对双边关系各领域产生积极影响，还强调两国在能源领域的合作是

---

① “Turkey's Commercial and Economic Relations With Russian Federation”，2007，https：//www. mfa. gov. tr/turkey_s – commercial – and – economic – relations – with – russian – federation. en. mfa.（上网时间：2021年12月16日）

② OEC，“Bilateral Trade by Products（Russia – Turkey）”，https：//oec. world/en/profile/bilateral – country/tur/partner/rus？ redirect = true&serviceCountry1Selector = serviceYear1_22&serviceCountry2Selector = serviceYear2_18.（上网时间：2021年12月16日）

③ Газгром，“Голубой поток”，https：//www. gazprom. ru/projects/blue – stream/.（上网时间：2021年12月15日）

进一步加强联系和维护共同利益的重要因素。[①] 2009 年，俄土签署了《关于进一步深化友谊和多方位伙伴关系的联合声明》，声明中强调了双方高层领导互访和接触的必要性，还强调了共同打击恐怖主义与维护外高加索稳定的重要性。双方提高了安全领域的发展合作水平，同时对两国经贸关系的发展现状感到满意，并表示将通过立法来促进两国贸易自由化水平的提高。[②] 2010 年，俄总统梅德韦杰夫访问土耳其，双方签署《建立俄土高层合作委员会的联合声明》，该合作委员会的建立是双方关系发展的新的里程碑。[③] 同时，在第一届俄土高层会议中，两国总统签署了包括合作建设土耳其阿库尤核电站在内的数十项不同领域的合作协议。

可见，在高层对话机制的建设下，两国关系稳中有进，合作领域不断拓宽，有走向战略伙伴关系的倾向。

（二）全面恶化到合作与矛盾并存：2011 年叙利亚危机至今

1. 2011—2015 年俄土关系：逐渐恶化到全面恶化

2011 年叙利亚危机爆发，俄罗斯与土耳其在此次危机中持对立的立场。俄罗斯支持巴沙尔政权，而土耳其则支持叙利亚反对派，两国的冲突主要集中在政治和外交层面。

尽管存在分歧，但双方的经贸关系较为稳定，俄罗斯仍将土耳其视为重要的战略伙伴。[④] 在贸易方面，俄土双边贸易额虽有所下降，但总体上

---

① “Совместная декларация об углублении дружбы и многоплан ового партнерства между российской федерацией и турецкой республикой”, Администрация Президента России, 5 декабря 2004 года, http：//www. kremlin. ru/supplement/3933.（上网时间：2021 年 12 月 16 日）

② “Совместная декларация о продвижении к новому этапу отн ошений между Российской Федерацией и Турецкой Республикой и дальнейшем углублении дружбы и многопланового партнёрства”, Администрация Президента России, 13 февраля 2009 года , http：// www. kremlin. ru/supplement/172.（上网时间：2021 年 12 月 16 日）

③ “Российско – турецкий Совет сотрудничества высшего уровня”, ТАСС, 21 ноября 2013 года , https：//tass. ru/politika/776475.（上网时间：2021 年 12 月 16 日）

④ 魏良磊：《俄总统说土耳其是俄重要战略伙伴》，新华网，2012 年 7 月 18 日，https：// world. huanqiu. com/article/9CaKrnJwhoT。（上网时间：2021 年 12 月 17 日）

呈现较为稳定的趋势。在能源合作方面，土耳其仍计划增加俄天然气的进口量，[①] 且双方将继续推进阿库尤核电站项目的建设。[②]

但随着俄军事力量介入叙利亚战争，两国矛盾开始急剧上升，经贸关系受到极大影响。2015 年 11 月，土耳其在土叙边境击落俄罗斯战机，两国关系跌入冰点。对于土耳其拒不道歉的态度，俄罗斯对土耳其进行了全方位的制裁。2015 年 11 月 28 日，普京签署了对土耳其采取特别经济措施的法令，明确俄将暂时禁止或限制对土耳其的经贸活动，禁止雇主雇佣土耳其公民，暂停与土耳其的免签证协议等，[③] 俄土双边贸易额急剧下降。此外，“土耳其溪”天然气管道和阿库尤核电站项目也因此暂时中止。

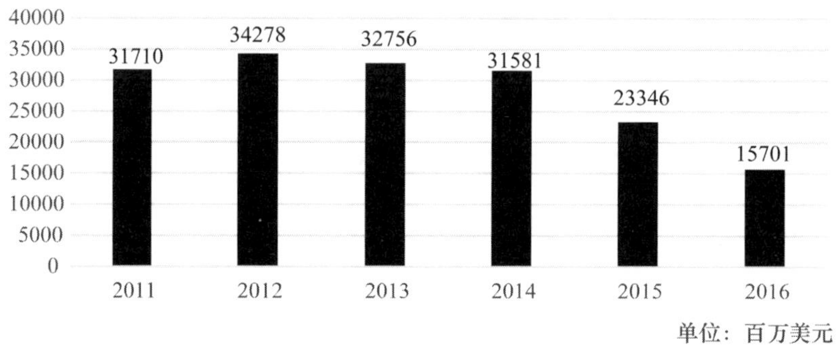

图 15－1　2011—2016 年俄土双边贸易额

资料来源：俄联邦统计局，https：//rosstat. gov. ru/。

2. 2016 年俄土关系回暖至今：合作与冲突并存

2016 年 6 月，埃尔多安就土方击落俄方战机事件向普京致道歉信，同

---

① 《叙利亚问题不妨碍俄罗斯与土耳其扩大能源合作》，人民网，2012 年 12 月 5 日，https：//world. huanqiu. com/article/9CaKrnJy2fu。（上网时间：2021 年 12 月 17 日）

② 土耳其和俄罗斯于 2010 年 5 月签署协议，计划在土耳其南部建设土耳其第一座核电站，该核电站由俄罗斯帮助土耳其建设。

③ 《关于采取措施确保俄罗斯国家安全和保护俄罗斯公民免于犯罪和其他非法行为以及对土耳其采取特别经济措施的法令》，俄罗斯总统官网，2015 年 11 月 28 日，http：//kremlin. ru/acts/news/50805。（上网时间：2021 年 12 月 17 日）

年7月土耳其军事政变未遂，俄第一时间表示支持埃尔多安，两国关系开始回暖。

在经贸领域，两国在土方进行道歉后，就尽快恢复双边关系采取了一系列积极举措。2016年6月，在收到埃尔多安道歉信后，普京签署命令，宣布政府将逐步取消对土耳其的制裁措施，[①] 双方的经贸合作得以回暖。

在能源合作方面，两国重启了“土耳其溪”天然气管道和阿库尤核电站的建设。2016年10月，双方就“土耳其溪”项目签署协议。2017年5月，“土耳其溪”的建设正式开始，[②] 并于2020年1月正式启用。“土耳其溪”将俄罗斯最大的天然气生产基地连接到土耳其天然气运输网络，为土耳其和东南欧提供了可靠的能源来源。[③] 阿库尤核电站则于2018年4月正式动工，并预计于2023年投入运营。这是俄土关系史上最大的项目，也是土耳其的第一座核电站，意味着俄土合作迈入到了新的阶段。[④]

值得一提的是俄土在军火方面达成的协议。作为北约成员国，土耳其与俄罗斯于2017年达成协议，购买4套俄S-400反导系统。[⑤] 2019年，首批S-400防空导弹组件从俄运抵土耳其，此后俄土双方都表达了就S-400防空导弹再次进行合作的意向。2021年，俄罗斯更是同意与土耳其联合生产该导弹系统的部分组件，并已于12月采取了行动。[⑥] 此外，俄罗斯还表达了帮助土耳其研发第五代战机的意愿，目前双方正在就此进行谈判。[⑦]

---

① 《俄罗斯航空运输局解除对土耳其“禁飞令”》，新华网，2016年7月24日，http://www.xinhuanet.com/world/2016-07/24/c_129172049.htm? markt=apx1469324812884。（上网时间：2021年12月17日）

② “Construction of TurkStream gas pipeline’s offshore section commenced”, May 7, 2017, https://turkstream.info/press/news/2017/154/.（上网时间：2021年12月17日）

③ “土耳其溪”官网首页：https://turkstream.info/。（上网时间：2021年12月17日）

④ 阿库尤核电站官网首页：http://www.akkunpp.com/。（上网时间：2021年12月17日）

⑤ 严翔：《疏远欧美？土耳其25亿美元购4套俄S-400反导系统》，环球网，2017年7月14日，https://world.huanqiu.com/article/9CaKrnK44QG。（上网时间：2021年12月17日）

⑥ “Savunma Sanayii Başkanı Demir’den S-400 açıklaması: ‘Işbirligi konularında adımlar atıldı’”, Dec. 5, 2021, https://tr.sputniknews.com/20211205/savunma-sanayii-baskani-demirden-s-400-aciklamasi-isbirligi-konularinda-adimlar-atildi-1051460052.html.（上网时间：2021年12月17日）

⑦ 《俄军事技术合作局：俄或帮助土耳其制造第五代战斗机 正在进行谈判》，俄罗斯卫星通讯社，2021年11月15日，https://sputniknews.cn/military/202111151034800684/。（上网时间：2021年12月17日）

这一系列的合作，一方面反映了俄土关系的加强，另一方面也意味着土耳其与西方国家的裂痕进一步扩大。

尽管两国关系有所改善，在经贸和军事上深化了合作，但双方在多个地区热点问题上仍存在分歧和矛盾。

（1）叙利亚危机。尽管两国关系在叙利亚危机后得到缓和，但分歧无法避免。俄罗斯力挺叙利亚巴沙尔政府，帮助叙利亚政府军收复失地，希望推进叙利亚的重建进程。而土耳其则否认叙利亚政府的合法性，希望通过叙利亚反政府武装控制叙利亚北部，以期成为叙利亚北部的主导力量。

叙利亚国内的库尔德人武装问题是影响两国关系的痛点。俄罗斯将库尔德武装视为打击叙利亚北部的伊斯兰极端主义和恐怖主义的重要伙伴，土耳其将叙利亚库尔德武装视为其境内反政府武装“库尔德工人党”的分支，力图对其进行遏制和打击。俄罗斯在库尔德人问题上的决策与土耳其构成了冲突。

（2）利比亚问题。2019 年 11 月，土耳其与利比亚签署了划定海上管辖领域的谅解备忘录和军事合作谅解备忘录，以军事手段介入是土耳其在利比亚问题上的特征。通过这两项备忘录，土耳其的军队力量得以在公海停留，并能将其势力延伸至地中海腹地。同时，土耳其通过给予利比亚民族团结政府军事援助，获得了利比亚北部的石油钻探权及海事管辖权，并延缓了哈夫塔尔军队的进军。

相较于 2011 年利比亚第一次内战爆发后被边缘化的形象，2015 年后俄罗斯选择重新以军事力量介入利比亚事务，以扩大自身在中东地区的影响力。与土耳其相反，俄罗斯不支持利比亚民族团结政府，而认为哈夫塔尔是保障其在利比亚利益的潜在伙伴。因为俄罗斯相信其能够帮助俄进入利比亚能源市场、使用图卜鲁格和德尔纳的地中海港口以及共同反对伊斯兰政治势力。[1] 俄罗斯同时还在经济、军事等方面支持哈夫塔尔的国民军武装。据美国非洲司令部公布的照片，俄罗斯军事人员曾驾驶俄罗斯战机在利比亚上空盘旋，这些战机的进入被视为对土耳其的警告，表明了俄反

---

① 伊马德·卡杜拉、侯宇翔：《新海洋政策下土耳其出兵利比亚及其影响》，《西亚非洲》2021 年第 4 期，第 140—155、第 160 页。

对民族团结政府和土耳其跨过苏尔特的态度。①

（3）第二次纳卡冲突。2020 年第二次纳卡冲突爆发，亚美尼亚是集体安全条约组织的成员国，但俄罗斯却持中立态度，未对亚美尼亚实施大规模的军事援助与支持。尽管俄罗斯促成了阿亚停战，并成功让其维和部队进驻纳卡地区，增加在外高加索地区的军事存在，但鉴于阿塞拜疆及背后的土耳其在纳卡地区的军事胜利，俄罗斯的影响力是相对下降的。

与第一次纳卡战争不同，土耳其选择强势介入，其无人机等军事装备崭露头角。由于阿塞拜疆与土耳其同属突厥民族，阿塞拜疆在土耳其的支持下获得胜利，这在一定程度上提高了土耳其在突厥国家内的地位。同时，土耳其军队成功驻扎在阿塞拜疆境内，提高了土耳其在外高加索地区的影响力。

二、俄土竞合关系的特点

从总体看，俄罗斯与土耳其的合作是有限的。在经济领域，两国相互依赖程度不断提高，经济合作广泛而深入，但在军事领域的合作带有不确定性。在政治领域里，两国虽在一些地区热点问题上取得了一定共识，但仍存在不可调和的矛盾。

（一）经济领域：深化合作，相互依赖程度提高

由于在经济结构上互补的程度很高，俄土两国在经济方面的合作态度十分积极，合作领域全面而深入。俄土在能源领域加强了现有的关系，两国推行的大型合作项目是双方经贸关系的基石，同时，两国在旅游业的合作也迅速发展。

---

① Sudarsan Raghavan, "As Military Power Shifts in Libya, Turkey and Russia Control Country's Fate", The Washington Post, May 23, 2020.

回顾俄土关系的历史，虽然在地区问题上双方存在许多分歧与矛盾，但总体上看，从20世纪90年代双方签署《俄罗斯联邦与土耳其共和国关系基础条约》开始，双边贸易就逐渐深化。2006年，双方举行了第七届经济合作混合委员会会议，确定了未来经贸合作欲达到的目标，并为了顺利实现目标签署了多项备忘录。2014年11月26日，俄土两国政府间委员会进行会晤，提出希望将双方贸易额从330亿美元提升到1000亿美元的愿景。①

据俄罗斯联邦经济发展部统计，2020年土耳其是俄罗斯第七大贸易伙伴②，是俄罗斯在中东地区的第一大贸易伙伴。③ 而据土耳其统计局统计，2020年俄罗斯是土耳其的第三大进口来源国。④ 从2000年到2018年，土耳其从俄罗斯的进口额和出口额分别从38.7亿美元增加到186亿美元和从6.93亿美元增加到34亿美元，⑤ 俄土双边贸易额在受到2015年战机事件的打击后又稳步回升。

在能源合作上，俄罗斯和土耳其的合作主要集中于天然气方面。土耳其是继德国之后俄罗斯的第二大天然气买家，2014年，俄罗斯向土耳其输送天然气占土耳其天然气需求总量的60%。⑥ 俄罗斯还在土耳其投资建设了两条天然气管道，分别是“蓝色溪流”天然气管道和“土耳其溪”天然

① 乔典：《冷战后俄罗斯与土耳其关系研究》，青岛大学2017年硕士学位论文。

② “О состоянии экономики Турецкой Республики и российско - турецком торгово - экономическом сотрудничестве”，Министерство экономического развития Российской Федерации，https：//www. economy. gov. ru/material/departments/d25/info _ materialy/torgovo _ ekonomicheskoe _ sotrudnichestvo_so_stranami_statistika/.（上网时间：2021年12月17日）

③ “Сотрудничество со странами дальнего зарубежья”，Министерство экономического развития Российской Федерации，https：//www. economy. gov. ru/material/directions/vneshneekonomicheskaya_deyatelnost/dvustoronnee_ekonomicheskoe_sotrudnichestvo/sotrudnichestvo_so_stranami_dalnego_zarubezhya/.（上网时间：2021年12月17日）

④ Foreign Trade Statistics，Feb. 28，2020，https：//data. tuik. gov. tr/Bulten/Index? p = Foreign - Trade - Statistics - January - 2020 - 33849.（上网时间：2021年12月17日）

⑤ 《从数字上看土耳其和俄罗斯加速经济伙伴关系》，半岛电视台，2020年1月10日，https：//chinese. aljazeera. net/economy/2020/1/10/turkey - russia - economic - partnership。（上网时间：2021年12月17日）

⑥ 唐志超：《俄罗斯与土耳其关系的内在逻辑与发展趋势》，《西亚非洲》2017年第2期，第3—24页。

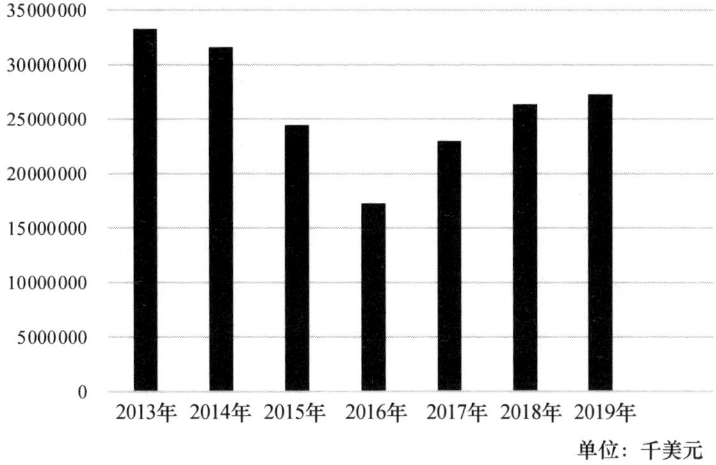

图 15－2　2013—2019 年俄土双边贸易额

资料来源：土耳其统计局，https：//data. tuik. gov. tr/Bulten/Index? p = Foreign－Trade－Statistics－January－2020－33849。

气管道。“蓝色溪流”的开通满足了土耳其 80% 的天然气需求量，[1] 而“土耳其溪”的开通更为土耳其提供了可靠的能源来源。除了天然气，俄土的合作也扩展到核能源层面，双方正在合作建设阿库尤核电站。

在旅游业方面，土耳其是俄罗斯最受欢迎的海滩目的地之一，[2] 根据土耳其旅游部数据，从 2019 年年初至 11 月，前往土耳其的俄罗斯游客数量达 680 万人次，达到 2018 年前往土耳其的 4200 万总游客数的 14%。[3] 根据这些数据，土耳其经济专家穆萨比表示俄罗斯游客在土耳其旅游业的

① 《俄罗斯—土耳其天然气管道启用》，央视网，2002 年 12 月 30 日，https：//news. cctv. com/lm/776/14/74930. html。（上网时间：2021 年 12 月 18 日）

② 俄罗斯发展经济部：https：//tourism. gov. ru/news/11357/。（上网时间：2021 年 12 月 18 日）

③ 土耳其统计局，https：//data. tuik. gov. tr/Bulten/Index? p = Foreign－Trade－Statistics－January－2020－33849。

发展中发挥着重要作用。[①]

（二）军事领域：有限合作，具有不确定性

俄土在军事方面的合作非常有限，主要体现在俄向土耳其销售具有极高技术价值的武器。俄土存在军事技术合作，但并不涉及核心技术。俄土间基本不存在军事演习，也非军事同盟关系。两国在军事上的合作目的不是出于加强两国的政治合作，而是为了抵御外界压力，不得已而为之。

两国的军事合作突出表现在俄罗斯向土耳其军售。由于埃尔多安强硬处理国内政变未遂人士引发欧洲质疑，并且与北约在库尔德人问题上产生分歧，土耳其与北约国家的关系逐渐恶化。在此背景下，土耳其于2017年决定向俄罗斯购买S－400导弹防御系统，此后又顶着美国制裁的压力与俄罗斯在该方面进行技术合作，但俄罗斯仅向土耳其出让了部分非核心技术。同时，俄罗斯还提出与土耳其共同研发第五代战机。俄土虽在军事方面存在合作，但只有S－400导弹系统是真正完成交易的，在其他方面的合作大多只停留在口头层面。

一方面，俄罗斯的武器装备与土耳其现有的军事设施难以整合，限制了俄土在该领域的合作。作为北约成员国，土耳其军队的训练、后勤与部署均以北约为标准，土耳其空军的武器库也是按照北约的标准建立的。[②]同时，土耳其空军90%的备件供应依赖于美国。而俄制导弹和战机与北约的系统是不兼容的，这意味着，向俄罗斯购买武器和共同研发战机就需要对土耳其的军事系统进行重组。换句话说，目前俄罗斯的武器装备并不能有效填补土耳其的军备空缺，若进行深入合作，土耳其所耗费的资源将是巨大的。

另一方面，俄土在该领域的合作只是各取所需，而非真情实意。俄罗

① 《从数字上看，土耳其和俄罗斯加速经济伙伴关系》，半岛电视台，2020年1月10日，https：//chinese. aljazeera. net/economy/2020/1/10/turkey－russia－economic－partnership。（上网时间：2021年12月18日）

② "Can Russian Aircraft Remedy Turkeys Fighter Jet Dilemma?" Turkish Minute，Nov. 22，2021，http：//www. turkishminute com/2021/11/22/alysis－can－russian－aircraft－remedy－turkeys－fighter－jet－dilemma/.（上网时间：2021年12月18日）

斯希望借助该领域的合作获取经济利益，扩大北约内部的裂痕，破坏美国的同盟体系。而土耳其在与俄罗斯尚未达成的战机交易方面表现得摇摆不定。2021 年 10 月 18 日，土耳其国防工业局局长表示若美国继 F－35 之后冻结 F－16 的销售，土耳其可能采购俄罗斯的战机，① 表达了向俄罗斯购买战机的意愿。俄罗斯对此给予了积极的回应。然而 10 月 23 日，土耳其国防部部长阿卡尔表示土方已经启动从美国购买新的 F－16 战斗机程序，② 这意味着土耳其可能已经放弃采购俄制战机的计划。也就是说，购买俄罗斯战机只不过是替补选项，与俄合作是为了刺激美国，土耳其的首要选择仍然是美制战机。

（三）政治领域：存在地缘政治竞争，有不可调和的矛盾

1. 叙利亚问题

2011 年叙利亚内战爆发后，俄罗斯为了捍卫其在叙利亚的战略利益并借机重返中东，坚定支持叙利亚巴沙尔政府，对叙利亚反对派持否定态度。而埃尔多安则决心推广“土耳其模式”，主张推翻巴沙尔政权，支持叙利亚反对派。③ 同时，通过回顾历史可知，两国在叙利亚库尔德人问题上也存在分歧。④ 但随着叙利亚局势的不断演变，促使两国走向合作的因素不断出现。

对于俄罗斯来说，叙利亚国内的俄罗斯军事基地是其在地中海及中东地区唯一的军事基地，对俄罗斯具有极其重要的战略价值。支持巴沙尔政权与打击“伊斯兰国”恐怖组织是其战略目标，但要实现这个战略目标需

---

① 《土国防工业局：若美不出售 F－16 土耳其或向俄购买苏－35 和苏－57 战斗机》，俄罗斯卫星通讯社，2021 年 10 月 18 日，https：//sputniknews. cn/20211018/1034661083. html。（上网时间：2021 年 12 月 18 日）

② 张海潮：《不买俄罗斯苏—57 啦？外媒：土耳其开始从美国采购新一批 F－16 战机》，《环球时报》2021 年 10 月 25 日。

③ 唐志超：《俄罗斯与土耳其关系的内在逻辑与发展趋势》，《西亚非洲》2017 年第 2 期，第 3—24 页。

④ 即俄罗斯将叙库尔德人视为打击恐怖主义的合作伙伴，但对土耳其来说，叙库尔德武装是土耳其在叙利亚的重点打击目标。

要进行大规模的军事行动，而大规模的军事行动需要土耳其开放领空和领海，因此俄罗斯需要寻求与土耳其的合作。

而对于土耳其来说，2015 年“伊斯兰国”开始在土耳其境内实施恐怖主义活动，这意味着阻止恐怖主义的蔓延成为土耳其与俄罗斯的共识。同时，随着极端主义和恐怖主义在叙利亚境内的泛滥，叙利亚库尔德人趁乱兴起，土耳其内部的库尔德人势力也在不断壮大，土叙库尔德人共同建国的可能性越来越高，这对土耳其来说是不可接受的。由于美国等西方国家支持叙利亚库尔德武装库尔德民主联盟党，土耳其与西方的关系逐渐疏远。加之俄罗斯的军事介入，土耳其意识到推翻巴沙尔政权的目标已经很难实现，要维护其在叙利亚的利益需要寻求俄罗斯的支持与合作。

鉴于俄土两国所面临的新的地区形势，再加上埃尔多安致信道歉，俄土关系得到缓和，两国开始在叙利亚问题上寻求合作。2017 年 1 月，俄罗斯、土耳其和伊朗在阿斯塔纳举行会谈并达成协议，表示将共同建立叙利亚三国联合监督机构。该联合监督机构的设立，与俄罗斯和土耳其在叙利亚问题上所取得的共识是分不开的。

随着叙利亚局势的变化，2019 年 10 月，在美国宣布从叙利亚撤军三天后，土耳其发动针对叙利亚北部库尔德武装的越境军事行动，对俄积极推进叙利亚的重建进程造成消极影响。在俄罗斯的劝说下，土耳其宣布停止在叙利亚北部的军事行动。同年 10 月 22 日，俄罗斯与土耳其达成备忘录，由俄军警及叙利亚边防部队协助叙库尔德武装撤离，俄罗斯和土耳其将在规定地区进行联合巡逻，可见双方在叙利亚库尔德人问题上达成了有限的合作。尽管叙利亚库尔德武装依然是土耳其在叙利亚的重要关切，但俄不再对叙库尔德人进行大范围的支持，这意味着库尔德问题不再是两国在叙利亚问题上的核心利益的冲突点。

自美国于 2019 年 10 月宣布从叙利亚撤军后，叙利亚的局势变成了一场零和游戏，① 俄土两国存在战略竞争。俄罗斯支持叙利亚政府军，希望其尽快统一全国，而土耳其则支持反对派武装，以维持其在叙利亚北部的

---

① Daniel R.，“Turkish – Russian Relations：A Puzzle that Shakes the Middle East”，Turkeyscope，June 15，2021.

军事存在。在俄罗斯的帮助下，叙利亚政府军收复了大量失地。被击溃的极端分子和叛军则逃窜至由土耳其掌握停火监督权的伊德利卜地区，因此伊德利卜成为反对派武装的聚集地，其中包括土耳其支持的叙利亚自由军。① 2019 年 11 月以来，叙利亚政府军集中兵力，在俄罗斯的配合下，展开了对全国最后一块由反对派控制的地区——伊德利卜省的收复之战。②土耳其军队及其支持的武装军队同叙政府军爆发正面冲突。俄叙在伊德利卜问题上的一致立场使得俄土关系日益紧张，双方极有可能在叙利亚问题上擦枪走火。虽然 2020 年 3 月俄土达成停火协议，商定建设安全走廊及开展联合巡逻行动，③ 但是该协议的实施仍充满挑战，无法完全消除双方在叙利亚的利益冲突。

2. 利比亚问题

从上文的历史回顾中，可以看出俄土两国在利比亚问题上存在不同的战略目标和利益，主要表现是俄土对利比亚不同政权的支持，两国的战略目标存在冲突。

俄罗斯希望通过对哈夫塔尔国民军的支持，以培养未来的合作伙伴，增强地区影响力。俄罗斯一方面看重利比亚丰富的石油资源和潜在的经济利益，希望确保在利比亚的长期投资机会；另一方面重视利比亚的战略地位，将利比亚视为战略支点以抗衡欧洲，并确保在北约南翼沿线建立可以容纳黑海以外的俄罗斯军事基地，同时能与希腊和塞浦路斯共同在东地中海地区对土耳其施加战略压力。

而土耳其对利比亚危机的干预是在“新海洋政策”背景下做出的选择。土耳其希望通过武力干涉利比亚危机，大力支持民族团结政府以保障

---

① 2018 年 9 月，俄土达成《伊德利卜协议》，在伊德利卜设立非军事区，由土耳其掌握停火监督权，通过支持反政府武装，土耳其控制了伊德利卜省的主要地区，但这并未能彻底解决俄土在该地区的根本分歧。

② 张树锟、杨德源：《叙北的伊德利卜之争》，《兵器知识》2020 年第 4 期，第 48—52 页。

③ 《普京：俄土商定旨在调解叙利亚局势的联合文件》，俄罗斯卫星通讯社，2020 年 3 月 16 日，https：//sputniknews. cn/20200306/1030945452. html。（上网时间：2021 年 12 月 31 日）

未来的利比亚政府继续履行海洋划界协议,[①] 以此来增强土耳其在地中海的军事存在，对埃及、塞浦路斯等国形成战略威慑。

两国在利比亚问题上仍存在地缘政治竞争，出于增强地中海军事存在的必要性，土耳其在利比亚问题上可能会更加强硬，与俄罗斯的竞争在未来可能会更加强烈。

3. 地区竞争：突厥国家组织与第二次纳卡战争

除去在热点地区问题的分歧，俄土在后苏联空间中同样存在地缘政治竞争，在中亚地区，土耳其通过“突厥国家组织”发挥其“突厥文化”的影响力，挑战俄罗斯在中亚地区的影响力。

2021 年 11 月 12 日，土耳其、阿塞拜疆、乌兹别克斯坦、哈萨克斯坦和吉尔吉斯斯坦六国宣布突厥国家组织成立，该组织的宗旨是促进各突厥国家全方位合作。目前来看，该组织有发展为军事联盟的可能，2021 年 7 月 28 日，土耳其议长称，土耳其和阿塞拜疆正进行建立“突厥联军”的谈判。[②] 同时，该组织的成立将进一步弱化俄罗斯在突厥语系国家中的影响力，还存在分裂俄境内多个以突厥语民族为主的联邦主体的危险。[③] 该组织具备一定的发展前景，与欧亚经济联盟和集体安全条约组织存在竞争关系。

除了突厥国家组织，土耳其还在外高加索地区寻求影响力，比如上文所提及的第二次纳卡战争。通过这次战争，土耳其在外高加索地区的影响力进一步提高。同时，鉴于格鲁吉亚整体贫困并与俄关系交恶的现状，土耳其可能会对格鲁吉亚进行经济和人口扩张，并利用北约成员国的身份，拉近与格鲁吉亚的关系。

---

① 即上文所提及的 2019 年 11 月土耳其与利比亚签署的两项备忘录，通过这两项备忘录，土耳其的军队力量得以在公海停留，并能将其势力延伸至地中海腹地。

② 《土耳其议长：土耳其和阿塞拜疆或建立突厥联军》，俄罗斯卫星通讯社，2021 年 7 月 28 日，https：//sputniknews. cn/military/202107281034160302/。（上网时间：2021 年 12 月 19 日）

③ 在埃尔多安看来，“突厥世界”不仅包括了所谓的突厥国家，而且包括俄罗斯联邦境内的突厥人群。俄罗斯境内使用突厥语族语言的人口超过 1000 多万。

三、俄土关系发展变化的原因

（一）内部原因

1. 俄土双方的国家定位及战略

俄土关系随国际形势和国内因素而变化，受到双方国家定位及战略的影响。苏联解体、欧盟和北约东扩，这些国际形势的变化影响了俄罗斯的外交政策。俄罗斯逐渐意识到土耳其在其国家安全中的重要地位，需要增强与土耳其的伙伴关系以实现在黑海地区的均势，共同抵御西方国家的渗透。而对于土耳其来说，与俄罗斯发展经贸关系符合土耳其的利益，同时鉴于俄罗斯在地区仍具备一定的影响力，与俄罗斯进行一定限度的合作是不可避免的。但由于土耳其不断扩大其在地区的影响力，发展与突厥语国家间的关系，以及土耳其与俄罗斯在地区热点问题上存在根本分歧，两国的地缘政治竞争也是不可避免的。

除了国际形势的影响，促使双方从竞争逐渐走向合作的还有国内因素，主要有两点：对经济发展的需求和领导阶层的变化所带来的新的对外战略。

经贸领域的合作拉近了两国关系，为两国加深政治关系提供基础。从历史回顾中可以看出，两国经贸数额逐年攀升，同时两国也意识到在能源合作上的重要性，开始就修建天然气管道进行高层会晤。① 另外，两国的领导阶层发生了改变，导致两国都采取了更加务实的外交政策。普京上台后，将发展俄罗斯经济作为其执政核心之一，与土耳其进行经贸合作符合俄罗斯经济利益。② 埃尔多安领导的正发党上台后，以达武特奥卢的外交思想为指导，提出了战略纵深主义，这极大影响了土耳其的对外政策，强化了俄土关系。在这样的背景下，俄土关系不断升温，高层对话不断。回

---

① 1997 年双方签署“蓝溪”天然气管道协议。

② 与土耳其进行能源合作可以提振俄国经济，并能利用土耳其作为对欧洲出口能源产品的枢纽，拓宽俄出口能源的渠道。

顾2000年至2010年两国签署的联合声明和共同成立的政府间合作机制，可以看出经贸领域、安全领域和政治领域是两国关系合作的重点。①

总的来说，俄罗斯与土耳其都采取务实的外交政策，两国的经贸发展带动了政治合作，政治合作又推动经贸合作深入发展。然而，由于两国对地区热点问题所持有的不同观点，再加上两国在后苏联空间的地缘政治竞争，两国未来关系的发展存在不少挑战。

2. 经贸和能源合作日益紧密

回顾俄土在21世纪最初10年的多次高层会晤，双方都强调经贸合作是两国关系的基础。发展两国的经贸关系符合俄土的国家战略，两国在能源合作方面高度互补，经贸数额逐年攀升，因此两国经济的相互依赖在一定程度上能缓和双方在地区热点问题上的矛盾。在叙利亚危机中，由于两国关系全面恶化，双方的经贸关系遭受沉重打击，恢复经贸关系是两国关系好转的重要因素之一。而在克里米亚问题上，尽管土耳其多次声明其主权归属乌克兰，但土耳其并未追随西方对俄罗斯实行经济制裁。

经贸领域的相互依赖并不能确保两国政治关系的稳定性。在两国贸易中，俄罗斯对土耳其具有非对称性优势。从前文历史回顾中可以看出，俄罗斯凭借其能源优势，与土耳其形成了一定程度上的非对称性依赖关系。2018年，俄罗斯是土耳其的最大进口来源国，份额占土耳其总进口额的9.9%，而土耳其对俄罗斯的出口份额在不断下降，2013年占比为4.3%，2018年仅占2.0%。2009—2018年土耳其对俄持续贸易逆差。② 这些都体现了俄罗斯在俄土经贸关系中所占据的优势地位。

而从2011年的叙利亚危机中也可以看出，两国在经贸领域的紧密程度无法真正避免两国关系的恶化。无论是叙利亚问题，还是利比亚和乌克兰问题，俄土两国的立场都是对立的，两国的战略目标不同，存在着利益冲突，带有浓厚的地缘政治竞争色彩。尽管两国在某些问题上迫于形势变化，为了

① 在经贸领域中，能源合作和大型项目建设占据主导地位；在安全领域中，共同打击恐怖主义，维护地区安全是主要内容；在政治领域中，建设周期性的高层政治会晤，加强对地区热点问题的沟通是两国的共识。

② 陈羽婵：《普京时期俄土关系影响因素分析》，上海外国语大学2019年硕士学位论文。

实现各自的战略目标而采取一定合作，但深层次的矛盾仍未解决，地缘政治竞争仍然存在，一旦双方处理不当，两国关系可能会跌入万丈深渊。

3. 分离主义

分离主义贯穿整个俄土关系的发展史。从前文的历史回顾中可以看出，库尔德人问题一直是土耳其的关切点。在两国建交初期以及叙利亚危机中，库尔德人问题都起到关键的影响作用。值得一提的是，该问题不仅是导致俄土两国关系恶化的原因之一，同时也是两国关系改善的诱因。20世纪90年代初期，双方对彼此国内分离主义态度的转变促使了俄土关系的好转。在叙利亚危机中，俄土两国对库尔德人问题的不同态度影响了两国关系，但随着叙利亚局势的发展，两国选择联手进行反恐行动。

不可忽视的是，分离主义仍存在于两国之中，并可能成为恶化两国关系的主要因素。前文提及的突厥国家组织是土耳其利用“突厥文化”在后苏联空间扩大影响力的表现之一，可能会激化俄罗斯内部的分离主义倾向。2021年新版俄罗斯国家安全战略也提到了文化在国家的重要地位，如何消除国内多个以突厥民族为主的联邦主体的分离主义倾向，是俄罗斯未来发展重点关注的对象之一。

（二）外部因素

1. 影响土耳其对俄罗斯政策的因素

二战后初期，苏联对土耳其进行打压，对土耳其提出领土要求，并希望修改《蒙特勒公约》中撤销海峡国际委员会、赋予土耳其单独控制黑海海峡的权力的内容，要求土耳其赋予苏联特权。土耳其拒绝苏联的要求，并向西方求助。西方国家认为土耳其有着重要的地缘战略价值，若苏联控制土耳其就会控制整个近东地区。[1] 因此西方国家将土耳其纳入到西方阵

[1] “Memorandum by the Joint Chiefs of Staff to the Secretary of War (Patterson) and the Secretary of the Navy (Forrestal),” Vol. VII, FRUS, August 23, 1946, pp. 857 – 858.

营中，对土耳其进行军事和经济援助。土耳其于1952年2月加入北约。

但以美国为首的北约国家与土耳其的关系并非亲密无间，他们接纳土耳其很大程度上是出于地缘政治的考虑，在很多问题上一直将土耳其视为另类。苏联的威胁确保了土耳其与西方国家关系的相对稳定。苏联解体后，双方的矛盾逐渐凸显。从奥巴马执政时期开始，北约国家与土耳其的关系明显下滑。特别是2016年土耳其政变未遂事件更加剧了北约国家与土耳其之间的紧张关系。

与北约国家的不和推动了土耳其与俄罗斯的合作。除了政变未遂问题和加入欧盟的问题，土耳其与北约国家在叙利亚问题上也存在矛盾。[①] 在叙利亚局势中，西方国家带来的不利情况使土耳其不得不开始考虑与俄罗斯合作，以寻求俄在库尔德人问题态度上的转变。

而土耳其政变未遂问题是真正引发土耳其和北约关系紧张的关键事件。一方面，土耳其试图从美国获得支持以强烈谴责这场政变，但美国和其他北约国家都保持中立。埃尔多安对北约国家没有与土耳其站在一起而感到愤怒。[②] 另一方面，由于土耳其认为流亡于美国的宗教人士费图拉·居伦是政变的主要策划者，并向美国提出引渡的要求，但美国认为土耳其证据不足而拒绝引渡。美国国家情报局局长直接声称："我们还没有看到他（费图拉·居伦）。"[③] 这让土耳其对其北约盟友大为不满。埃尔多安认为北约国家的表现可以被视为"潜在的希望政变成功"。因此，土耳其与北约盟友陷入前所未有的信任危机，这也是推动埃尔多安就战机击落事件向俄罗斯道歉并向俄购买S－400防空导弹的主要因素。

土耳其迟迟未能加入欧盟也促使土耳其与俄罗斯进行合作。作为北约盟友，土耳其自2005年以来一直在谋求加入欧盟，[④] 但谈判进程缓慢。

---

① 以美国为首的北约国家支持叙库尔德人武装，将其视为打击"伊斯兰国"的主要力量。

② Asli Aydintaşbaş and Kemal Kirişci, "The United States and Turkey Friends, Enemies, or Only Interests," Center on the United States and Europe: Turkey Project Policy Paper, Apr. 12, 2017.

③ David Ignatius, "A reality check on the Middle East from America's spy chief," Washington Post, July 21, 2016, https://www.washingtonpost.com/opinions/a－reality－check－on－the－middle－east－from－amer－icas spy－chief/2016/07/21/a221a1aa－4f86－11e6－aa14－e0c1087f7583_story.html?utm_ter－m=.7417e3526ae2.（上网时间：2021年12月19日）

④ Robin Emmott, "Turkey's EU membership bid evaporating, Commission says", Reuters, Oct. 6, 2020.

2016年政变未遂后，土耳其政府对所有可疑的反对者进行围捕，称他们为恐怖分子，许多人权活动家、慈善家和女权活动者都面临刑事调查。[①] 欧盟委员会指责土耳其破坏民主与和平，并以此为由长期拒绝土耳其加入欧盟。欧盟委员会在关于土耳其的年度报告中表示“土耳其的入盟（欧盟）谈判实际上已经陷入停滞”。[②] 因此，土耳其加强与俄罗斯的合作，希望以此作为筹码来撬开进入欧盟的大门。

虽然以美国为主导的北约深刻影响着土耳其的对俄政策，但北约对于土耳其的重要性又使得土耳其只能和俄罗斯进行有限的合作。北约为土耳其提供了核保护伞和不少敏感的信息情报，也让土耳其有参加联合军事演习和训练的机会。因此，土耳其虽与北约存在间隙，但不可能完全分离。

由此可见，土耳其不会为了与俄罗斯合作而退出北约，与俄进行合作更多的原因是想扩大其在北约的话语权。

2. 影响俄罗斯对土耳其政策的因素

苏联解体后，鉴于北约和欧盟的东扩，俄罗斯逐渐意识到需要加强与土耳其的合作。乌克兰危机以来，北约国家对俄罗斯实行经济和军事遏制，双方陷入长期对抗，在一定程度上促使俄罗斯寻求与土耳其合作。

乌克兰危机爆发后，美国和欧洲国家对俄罗斯实施“行业制裁”，包括制裁俄主要银行、能源和军工企业，以打击俄主要经济部门，切断俄在西方市场获取资金和技术的渠道。西方国家经历政府换届后也都基本延续了对俄罗斯的经济制裁政策，导致俄本就脆弱的经济进一步衰落。

同时，北约还不断对俄罗斯进行军事威慑，加大了在俄周边的军事部署。北约在立陶宛、拉脱维亚、爱沙尼亚和波兰各国中部署了一支规模约1500人的营级多国部队，并在拉脱维亚、波兰、匈牙利和罗马尼亚等地设立了5个师级指挥所。[③] 自2017年以来，北约在中东欧地区的军事演习活动越加频繁，还不断推进建设在俄罗斯周边的军事基础建设。

---

① Turkish Democracy Project, “Understanding the Problem – Turkish Democracy Project”.

② Robin Emmott, “Turkey's EU membership bid evaporating, Commission says.”, Reuters, Oct. 6, 2020.

③ 隋鑫、于洋、柳玉鹏：《北约挤压俄罗斯到底苦了谁》，《环球时报》2021年12月24日。

在北约及西方国家的压力下，俄罗斯进一步推动了与土耳其的经济和军事合作。一方面，俄罗斯可以从中获取巨额利益，推动国内经济发展；另一方面，俄罗斯可以利用土耳其与北约之间的矛盾，扩大土耳其与北约之间的裂痕，从而削弱和打击美国的同盟体系。

不过正如前文所说，土耳其不可能退出北约组织，俄罗斯也不可能完全信任拥有北约成员身份的土耳其，因此双方难以在与北约核心利益相悖的问题上进行深入合作。

四、对俄土关系的展望

冷战以来，俄罗斯和土耳其的关系经历了由竞争转向合作，由合作转向全面恶化，迅速回暖后又转向矛盾与合作并存的历程。受到国内外因素影响，俄土在经贸领域存在深化合作的空间，在军事上存在有限的合作，在地区热点问题上存在一定共识，但两国在地缘政治上的竞争会无可避免地带来一系列矛盾与问题。本文认为，未来的俄土关系有两种可能性。

第一，俄土继续相互利用，双方关系会持续平衡发展。根据上文的分析，我们可以看到俄土在经贸领域的合作符合两国利益，这在一定程度上减缓了两国在地区热点问题上的矛盾和分歧。同时，双方在地区热点问题上互为重要参与方，不可能将对方排除在外而寻求独自解决，如此做的后果要么是引发冲突，要么是无法解决问题，因此双方需要进行合作来解决问题。此外，如前文所述，西方国家等外部因素也可能推动双方继续合作。

第二，双方可能会因为一些根本性的矛盾与分歧而相互敌对，进而使双方关系走向全面恶化。双方虽然在地区问题上进行合作，但随着局势的发展，俄土两国的矛盾也将会愈发明显。由于两国的利益矛盾难以调和，一旦这些矛盾没有处理好，则有可能导致双方关系再次全面恶化。同时，双方还存在地缘政治竞争，如土耳其在中亚推行的“突厥文化”与在外高加索所实施的一系列军事行动，都与俄罗斯的战略利益相矛盾。此外，尽管目前北约等西方国家与土耳其的关系并不和谐，但土耳其的战略位置对于北约来说十分重要，因此西方国家也不可能放任土耳其走向俄罗斯。面对俄土关系的走近，北约国家有可能进一步制裁土耳其，阻碍土耳其与俄罗斯的合作，也有可能会选择缓和与土耳其的关系，增加土耳其对北约的向心力。土耳其仍是北约国家，不会选择违背北约的核心利益，这意味着俄土合作间存在着一道鸿沟，双方无法形成战略伙伴关系。

不过，就目前的形势来说，近期俄土在竞争中深化合作的可能性更大。

首先，双方在经济方面的高度相互依赖使得双方无法轻言放弃合作。2015 年俄罗斯对土耳其进行经济制裁使双方贸易额大幅减少，导致土耳其经济严重衰退，这是土耳其向俄道歉的重要原因之一。土耳其目前国内的政治局势动荡，在经济陷入困顿和贫困人口不断增加的背景下，2021 年 11 月 23 日多座城市爆发了抗议活动，要求现任政府辞职。这使得土耳其货币遭到严重贬值，创下近 20 年来最大的跌幅，[①] 促使土耳其政府更需要与俄罗斯进行经济合作。

在地区热点问题上，双方目前已经克服了一些分歧并找到了合作的方法。双方都意识到对方在地区问题上的重要性，因此寻求合作以解决问题。尚未完工的阿库尤核电站对于土耳其极其重要，所以土耳其会积极寻求矛盾的解决。在叙利亚问题和利比亚问题上，双方已经通过有效的联络协调了立场，位于阿塞拜疆和亚美尼亚边境的俄土停火联合监控中心也正在积极运作。普京和埃尔多安对两国在稳定叙利亚局势问题上的互动水平都表示满意。[②] 普京表示，“与土耳其的谈判有时进行得艰难，但最终都会取得积极成果，我们各部门已经学会寻求有利于双方的折衷方案。”[③] 同时，土耳其议员表示土耳其不会站队乌克兰参加对俄的军事行动，他称俄

① 《土耳其局势动荡：多座城市爆发抗议，要求埃尔多安下台》，腾讯网，2021 年 11 月 24 日，https：//xw. qq. com/amphtml/20211124A01L6S00。（上网时间：2021 年 12 月 31 日）

② 《普京与埃尔多安对两国在稳定叙利亚局势问题上的互动水平表示满意》，俄罗斯卫星通讯社，2021 年 12 月 4 日，https：//sputniknews. cn/20211204/1034911850. html。（上网时间：12 月 31 日）

③ 《普京称俄罗斯和土耳其已学会寻找折衷方案》，俄罗斯卫星通讯社，2021 年 9 月 29 日，https：//sputniknews. cn/20210929/1034564601. html。（上网时间：2021 年 12 月 31 日）

土是战略关系，土耳其不会进攻俄罗斯。[①]

此外，西方国家对土耳其和俄罗斯的战略挤压未有明显减弱的趋势。拜登上台后没有停止美国就土耳其购买 S－400 防空导弹而施加的制裁，土耳其被排除在 F－35 隐形战机项目的问题依旧没有解决。[②] 2021 年 11 月 1 日俄罗斯已经暂停了俄常驻北约代表处的工作，双方几近“断交”。北约仍然不断向俄边境靠近，尤其是在乌克兰边境增大了军事部署，严重威胁了俄罗斯的安全，进一步恶化了双方的关系。据此，西方国家对俄土的态度或将继续推进俄土的合作关系。

结　语

尽管目前的国际和国内形势都有利于俄土合作，但不可否认的是，两国在地区热点问题上仍存在不可调和的矛盾，存在地缘政治竞争，目前双方关系的靠近更多是一种权宜之计。双方只是表面的“伙伴”关系，双方公开展示友谊以克制可能造成的敌对行动。俄土在深层次仍然存在竞争，纵观冷战以来的俄土竞合关系，无外乎一句话就能概括——脆弱而危险的伙伴关系。

① 《土耳其议员：站队乌克兰参加对俄军事行动不现实》，俄罗斯卫星通讯社，2021 年 12 月 25 日，https：//sputniknews. cn/20211225/1036812224. html。（上网时间：2021 年 12 月 31 日）

② Erdogan, “US – Turkey relations ‘not healthy’ and failed to ‘start well with Biden,’”, RT, Sept. 23, 2021.

附　　录

2021 年俄罗斯对外关系大事记

江洪飞　吴小鹏

一月

1 月 6 日　俄罗斯副外长、中东和非洲总统特别代表博格达诺夫与卡塔尔外交国务大臣苏丹·穆莱基进行了通话。通话期间，穆莱基介绍了 1 月 5 日在沙特阿拉伯阿尔乌拉举行的海湾阿拉伯国家合作委员会首脑会议结果，俄罗斯方面对会议结果和达成的协议给予了高度评价。

1 月 6 日　俄罗斯能源部长亚历山大·诺瓦克出席欧佩克国家和非欧佩克国家的第十三届部长级会议。在以视频会议方式进行磋商之后，与会代表达成一致，希望世界石油产量日均恢复 200 万桶，并观察非“欧佩克 +”联盟国家的人口经济活动和生产情况。

1 月 11 日　俄罗斯总统普京、阿塞拜疆总统阿利耶夫和亚美尼亚总理帕希尼扬在莫斯科举行会谈并签署联合声明，支持建立一个旨在帮助纳卡地区重建的三方工作组。值得一提的是，此次会谈是继 2020 年 11 月纳卡停火协议后俄阿亚三方领导人首次坐下来共同商谈该地区的战后重建问题。

1 月 15 日　俄外交部正式宣布启动本国退出《开放天空条约》的内部程序。

1 月 20 日　俄远东发展部部长切昆科夫和日本驻俄罗斯大使上月丰久

讨论了远东和北极地区国际合作的主要方向。双方旨在加强贸易和经济合作，并在包括能源、物流、海产品加工、港口和交通基础设施、城市环境、旅游业等多个领域扩大合作。

1月26日　俄罗斯总统普京与美国新任总统拜登进行了首次通话。此次通话的最主要成果是，两国元首同意将特朗普时期陷入谈判僵局的《新削减战略武器条约》延长5年。俄方称这是一次重要的外交胜利，但同时也指出拜登时代的俄美关系并未随着《新削减战略武器条约》的续签而明显改善。

1月27日　俄罗斯总统普京参加世界经济论坛2021年“达沃斯议程”线上对话会并发表演讲，指出当今国际社会面临着社会经济、社会政治和国际环境恶化的三大挑战。

1月28日　俄罗斯总统阿富汗问题特别代表，俄罗斯外交部第二亚洲司司长扎米尔·卡布洛夫与塔利班代表团进行了磋商。

1月29日　俄罗斯总统普京签署延长俄美《新削减战略武器条约》的法案，《新削减战略武器条约》有效期延长至2026年2月5日。

二月

2月3日　俄罗斯外交部与美国驻俄使馆交换照会，相互通报对方，延长《新削减战略武器条约》有效期协议的内部程序已经完成，延期协议于当日生效。《新削减战略武器条约》没有任何修改和附加条款，其有效期将延长至2026年2月5日。

2月5日　俄罗斯外交部宣布瑞典、波兰、德国三国多名驻俄罗斯外交人员为“不受欢迎的人”，并被要求于近期离境。

2月11日　俄罗斯外交部副部长里亚布科夫在新闻发布会上表示，俄罗斯坚决反对西方有限核冲突的构想。

2月16日　俄罗斯联邦内务部第一副部长亚历山大·戈罗沃伊与独联体成员国外交使团团长在莫斯科举行了会议。该会议由俄罗斯联邦外交部副部长安德烈·卢登科主持。双方就独联体国家劳务移民领域的现状以及俄罗斯为支持劳务移民、移民家庭而采取的措施交换了意见。

2 月 24 日　俄罗斯外交部部长谢尔盖·拉夫罗夫出席联合国人权理事会第 46 届会议并发言。拉夫罗夫表示，西方国家继续无视制裁对实现人权的致命危害，试图利用新冠肺炎疫情向不受其欢迎的国家施压。

三月

3 月 5 日　俄罗斯联邦外交部特使、北极理事会俄方高级官员尼古拉·科尔丘诺夫在“北极—2021”国际会议上提出，自 2014 年以来暂停的北极地区国防参谋长会议可以以专家研讨会方式恢复举行。

3 月 12 日　普京就纳卡问题与阿塞拜疆和亚美尼亚领导人进行电话会谈。

3 月 23 日　俄中两国外交部网站共同发布《中华人民共和国和俄罗斯联邦外交部长关于当前全球治理若干问题的联合声明》，表示目前新冠肺炎疫情持续蔓延促使国际格局加速演变，全球治理体系进一步失衡，经济发展进程遭受冲击，全球性新威胁新挑战层出不穷，世界进入动荡变革期。声明呼吁国际社会搁置分歧，凝聚共识，加强协作，维护世界和平与地缘战略稳定，推动构建更加公正、民主、合理的多极化国际秩序。

四月

4 月 8 日　俄罗斯外交部部长谢尔盖·拉夫罗夫与哈萨克斯坦外长穆赫塔尔·特列吾别尔德会晤后，在哈萨克斯坦举行的记者招待会上称，俄将对美方的任何不友好行为作出反应。此外，拉夫罗夫还回应了有关中俄疫苗的问题，表示俄罗斯和中国没有发动任何“疫苗战”，也没有将疫苗用作地缘政治工具。

4月9日　普京与土耳其总理对话强调遵守《蒙特勒公约》的重要性。

4月16日　俄罗斯外交部发表对美反制措施的官方声明。声明表示，美国似乎不愿意接受这样一个事实，即在新的地缘政治现实中单边强权已无一席之地。美国继续短视地采取“遏制莫斯科”的措施只能导致俄美关系进一步恶化。声明明确，针对美国制裁，俄罗斯将于近期实施以下反制措施：基于对等原则，驱逐美国外交人员和波兰外交人员。

五月

5月12日　俄罗斯联邦外交部长谢尔盖·拉夫罗夫与美国国务卿安东尼·布林肯进行了电话会谈。两国外交部门的领导人就针对朝鲜半岛核问题、恢复伊朗核计划《联合全面行动计划》，以及审议战略稳定领域的任务所持态度交换了意见。

5月12日　俄罗斯政府批准俄罗斯军事部门与塔吉克斯坦军事部门共同提交的关于建立两国联合防空系统的协议草案。

5月19日　俄罗斯总统普京同中华人民共和国国家主席习近平通过视频连线，共同见证两国核能合作项目——田湾核电站和徐大堡核电站开工仪式并分别致辞。

5月25日　俄中第十六轮战略安全磋商在莫斯科举行，俄罗斯联邦安全会议秘书帕特鲁舍夫与中共中央政治局委员、中央外事工作委员会办公室主任杨洁篪共同主持本次会议。会议中，双方讨论了包括军事和军事技术合作领域在内的广泛问题，特别关注以多边形式进行合作，就战略稳定问题以及阿富汗、中东和亚太地区的局势交换了意见。

六月

6月16日　俄罗斯总统普京和美国总统拜登在瑞士日内瓦举行会晤，双方共同发表了《美俄总统关于战略稳定的联合声明》。声明指出，俄美双方已经注意到，即使在关系紧张的时期，两国也能够在实现共同目标上取得进展，即确保战略领域的可预测性、减少武装冲突的风险和核战争的威胁。

6月23日　俄罗斯总统普京以视频方式出席了第九届莫斯科国际安全会议，针对国际政治形势发表一系列声明。普京在致辞时表示，区域性武装冲突、大规模杀伤性武器扩散的风险，跨国犯罪、毒品走私和网络犯罪等问题，特别是国际恐怖主义，引发了世界各国的严重关切，这些问题应该在联合国框架内进行解决。很多全球性问题的解决需要所有国家共同努力，这一努力应基于国际法以及联合国宪章中明确规定的目标和原则。

6月25日　俄罗斯外交部长谢尔盖·拉夫罗夫和意大利外交部长路易吉·迪马约进行电话会谈，双方就继续加强合作，共同努力抗击新冠肺炎疫情，并为两国公民自由往返俄罗斯和意大利创造条件（包括旅游和以其他目的出行）达成共识。

6月28日　俄罗斯总统普京同国家主席习近平举行视频会晤。两国元首宣布发表联合声明，正式决定《中俄睦邻友好合作条约》延期。

七月

7月1日　俄罗斯总统普京签署了一项法律，批准关于独联体成员国合作打击非法贩卖、运输麻醉药品、精神药物及该领域此前协议修正案的议定书。

7 月 1 日　俄罗斯联邦总统网站发布了普京总统向中共中央总书记习近平发出的贺电，对中国共产党成立 100 周年表示诚挚祝贺。

7 月 3 日　俄罗斯总统普京签署新版国家安全战略，这是继 2015 年后俄罗斯首次更新国家安全战略。新安全战略包含总则、现代世界中的俄罗斯：前景与机遇、俄罗斯联邦国家利益与战略优先方向、国家安全保障措施、实现本战略的组织基础和保障机制在内共 5 章 106 条。

7 月 21 日　俄罗斯外交部就俄美关系现状和发展前景举行会议，会议全面探讨了俄美关系的现状和发展前景。会议认为，美国近年来的所作所为导致俄美两国关系空前恶化，导致双边关系临近危险的对抗边缘。美方长期以来一直在拉拢其盟国共同向俄罗斯施加压力，不惜违反国际法，持续不断打压俄罗斯，俄方对于美国的行为表示坚决反对。

7 月 21 日　俄罗斯总统普京就中国河南省多地因强降雨造成严重内涝向习近平主席致慰问电，对河南特大洪水造成的惨痛后果表示深切慰问，向在这场灾难中失去亲人的人们表示诚挚慰问，并祝愿所有受灾者早日康复。

7 月 28 日　俄美代表在瑞士日内瓦举行了双边战略稳定对话。俄罗斯副外长里亚布科夫称，俄美战略稳定对话在务实且有建设性的氛围下进行。会谈的关键议题之一是双方如何能够克服“在军控领域明显形成的”危机局势。

八月

8 月 13 日　俄罗斯国防部长绍伊古与中国国务委员兼国防部长魏凤和共同现场观摩俄中“西部・联合—2021”实战演练。

8 月 16 日　俄罗斯外长拉夫罗夫同中国国务委员兼外长王毅举行电话会谈，就中俄关系和阿富汗局势交换意见。

8 月 20 日　俄罗斯总统普京在莫斯科同到访的德国总理默克尔进行会谈，会谈内容包括俄德关系和阿富汗问题。

8 月 25 日　俄罗斯总统普京同中国国家主席习近平通电话。双方一致认为，当前国际和地区形势复杂演变，俄中双方及时就双边和多边重大问题保持沟通十分重要和必要。

8 月 27 日　俄罗斯外交部发布《关于加强集体安全条约组织与联合国在维持和平领域的合作》的联合声明，表示集体安全条约组织成员国愿继续与联合国就维和问题开展合作。

九月

9 月 1 日　时值乌兹别克斯坦独立 30 周年之际，俄罗斯总统普京在给乌兹别克斯坦领导人沙夫卡特・米尔济约耶夫的电报中表明，俄罗斯非常重视加强与乌兹别克斯坦的战略伙伴与盟友关系，称两国合作有助于整个中亚地区的稳定。

9 月 9 日　普京总统以视频方式出席金砖国家领导人第十三次会晤。普京就阿富汗局势表达了观点。普京表示，俄方同其他金砖国家一样，一贯主张在阿富汗建立和平与稳定的社会。当前阿富汗局势是外部势力不负责任地强加价值观而造成的直接后果。外部势力造成阿富汗局势从不稳定到混乱，而这些混乱局面的始作俑者最终仓皇离开，使整个国际社会共同承担后果。普京认为，国际关系健康有序发展的前提是保证各国拥有适合本国利益和价值观的社会政治制度，同时遵守《联合国宪章》规定的国际法准则，尊重别国主权并不干涉他国内政。

9 月 16 日　俄罗斯与中国、伊朗和巴基斯坦举办四方会议，支持阿富汗实现民族和解。

9 月 25 日　俄罗斯联邦外交部部长拉夫罗夫出席第 76 届联合国大会一般性辩论并发表讲话，指出面对当前的全球局势，各国应加强在联合国的广泛合作，并抨击美国召开所谓“民主峰会”的企图。

9 月 29 日至 9 月 30 日　在俄方的主持下，在莫斯科分别举行了独联体国家关于加强在联合国教科文组织框架内合作和独联体国家国际信息安全合作的部门间磋商会议。

9 月 30 日　俄罗斯副外长里亚布科夫与美国常务副国务卿舍曼在日内瓦举行俄美战略稳定对话第二次会议。里亚布科夫在会后表示，这次会议让俄美战略稳定对话在一些问题上得以向前推进。

十月

10 月 1 日　俄罗斯总统普京向中国国家主席习近平致贺电，祝贺中华人民共和国成立 72 周年，表示相信两国将继续加强多方面合作。

10 月 6 日　俄伊磋商会议在莫斯科举行。俄罗斯联邦副外长谢尔盖·维尔希宁、俄罗斯联邦总统叙利亚问题特别代表亚历山大·拉夫连季耶夫与伊外长政治事务高级助理阿里·阿斯哈尔·哈吉出席了本次磋商会议。磋商会议上，双方就伊核问题、阿富汗问题、叙利亚问题及周边局势等展开讨论。

10 月 7 日　俄罗斯联邦外交部与中华人民共和国外交部发布俄中两国外长关于加强《禁止生物武器公约》的联合声明。

10 月 12 日　俄罗斯联邦副外长里亚布科夫会见美国主管政治事务的副国务卿纽兰，俄罗斯联邦国防部副部长出席了该次会议。俄美双方讨论了两国关系发展的现状和前景，特别是两国在对方国家的外交使领馆的工作情况。俄方强调，敌对的反俄行动会得到回应，但是俄方无意使局势进一步升级。俄方建议取消双方在过去几年中施加的所有限制。

10 月 27 日　俄罗斯联邦外交部部长拉夫罗夫以视频讲话方式出席第二次阿富汗邻国外长会议

10 月 28 日　俄罗斯联邦总统普京以视频方式出席了俄罗斯—东南亚国家联盟峰会。会上普京表示，“俄罗斯和东盟国家在关键的全球和区域问题上的立场是非常接近的。最主要的是，我们都赞成在广阔的亚太地区发展平等互利的合作。”

10 月 30 日至 31 日　普京参加二十国峰会并发表讲话，关注世界经济

和全球气候问题

十一月

11 月 3 日　俄总统中东和非洲问题特别代表、俄罗斯外交部副部长博格丹诺夫与欧盟中东和非洲事务特别代表库普曼斯举行磋商，双方就巴以局势充分交换意见。

11 月 4 日　俄罗斯总统普京与白俄罗斯总统卢卡申科在俄白联盟国家最高国务委员会视频会议上签署了联盟国家一体化法令。这项法令涵盖 28 个行业一体化计划，明确了 2021 年至 2023 年落实建立俄白联盟国家条约的基本方向。普京表示，一体化法令的签署以增进两国民众福祉为目标，是两国关系向前迈进的重要一步。

11 月 12 日　俄罗斯联邦总统普京出席亚太经合组织第二十八次领导人非正式会议并发表讲话。

11 月 16 日　中俄人文合作委员会第二十二次会议通过视频连线方式召开，国务院副总理孙春兰与俄罗斯副总理戈利科娃共同出席。

11 月 17 日　环印度洋地区合作联盟部长级理事会第 21 届年会于召开，在本次会议上，俄罗斯被接纳为该组织的对话伙伴国。扎哈罗娃称，这一决定证明，俄罗斯在促进以国际法准则和原则为基础的平等的多边合作方面发挥着建设性作用，反映了俄罗斯为维护印度洋区域的稳定发展作出的重大贡献。

11 月 19 日　据俄罗斯国防部消息，俄罗斯战略轰炸机“图—95MS”和中国“轰—6K”在日本海和东海海域进行了联合巡逻。俄国防部强调，此次巡逻是执行 2021 年军事合作计划的一部分，不针对任何第三国。

11 月 19 日　俄罗斯外交部长谢尔盖·拉夫罗夫在与欧安组织现任主席、瑞典外交部长安·林德会谈后举行的记者招待会上表示，莫斯科提议恢复五个北欧国家、三个波罗的海国家和俄罗斯的“5 +3 +1”工作模式，以便就波罗的海地区的稳定与安全进行对话。

11 月 23 日　俄罗斯国防部长绍伊古与中国国务委员兼国防部长魏凤和举行视频通话。两国国防部长在视频会议形式的谈判中批准了“2021—2025 年军事合作路线图”，并签署了该文件副本。

11 月 26 日　俄罗斯联邦、中华人民共和国和印度共和国外长以视频方式举行第十八次会晤。本次会晤是在全球新冠肺炎疫情带来负面冲击、经济处于复苏之中，以及恐怖主义、极端主义、贩毒和跨国有组织犯罪、自然和人为灾害、粮食安全和气候变化等威胁持续背景下举行的。外长们就进一步加强中俄印三方合作交换了意见，讨论了众多重要的地区和国际问题。

11 月 30 日　俄罗斯联邦政府总理米舒斯京和中华人民共和国国务院总理李克强以视频方式举行中俄总理第二十六次定期会晤，就中俄双边关系和两国共同关注的问题交换了意见。

十二月

12 月 1 日　俄罗斯和东南亚国家联盟的首次海军演习在印度尼西亚开幕，此次演习持续到 12 月 3 日。俄罗斯—东盟海军演习在印度尼西亚北苏门答腊地区举行，演习分为虚拟和海上两个阶段，俄罗斯大型反潜舰“潘捷列夫海军上将”号参与了此次演习。俄罗斯常驻东盟代表亚历山大・伊万诺夫和俄罗斯驻印度尼西亚大使柳德米拉・沃罗比耶娃出席了开幕式。伊万诺夫表示，此次演习是为了该地区的和平、稳定和繁荣，俄罗斯和东盟正在开启战略合作伙伴关系的新篇章。

12 月 2 日　俄罗斯外交部长拉夫罗夫在欧安组织外交部长理事会会议期间与美国国务卿布林肯举行了会晤。双方在会晤中就双边关系、双方共同关心的国际和地区热点问题深入交换了意见。

12 月 2 日　俄罗斯外交部长谢尔盖・拉夫罗夫在瑞典首都斯德哥尔摩出席欧洲安全与合作组织第 28 届外长会议。

12 月 6 日　俄罗斯总统普京抵达新德里对印度进行国事访问，并与印度总理莫迪举行会晤，同时开展外交部长和国防部长“2 + 2”会谈。会后，两国元首发表联合声明《俄罗斯与印度：和平、发展与繁荣的伙伴》。

12 月 7 日　俄罗斯总统普京与美国总统拜登举行视频会晤，双方特别谈到 2021 年 6 月日内瓦会谈成果的落实情况，并指出双方在考虑双边问题和其他俄美相关问题时一致执行“日内瓦精神”的重要性。俄方认为此次普京和拜登之间的会晤是“事务性的和坦率的”。此外，双方还重点讨论了乌克兰局势。

12 月 15 日　俄罗斯总统普京同中国国家主席习近平举行视频会晤。双方表示俄中全面战略协作伙伴关系是 21 世纪国家间关系的典范。

12 月 17 日　俄罗斯外交部发布俄罗斯与北约和美国关于安全保障的协议草案。

12 月 18 日　俄罗斯外交部发表声明称，自 2021 年 12 月 18 日起，俄罗斯联邦不再是《开放天空条约》的缔约方，不再是条约集团成员。

12 月 23 日　俄罗斯总统普京召开年度记者会，就北约、乌克兰问题、俄中关系、欧洲能源问题、俄罗斯疫情和经济发展等回答了记者提问。

12 月 31 日　俄罗斯总统普京与中华人民共和国主席习近平互致新年贺电。

图书在版编目（CIP）数据

俄罗斯对外关系发展研究. 第一辑 / 王树春主编.
—北京：时事出版社，2022. 9
ISBN 978-7-5195-0505-9

Ⅰ. ①俄… Ⅱ. ①王… Ⅲ. ①对外关系—研究—俄罗斯
Ⅳ. ①D851. 22

中国版本图书馆 CIP 数据核字（2022）第 120887 号

出版发行：时事出版社
地　　址：北京市海淀区彰化路 138 号西荣阁 B 座 G2 层
邮　　编：100097
发行热线：（010）88869831　88869832
传　　真：（010）88869875
电子邮箱：shishichubanshe@ sina. com
网　　址：www. shishishe. com
印　　刷：北京良义印刷科技有限公司

开本：787×1092　1/16　印张：19. 25　字数：305 千字
2022 年 9 月第 1 版　2022 年 9 月第 1 次印刷
定价：108. 00 元
（如有印装质量问题，请与本社发行部联系调换）